빵의

쟁취

일러두기

- 《빵의 쟁취》는 1892년 프랑스에서 《La Conquête du Pain》이라는 제목으로 첫 출간되었으며, 14년 후 처음 영어 번역서가 나왔다. 이 책은 BiblioBazaar 출판사의 2008년판 《The Conquest of Bread》를 기본으로 하였다.
- 본문과 하단에 실린 ●는 저자가 단 원주이며, 번호로 표기한 각주는 독자의 이해를 돕기 위해 옮긴이가 달아둔 것이다.

빵의 쟁취

표트르 알렉세예비치 크로포트킨 저
여연 · 강도은 공역

행성B잎새

목차

목차

크로포트킨, 21세기를 앞서 살다간 혁명가

하승우(풀뿌리자치연구소 이음 소장)

"아나키즘? 무정부주의? 그건 그냥 사회를 다 때려 부수자는 이야기 아냐?" "아나키즘, 그게 과학적인 이론인가? 그냥 착한 사람들의 이야기 아냐?" 21세기 한국에서는 아나키즘이 아직도 이런 식으로 이야기된다. 하지만 크로포트킨의 저작을 한 권이라도 읽어본 사람이라면 그렇게 단정 짓지 못한다.

크로포트킨의 《상호부조론》이 아나키즘의 등장에 관한 차분한 설명이라면, 《빵의 쟁취》는 적극적인 선동이다. 복잡하고 어려운 이론을 담고 있지도 않다. 어떻게 보면 이 책의 주장은 단순하다. 크로포트킨은 국가와 자본주의 착취 이전의 사회로 돌아가자고 주장한다. "생산 수단들은 인류의 집단적인 노동이 만들어낸 결과이기 때문에 생산 역시 인류 공동의 재산이 되어야 한다는 원칙들로 돌아가야 한다. 그것들을 개

개인이 마음대로 사용하는 일은 전혀 공정하지도 않고, 아무런 도움도 되지 않는다. 모든 것은 모두에게 속한다. 모든 것은 모든 사람을 위한 것이다. 왜냐하면 모든 사람이 그것들을 필요로 하고 있고, 모든 사람이 그것들을 생산하기 위해서 힘닿는 데까지 일했기 때문이다. 그리고 세상의 모든 부를 생산하는 데 각 사람들이 기여한 몫을 측정하는 일은 가능하지 않기 때문이다." 모든 것이 모든 이를 위해 쓰이도록 할 방법은 임금제도의 폐지와 주택공유, 사치의 포기, 유쾌한 일거리, 자유로운 협약, 농업과 공업의 결합 등이다.

그러면서 크로포트킨은 외친다. 지금 우리에게 필요한 것은 '일할 권리'가 아니다. 우리가 선언할 것은 '좋은 삶을 살 권리(the Right to Well-Being)'이고 '모두가 좋은 삶을 살 권리'이다!

아나키즘과 기본 소득

크로포트킨의 주장을 듣다보면 자연스럽게 요즘 전 세계의 화두가 되고 있는 '기본 소득(basic income)'이 떠오른다. 기본 소득은 어떠한 조건도 걸지 않고 정부가 일정한 금액을 시민에게 정기적으로 지급해야 한다는 주장이다. 기본 소득을 주장하는 사람들은 모든 이가 사회에 기여를 하고 있으니 힘든 노동을 강요당하지 않아도 소득에 대한 권리를 가져야 한다고 본다. 한국에도 녹색당, 노동당이 지난 제 20대 국회의원선거에서 기본 소득을 정책으로 내세웠다.

왜 기본 소득이 필요할까? 자본주의 하에서 "노동자들은 자유 계약이라는 명목으로 봉건적인 의무들을 강제로 받아들여야 한다. 왜냐하면 어디를 가더라도 더 나은 조건을 찾을 수 없기 때문이다. 모든 것이 사유화되어 있기 때문에 그는 이 조건을 받아들이거나 아니면 굶어 죽을 수밖에 없다." 크로포트킨은 묻는다. 온 힘을 바쳐서 열심히 일하는데도 왜 어떤 사람들은 가난하고, 그들의 자식들은 더 가난해질까? 자신이 생산한 것을 온전히 가지거나 누릴 수 있다면 그들이 가난해질까? 그런 세상이 온다면 정말 누가 가난해질까?

기본 소득이 임금제도를 보완하려 한다면, 크로포트킨은 더 과격하게 임금제도를 철폐하고 기본 소득을 보장해야 한다고 주장한다. 한 사람의 노동을 측정하는 것은 불가능하고 노동에 대한 보상을 한 사람이 온전히 소유하는 것도 불가능하기 때문에 임금은 노동의 대가일 수 없다. 그러면서도 임금제도는 인간의 존엄함을 짓밟고 굴욕을 강요한다.

그렇다면 이런 사회를 어떻게 만들 수 있을까? 크로포트킨은 "각각의 경제적 단계는 그에 상응하는 정치적 단계를 가지고 있다. 그리고 새로운 형태의 정치적 삶이 동시에 발견되지 않는다면, 사유재산을 건드리는 일이 불가능할 것이다"라고 말한다. 이 책에 잘 드러나듯이 크로포트킨이 지향하는 사회는 코뮌주의 사회이다. 맑스의《독일 이데올로기》에서 공산주의 사회의 한 단면이 묘사되듯이, 이 책에서 크로포트킨은 그 사회의 한 단면을 묘사한다. "공동체의 모든 구성원이 몇 시간 동안 생산적인 노동을 한 후에는 문명사회의 모든 즐거움을 누릴 권리를 가질 수 있고, 원하는 모든 사람이 예술과 학문이 제공하는 깊은 즐거움을 누릴 권리가 있음을 알게 된다면, 어느 누구도 굶주림을 겨우 면할 정도의 임금을 벌려고 자기 노동을 팔지 않을 것"이다.

정말 사람들이 이런 사회를 만들기 위해 힘을 모을까? 그래서 크로포트킨은 변화를 피부로 느낄 수 있는 실천이 중요하고 그 핵심을 무료주택에서 찾았다. "만일 혁명을 일으킨 민중들이 주택을 수용하고 임대료 없이 살 수 있음을 선언한다면, 주택들을 공유화하고 모든 가정이 버젓한 집에서 살 권리를 선언한다면, 혁명은 처음부터 코뮌주의적인 특성을 띠게 될 것이다. … 주택수용은 완전한 사회혁명의 싹을 품고 있다." "임대료 없는 집에서 사는 것은 민중의 정당한 권리"이고 "민중은 주택을 공유화하는 길로 나아갈 것이다." 젠트리피케이션과 전월세 폭등이 사람들의 숨통을 죄는 한국사회에서도 정말 매력적인 제안 아닌가?

아나키즘과 누구나 조금씩 농부인 사회

기본 소득을 받고 무료주택에 살면 누가 열심히 일할까? 누구도 열심히 일하는 사람이 없으면 사회가 망하지 않을까? 크로포트킨은 게으름을 비난하기보다는 게으름의 원인을 없애는 것이 더 중요하다고 봤고 각자가 강요된 삶에서 벗어나 다른 삶의 가능성을 찾는다면 더욱더 좋은 사회가 만들어질 것이라고 본다. "시인이 바깥에서 일을 하거나, 인쇄소에서 자기 작품을 인쇄하도록 도움을 준 후에는 덜 시인다워지는 걸까? 소설가가 숲이나 공장에서 다른 사람들과 어깨를 맞대고 일하거나, 도로나 철로를 만드는 일을 하고 난 다음에는 인간의 본성에 대한 이해를 잃어버리게 될까?" 어쩌면 문제는 게으름이 아니라 우리의 고정관념일지 모른다.

사람은 그렇다 치더라도 모두가 자신에게 필요한 걸 가져가면 과연 남는 게 있을까? '공유지의 비극'이라는 말도 있지 않은가. 크로포트킨은 지금 우리가 사치로 누리는 삶을 포기한다면, 다른 사회로 도약할 수 있는 자원이 충분하다고 봤다.

그리고 좋은 사회로 가는 과정에서 자연스럽게 전환이 이루어진다. "고기가 부족해지고 채소들도 구경하기 어려워지고 있음을 아는데, 그들이 수출용 사치품들이나 계속 만들고 있을까? 분명히 아닐 것이다! 그들은 도시를 떠나 논밭으로 갈 것이다!" 인구분산, 균형발전, 떠들지 않아도 먹고 살 길이 보이면 사람들은 움직인다.

이렇게 대도시 중심에서 소도시로 인구가 분산될 뿐 아니라 도시와 농촌의 관계도 새로이 정립된다. 새로운 사회에서는 농민과 노동자가 협약을 맺고 서로의 삶을 지탱해준다. 농민은 "그들(노동자)에게 필요한 원재료들을 제공할 것이고 그들이 생존할 수 있는 수단들을 확실히 제공하겠다고 말이다. 대신 공장 노동자들은 작업을 해서 농촌에서 일하는 사람들에게 필요한 것들을 공급해 주어야 한다." "농업과 산업의 결합, 한 개인이 농부이면서 기계공이 되는 것, 이것이 바로 아나키스트 코뮌주의가 필연적으로 우리를 이끌어가는 길이다."

요즘 유행하는 '도시농부'에 관한 이야기도 나온다. 코뮌주의 사회에서는 "작은 마을들뿐만 아니라 대도시들도 농사를 짓기 시작해야 한다. 우리는 생물학에서 말하는 '기능들이 통합'되는 상태를 회복해야 한다. 다시 말해, 노동이 분화된 후에는 그것을 전체로서 다시 통합해서 받아들여야 하는 것이다. 이것이 바로 자연계 전체가 따르고 있는 과정이다." "도시의 수많은 시민들이 도시농부가 되어야 할 것이다. 지금의 농부들처럼 지치도록 일하는 것은 아니다. … 농업은 가장 합리적인 방식으로 행해져야 할 것이다. 지금 시대의 경험을 적절히 활용하고, 유쾌한 일을 하는 즐거운 무리들로 스스로를 조직하는 남녀들에 의해 농사일이 행해져야 할 것이다." 모두가 조금씩 농부인 사회, 크로포트킨이 꿈꿨던 사회이다.

크로포트킨이 살았던 시절에 이런 주장은 많은 오해와 비난을 받았다. 하지만 지금 우리 시대에 이런 주장은 사회가 나아갈 하나의 대안으로 얘기되기도 한다. 이 책에서 우리는 역사에서 '숙성된 지향'을 음미할 수 있다.

서문

코뮌주의[01]와 사회주의에 대해 널리 통용되는 반론 중 하나는 그 이상이 너무나 오래되었는데도 지금까지 한 번도 실현된 적이 없다는 것이다. 이상국가에 대한 계획은 고대 그리스 사상가들의 머릿속을 떠나지 않았다. 그 이후에는 초기 기독교인들이 코뮤니스트[02] 조직들을 결성했고, 수 세기가 지난 뒤 일어난 종교 개혁 운동 기간 중에는 대규모의 코뮤니스트 수도회들과 단체들이 출현했다. 그 뒤 영국과 프랑스에서 있

---

01 Communism: 보통은 '공산주의' 혹은 '코뮤니즘'이라고 번역하지만, 이 책에서는 사유재산과 불평등한 임금체계가 없고, 서로 협동하는 자치공동체인 '아나코 코뮌'을 주장한 저자의 사상에 따라서 주로 '코뮌주의'로 번역함. '공동체주의'라고도 함.

02 이때의 '코뮤니스트'는 일종의 공동체를 말한다.

었던 큰 변혁의 시기에도 똑같은 이상들이 다시 되살아났다. 마침내 1848년 프랑스에서는 사회주의자들의 이상으로부터 크게 영감을 받은 혁명이 일어났다. 그런데도 우리는 이런 말을 듣곤 한다.

"그럼에도 알다시피, 당신들의 계획이 현실에서 실현된다는 것은 여전히 가능성이 너무나 낮은 이야기 같다. 인간의 본성과 욕구에 대한 당신들의 이해에 뭔가 근본적인 오류가 있다고는 생각하지 않는가?"

얼핏 보면 이런 반론은 아주 그럴듯하게 보인다. 그러나 인간의 역사를 보다 주의 깊게 고찰하는 순간 이 반론은 힘을 잃는다. 역사를 통해 우리는 알고 있다. 첫째, 수천만의 사람들이 수백 년 동안 자신들의 마을 공동체 안에서 잘 살아가고 있었다는 사실이다. 이런 공동체들에는 사회주의를 이루는 주된 요소 중 하나가 포함되어 있는데, 바로 주요 생산 수단인 토지의 공동 소유, 그리고 여러 가구들 간의 노동 능력에 따른 분배가 그것이다.

만일 토지의 공동 소유가 서유럽에서 파괴되고 있다면 그 이유는 내부에서가 아니라 외부의 영향 때문이다. 즉, 정부가 귀족들과 중산층의 이익을 대변하면서 토지독점제도를 만들어냈기 때문이다. 게다가 우리는 역사를 통해 다음 사실도 배우게 된다. 중세 도시들은 수 세기 동안 자기들 사이에서 생산과 교역을 담당하는 특정 사회 조직들을 성공적으로 유지해 왔다. 이 기간은 지적, 산업적, 예술적으로 엄청난 진보가 이루어지던 시기였다. 이러한 공동체적 조직들의 쇠퇴가 일어난 것은, 촌락과 도시, 농민과 도시민을 연결시켜주는 역할을 맡은 사람들의 무능력에서 주로 기인한 것으로, 두 힘이 서로 연대해서 자유도시들을 파괴하는 군사 국가들의 성장을 함께 막아내야 했음에도 그렇게 하지 못했기 때문이다.

그러니 이렇게 살펴본 인간의 역사는 코뮌주의에 반대할 만한 논지를 제공하지 않는다. 반대로, 어떤 종류의 코뮤니스트 조직을 실현하려는 끊임없는 노력들이 있었고, 그 노력들은 이곳저곳에서 일정 기간 동안 부분적인 성공을 거두는 영광을 누리기도 했음이 드러난다. 그러므로 우리로서는 이런 결론에 이르는 것이 정당하다. 우리 인간은 코뮌주의적인 원리들에 입각해서 농업과 갑자기 발전한 산업, 그리고 급속하게 성장 중인 국제교역이라는 세 요소를 연결시켜줄 적절한 형식을 아직은 발견하지 못한 것이다. 국제교역이라는 문제는 특히 골치 아픈 요인처럼 보인다. 왜냐하면 이 교역은 이제 더 이상 개개인들이나 도시들이 원거리 무역과 수출로 부를 쌓는 문제가 아니고, 한 나라의 전체 국민이 산업발전에 뒤떨어진 나라의 국민을 희생시키면서 부를 쌓는 문제가 되었기 때문이다. 18세기 말에 나타나기 시작했던 이런 상황들은, 19세기에 들어와 나폴레옹 전쟁[03]이 모두 끝난 후에야 비로소 충분한 발전을 이루게 되었다. 현대 코뮌주의는 이 상황들을 염두에 두어야 한다.

프랑스 대혁명은 그 정치적인 중요성과는 별개로 프랑스 민중이 시도한 혁명으로 알려져 있다. 이 시도는 1793년과 1794년에 사회주의와 상당히 유사한 세 가지 특이한 행동 방침을 갖고 있었다. 첫째 시도는, 재화의 균등한 분배에 관한 것으로 소득세와 상속세를 부가하는 수단을 통해서였는데 두 가지 모두 무거운 누진세를 적용시킨다는 것이었다. 그리고 재분배를 위한 토지의 완전 몰수, 부자들에게만 무겁게 과세되는 전쟁 세금이라는 수단을 통해서 재화의 균등한 분배를 이루고자 했다. 두 번째 시도는, 몇몇 일차적인 필수품의 소비와 관련해서 일종의 자치도시 코뮌주의(Municipal Communism)를 시도한 점이다. 즉, 자치 도시들이 일차 필수품들을 사들여서 원가로 판매한다는 시도였다. 세 번째 시도는, 모든 상품에

---

03 나폴레옹 전쟁: 대혁명 이후에 프랑스가 1803-1815년 동안 여러 유럽 열강의 동맹에 대항해 벌인 전쟁으로 장군이던 나폴레옹이 주로 이끌었다. 이 전쟁으로 프랑스는 유럽 대부분의 지역에서 일시적인 주도권을 확립했다.

합리적인 가격을 매기는 전국적인 제도를 도입하려는 것으로 합리적인 가격 책정을 위해서는 생산품의 실제 생산 비용과 적절한 거래 이익을 모두 고려해야만 했다. 프랑스 국민 공회(the Convention)[04]는 이 계획을 위해서 열심히 일했고, 반동이 우세해질 무렵에는 거의 그 작업을 완수해내고 있었다.

아직까지 단 한 번도 적절한 연구가 이루어진 적이 없지만, 이 주목할 만한 운동들이 일어나는 시기에 현대사회주의가 탄생하게 되었다. 리옹에서 일어난 랑제(L'Ange)의 푸리에주의[05]와 보오나로티[06]와 바뵈프[07]의 권위주의적 공산주의와 그 동지들의 활동이 그것이다. 프랑스 대혁명 직후에는 세 명의 현대사회주의 이론의 중요한 창시자들이 등장하게 되었다. 바로 푸리에[08], 생시몽[09], 로버트 오언[10]이 그들이다. 뿐만 아니라 국가 없는 사회주의를 주장한 고드윈[11]도 등장했다. 반면

---

04 프랑스 국민공회: 1792년 프랑스 대혁명 당시 구성된 의회로, 왕정을 폐지하고 공화정을 선포했다.

05 프랑스 사회주의자 푸리에가 주장한 협동조합 형식의 공동체.

06 보오나로티(Philippe Buonarroti 1661-1733): 프랑스에서 활동한 이탈리아의 급진적 사회주의자, 선동가.

07 바뵈프(François-Noël Babeuf 1760-1797): 프랑스 혁명 당시의 급진적 혁명가이자 저널리스트.

08 푸리에(Charles Fourier 1772-1837): 프랑스의 사회이론가로, 생산자 협동조합인 팔랑주phalange라는 자급적이고 공동체적인 사회 전환을 주장했다.

보오나로티와 바뵈프가 주도한 단체들로부터 기원한 비밀스런 코뮤니스트 단체들은, 그 이후 50여 년 동안 투쟁적이고 권위주의적인 공산주의 운동에 자신들의 흔적을 남겼다.

그러므로 정확하게 보자면 현대사회주의는 그 역사가 아직은 100년도 채 안 된 것이라고 말해야 한다. 그리고 그 100년의 처음 절반의 기간 동안은, 산업혁명의 선두에 있었던 영국과 프랑스라는 두 나라만이 현대사회주의 이론을 고심해서 만드는 일에 참여하고 있었다. 당시 이 두 나라는 15년에 걸친 유혈 가득한 나폴레옹 전쟁 때문에 끔찍한 피해를 입은 상태였고, 두 나라 모두 동유럽에서 밀려오고 있는 거대한 반동 세력으로 둘러싸인 상태였다.

사실 1848년 혁명 이전의 몇 년 동안 사회주의에 관한 논의가 가능했던 시기는 오직 프랑스에서 1830년 7월에 일어났던

---

09 생시몽(Claude Saint-Simon 1760-1825): 프랑스의 사회 사상가. 기독교 사회주의의 바탕을 마련했으며, 형제애가 산업과 사회의 과학적 조직화와 함께 이루어져야 한다고 주장. 일종의 국가 사회주의를 주장.

10 로버트 오언(Robert Owen 1771-1858): 영국의 사회주의 사상가이자 기업가. 19세기 초반에 가장 영향력 있는 사회 개혁가로, 사회보장제도와 복지 시설이 잘 갖추어진 공장을 운영. 계획 공동체 사회를 구상.

11 윌리엄 고드윈(William Godwin 1756-1836): 영국의 사회 철학자이자 정치평론가. 국가 대신 소규모 자급공동체를 주장하는 아나키즘 사상과 개인의 자유를 제기하는 글들을 써서 영국의 낭만주의 문예운동을 개척함.

혁명[12], 1830년-1832년에 일어난 개혁 운동 이후일 뿐이다. 그 시기에 비로소 끔찍한 반동 상태를 겨우 떨쳐버리기 시작했다. 그리고 그 기간 동안에 푸리에, 생시몽, 로버트 오언의 염원들이 그들의 지지자들에 의해 연구가 되었고, 명확한 형태를 갖추게 되었다. 그리고 오늘날까지 존재하는 다양한 사회주의 학파들이 자신의 특성을 뚜렷이 정하게 되었다.

영국에서는 로버트 오언과 그를 따르는 사람들이 농업과 공업이 함께 하는 코뮤니스트(공동체) 마을들에 대한 계획을 추진해 나갔다. 각자의 배당금을 투자해서 좀 더 코뮤니스트적인 부락들을 만들기 위해 규모가 큰 협동조합 연합체들이 출범되었다. 그리고 '대 강화 무역 동맹(the Great Consolidated Trades' Union)'도 설립되었는데, 이것이 바로 우리 시대의 노동당들과 '국제 노동자연합(the International Working-men's Association)'[13]의 전신이다.

프랑스에서는 푸리에주의자들이 푸리에의 주목할 만한 선언문을 출판했다. 이 선언문에는 자본주의의 성장에 관련된 갖가지 이론적인 고찰들이 더할 나위 없이 훌륭하게 설명되

---

12 1830년 7월에 프랑스에서 일어난 혁명. 당시 극단적인 반동정치를 펼치고 있었던 프랑스 국왕 샤를 10세가 발표한 소위 '7월 칙령'에 대한 시민의 반발로 무력 봉기가 일어나게 되었다. 이 혁명으로 '시민왕' 루이-필리프 1세가 왕위에 올랐다.

13 국제노동자연합: 1864년 런던에서 설립된 세계 최초의 국제적 노동자 조직으로 마르크스 등이 주도했다. First International이라고도 함.

어 있다. 이 생각은 오늘날 '과학적 사회주의(Scientific Socialism)'[14]
로 평해지고 있다. 프루동[15]은 국가의 간섭이 없는 아나키즘
과 상호부조라는 자신의 사상을 완성했다. 루이 블랑[16]은《노
동의 조직Organization of Labour》이라는 책을 출판했는데, 이 책은
나중에 라살[17]의 실천프로그램이 되었다. 프랑스의 비달(Vi-
dal), 그리고 보다 발전한 형태로 독일의 로렌츠 슈타인[18]은 각
자 자기 나라에서 주목할 만한 작업을 진행하면서, 1846년과
1847년에 푸리에주의의 이론적인 개념을 따로따로 출간했다.
그리고 마침내 비달과 특히 뻬뢰르[19]는 집산주의(Collectivism)[20]
체제를 상세하게 발전시켜나갔다. 비달은 1848년의 국민회의
가 투표를 통해 집산주의에 법적인 외형을 부여해주기를 원

---

14 푸리에, 생시몽, 오언 등이 주장한 초창기 사회주의는 나중에 마르크스가 주장한
'과학적 사회주의'와는 다르다는 뜻으로 현대에 들어와서 '공상적 사회주의'라는
평가가 붙여졌다.

15 프루동(1809-1865): 프랑스의 사회 사상가. 상호부조와 국가의 개입이 없는 아나
키즘 사상을 주장했다.

16 루이 블랑(Louis Blanc 1811-1882): 프랑스 사회주의자. 노동자들이 운영하는 '사회
작업장'이론으로 유명.

17 라살(Ferdinand Lassalle 1825-1864): 독일의 사회주의자, 마르크스의 제자로 초기 노
동운동을 지도함.

18 로렌츠 슈타인(Lorenz von Stein1815-1890): 독일의 사회학자이자 법학자. 국가에
의한 사회정책 실시를 주장했다.

19 뻬뢰르(Constantin Pecqueur1801-1887): 프랑스의 사회주의자 작가, 저널리스트.

했다.

그러나 이 시기의 모든 사회주의자의 계획에는 한 가지 공통적인 특색이 있었는데, 이 점은 분명하게 짚고 넘어가야 한다. 19세기가 밝아올 무렵에 글을 썼던 세 명의 중요한 사회주의 창시자는 자기들 앞에 펼쳐진 광대한 지평선에 너무나 황홀해했다. 그 바람에 그들은 자기들의 사상을 새로운 계시로 보았고, 스스로를 새로운 종교의 창시자로 여기게 되었다. 사회주의는 종교가 되어야 했고, 그들은 새로운 교회의 우두머리로서 그 발전 과정을 질서정연하게 조정해야 했다. 게다가 그들은 프랑스 대혁명에 뒤따른 반동의 시기 동안에 책을 썼던 사람들이었다. 그래서 그들은 혁명이 성취해 낸 것들보다는 실패를 더 많이 보게 되면서 대중을 믿지 않게 되었다. 그리하여 자기들이 필요하다고 생각한 변화들을 이루기 위해 대중에게 호소하는 방식을 취하지 않았다.

그와는 반대로 그들은 그럴듯해 보이는 위대한 통치자, 왠지 사회주의자처럼 보이는 나폴레옹[21]이라는 존재에게 자신

---

20   집산주의: 개인을 사회적 집합체에 종속되는 존재로 보는 사회체제. 개인주의와 반대의 개념을 갖는다. 생산 수단과 생산물의 분배를 사회가 공동 관리하려는 시도로, 국가의 개입, 소득의 재분배, 공공소유제 등에서는 사회민주주의와 비슷한 뜻으로 사용되기도 한다.

들의 신념을 피력했다. 나폴레옹이라면 이 새로운 계시를 이해할 수도 있지 않겠는가. 그러면 사회주의적 공동생활체(팔랑스테르)[22]들이나 조합들의 성공적인 실험을 보며 그것이 얼마나 바람직한 것인지를 믿어주지 않겠는가. 그러면 자신이 가진 권위로 인류에게 좋은 삶과 행복을 가져다줄 혁명을 평화롭게 이루어내지 않겠는가 말이다. 천재적인 군대 통솔가인 나폴레옹은 당시 막 유럽을 지배하고 있었다. 왜 안 된단 말인가? 사회 조직의 천재성이 발현되어, 전 유럽을 이끌면서 이 새로운 복음을 삶 속에 구현시키지 말란 법이 없지 않은가? 이런 신념은 너무나 깊은 뿌리를 갖고 있어서, 오랫동안 사회주의의 길 위에 자리를 잡고 있었다. 그 자취들은 심지어 오늘날까지 이어져 내려와서, 우리 사이에서도 찾을 수 있다.

혁명으로 다가갈 수 있는 길들이 도처에서 느껴졌던 시기는 오직 1840에서 1848년 사이의 기간뿐이었다. 이 시기에 노동자 계급은 사회주의 깃발을 바리케이드 위에다 꽂기 시작했고, 민중에 대한 믿음이 사회 개혁가들의 마음속에 다시 한

---

21   '왠지 사회주의자처럼 보이는 나폴레옹': 나폴레옹이 정말로 사회주의자였다기보다는 세 명의 사상가가 그렇게 생각했다는 뜻으로 말하는 듯함.

22   팔랑스테르: 푸리에가 주창한 사회주의적인 작은 공동생활체, 프랑스어로는 팔랑주.

번 비집고 들어가기 시작했다. 이 믿음은 한편으로는 공화주의적인 민주주의를 이루리라는 믿음이었고 다른 한편으로는 자유로운 연합, 즉 노동자 스스로가 원하는 사회를 조직할 힘이 있다는 믿음이었다.

그러나 곧이어 1848년 2월 혁명[23]이 다가왔고 중산층이 주도하는 공화제가 등장하면서 희망은 산산이 부서졌다. 공화제 선언이 있은 지 겨우 4개월 후에 노동자 계급의 6월 봉기가 일어났지만 유혈사태를 빚으며 잔인하게 진압되었다. 노동자들에 대한 일제 사격이 가해졌고, 수많은 사람이 뉴기니로 유형을 당했으며, 마침내 나폴레옹의 쿠데타가 뒤따르게 되었다. 사회주의자들은 광포하게 기소되었는데 그들을 제거하는 작업이 어쩌나 끔찍하고 철저했던지, 그 다음 12년 혹은 15년 동안에는 사회주의의 자취들을 거의 찾아볼 수 없게 되었다. 사회주의 관련 저작물들이 완전히 말소되는 바람에 1848년 이전에는 그토록 친숙했던 이름들조차 완전히 잊힐 지경이 되었다. 당시 유행했던 1848년 이전 사회주의자들의 주요

---

23 1848년 2월 혁명: 프랑스의 왕정반대 세력들이 민중을 동원하여 자유주의적인 개혁운동을 전개하려다가 경찰과 충돌했고, 이로 인해 루이 필립 왕이 퇴위함. 파리 시청에 수립된 임시정부는 공화국을 선포하고 성인 남자의 보통 선거권 등 여러 조치들을 시행했으나, 결국 1852년 나폴레옹의 쿠데타로 왕정이 복귀되었다.

한 사상들이 이처럼 철저하게 지워져 버렸다가, 나중에 우리 세대가 이 사상들을 새로이 발견해서 받아들이게 되었다.

그러나 1866년 무렵에 코뮌주의와 집산주의가 다시 한 번 등장하면서 새로운 부흥이 일어나게 되었다. 이 부흥은 이상을 실현할 실제 방법에 대한 생각이 깊은 변화를 겪은 채로 이루어졌다. 정치적 민주주의에 대한 낡은 신념은 사라졌고, 맨 처음의 원칙들만이 살아남았다. 이것은 1862년과 1864년에 런던에서 파리의 노동자들이 영국의 노동조합주의자들과 로버트 오언 지지자들과 만나서 합의했던 내용으로 '노동자의 해방은 노동자 스스로에 의해 이루어져야 한다'는 원칙을 말한다. 또한 노동조합 자체가 생산 수단을 소유해야 하며, 생산 과정도 자체적으로 조직해야 한다는 원칙에도 합의를 보았다. 그리하여 푸리에주의자들과 상호부조론자들의 '연합'이라는 프랑스의 이상이 로버트 오언의 '대 강화 무역 동맹'이라는 사상과 손을 맞잡은 것이다. 이 동맹은 오늘날까지 이어져서 '국제노동자연합'이 되었다.

이 새로운 사회주의의 부흥은 고작 몇 년 정도밖에 지속되지 못했다. 곧이어 1870-1871년 전쟁[24]이 일어났으며, 이제 파리코뮌이 일어나고 사회주의의 자유로운 발전이 프랑스에서 다시 일어나는 게 불가능하게 되었다. 그러나 독일은 자기네 교사인 마르크스와 엥겔스의 손을 거쳐서 프랑스 '1848년 세대'의 사회주의를 받아들였다. 말하자면 독일은 푸리에주의 와 루이 블랑의 사회주의, 그리고 뻬꾀르의 집산주의를 수용 했다는 뜻이다. 프랑스는 그만큼 한발 앞서 있었던 셈이다.

1871년 3월, 파리는 프랑스의 발전을 방해하는 요소들을 더 이상 바라보고만 있지 않겠노라고 선언했다. 다시 말해 파리 코뮌 안에서 자체적으로 사회 발전을 시작하겠다는 의도를 선언한 것이다. 이 운동은 너무나도 빨리 무너졌기에 어떤 긍 정적인 결과를 이루어내지 못했다. 단지 공동체주의만이 남았 으며 완전한 자치권에 관한 코뮌의 권리에 대한 주장 정도가 남았을 뿐이다. 하지만 예전의 '국제노동자연합(인터내셔널)' 에 참여했던 노동자 계층들은 이 운동의 역사적인 중요성을 즉시 알아보았다. 그들은 '자유 코뮌'이 이제부터는 현대사회 주의 사상을 실현 가능하게 해주는 매개체가 될 것이리란 점 을 이해했다. 1848년 이전에 영국과 프랑스에서 그토록 무수 하게 이야기되었던 '자유로운 농업-공업 연합 코뮌'들이, 꼭 2 천 명으로 한정된 푸리에 식의 팔랑스테르 같은 소규모 공동

---

24   프로이센-프랑스 전쟁을 말함. 프로이센군의 압도적 우세로 당시 비스마르크가
      실권을 잡고 있던 프로이센이 승리했고, 나폴레옹은 포로가 되었다.

체일 필요는 없었다. 이 코뮌들은 파리 시처럼 거대한 덩어리 집단이어야 하고, 더 나아가 자치령 정도의 규모에서 이루어진다면 더 좋을 것이다. 어떤 경우에 이 코뮌들은 서로 동맹하여 국가를 형성할 수도 있다. 심지어 현존하는 국가 간의 영토 경계를 고려할 필요도 없다(5개 항구동맹[25]이나 한자동맹[26]처럼). 이와 동시에 철도, 항구 같은 국제간의 공공 서비스 분야에서 대규모 노동조합들이 생겨날 것이다.

이러한 생각들이 1871년 이후 의식 있는 노동자들 사이에서, 특히 라틴어 권 국가들[27]에서 막연하게나마 형성되기 시작했다. 자기네 생활의 세부사항들이 정해지게 될 이런 방식의 몇몇 조직들에서, 노동자 단체들은 다음 사실을 알게 되었다. 국가가 산업과 관련된 소유권을 모두 쥐고 있거나 농업과 산업을 조직할 경우보다, 사회주의적 삶의 형태라는 수단을 통했을 때 그들의 생활이 훨씬 쉽게 이루어진다는 사실을 말이다. 이러한 사상들이 바로 내가 이 책에서 조금이라도 명확하게 표현하기 위해서 열심히 노력했던 것들이다.

---

25   5개 항구동맹: 영불 해협의 동쪽 끝에 위치한 5개 항구들이 군사적, 상업적 목적으로 연합한 것.

26   한자동맹: 중세 독일에서 시작되어 북유럽으로 퍼져나간 상인 조합.

27   프랑스, 이탈리아, 스페인 등 라틴계 언어를 쓰는 나라들을 말한다.

이 책을 처음 썼던 때[28]로부터 몇 해가 흐른 지금에 와서 그 당시를 되돌아보면, 나는 이 책의 주요 사상들이 틀림없이 정확했다고 분명히 말할 수 있다. 국가가 주도하는 사회주의는 분명 상당히 큰 진보를 이루고 있다. 국영 철도, 국영 은행, 국가 주도 무역이 여기저기서 활기차게 도입되고 있는 중이다. 그러나 이 방향으로 나아가게 되면 매 단계마다 노동자들은 스스로의 해방을 위한 투쟁에 국가 사회주의가 새로운 방해가 되고 있다는 사실을 발견하게 될 것이다. 비록 한정된 필수품들을 더 싸게 구입할 수 있는 결과가 나타났을지라도 말이다. 그리하여 우리는 노동자들 가운데서, 특히 서유럽에서 하나의 사상이 성장하고 있는 것을 볼 수 있다. 이 사상은 심지어 철도망처럼 거대한 전국적 자산을 운영하는 일조차, 국가 조직보다는 철도 노동자들의 동맹 조합이 훨씬 잘 운영할 있다는 사상을 말한다.

다른 한편으로는, 유럽과 미국 전역에서 셀 수 없이 많은 시도가 행해졌다는 점을 들 수 있다. 이 시도들의 주된 사상은, 한편으로는 생산의 여러 부분들을 노동자들 스스로가 운영하자는 것이고, 다른 한편으로는 주민들을 위해 직무들을

---

28   이 책의 초판은 1892년 에 프랑스에서 처음 출간되었다.

수행하는 단체들을 도시 안에서 계속 확대해가자는 사상이다. 이 사상에 따르면, '노동조합제도(Trade-unionism)'가 생산 운영권을 맡고서, 국제적으로 이루어지는 다양한 무역들을 조직하고, 노동자의 조건을 개선하기 위한 수단뿐만이 아니라 필요한 순간에 조직을 구성할 수 있는 권한도 더 많이 갖도록 하자는 것이다. 생산과 분배 모두를 위한 협동조합, 산업 분야와 농업 분야 모두를 위한 협동조합, 그리고 실험적인 자치 공동체들에서는 이 두 가지 사상을 결합하는 시도들을 해볼 수 있을 것이다. 그렇게 되면 마침내 '자치사회주의'라고 부를 수 있는 온갖 다채로운 영역이 나타날 수 있을 것이다. 이 세 가지 방향의 시도들은 나중에 엄청난 양의 창조적인 힘으로 발전해나갈 것이다.

물론 이것들 중 어떤 것도, 어떤 정도라도, 코뮌주의의 대체물, 심지어 사회주의의 대체물로 여겨질 수는 없다. 코뮌주의와 사회주의는 생산 수단의 공동 소유라는 의미를 당연히 갖고 있기 때문이다. 하지만 우리는 실험적인 이런 시도들 모두를 틀림없이 살펴봐야만 한다. 가령, 오언, 푸리에, 생시몽이 자기들의 자치 공동체에서 시도하려고 했던 실험들은, 코뮤니스트 사회가 출현한다면 이러할 것이라는 구체적인 모습들을 사람들이 상상해볼 수 있게 해준 것들이었다. 언젠가 어느 문명국가의 어떤 사람은, 자신의 건설적인 재능으로 이러한 부분적인 모든 실험들을 종합해보는 일을 해야만 할 것이다. 그리고 앞으로 그런 위대한 종합을 해낸 건물이 건설되어야 할 것이다. 그렇지만 그 건물을 이루게 될 벽돌들 견본들, 심지어 그 건물의 몇몇 방들의 견본들조차도 건설적인 재능을 가진 사람의 엄청난 노력으로 지금 준비되고 있는 중이다.

P. Kropotkin

우리가 가진 부富

1

인류는 머나먼 길을 여행해왔다. 먼 옛날 사람들이 투박한 부 싯돌 도구를 만들고, 사냥으로 얻은 불안정한 노획물들로 살 아가고, 자기 아이들에게 바위 아래의 은신처와 몇 가지 보잘 것없는 도구들을 남겨주던 때로부터 머나먼 길을 여행해온 것이다. 게다가 광대하고, 잘 알지 못하는 무시무시한 자연이 있었기에 인류는 자신들의 비참한 생존을 유지하기 위해 자 연과 함께 싸워나가야 했다.

그럼에도 그 기나긴 격동의 세월이 흐르는 동안 인류는 헤 아릴 수 없을 만큼 많은 부(富)를 축적했다. 땅을 개간하고, 습 지의 물을 빼고, 숲을 벌채하고, 도로를 건설하고, 산에 터널 을 뚫었다. 건물을 짓고, 발명을 하고, 관찰하고, 추론해왔다. 또한 복잡한 도구들을 만들고, 자연으로부터 힘들게 그 비밀을 캐내었으며, 마침내 증기와 전기를 마음대로 이용할 수 있게 되었다. 그 결과 문명화된 인간의 아이는 이전에 살았던 사람들이 축적해놓은 막대한 자본을 이용할 준비가 된 채 태어나는 셈이다. 그리고 이러한 자본 덕분에 사람들은 자신의 노동을 타인의 노동과 결합하는 것만으로도 많은 부를 얻을 수 있게 되었다.

넓은 지역까지 말끔하게 개간된 땅은 최고 품질의 씨앗들을 심기에 안성맞춤인 상태이다. 거기에 기술과 노동력이 보태지면 우리에게 풍요로운 보답을 해줄 것이다. 이 보답은 인류의 모든 필요를 채우고도 남을 만큼 충분하다. 합리적인 경작 방법들도 알려지게 되었다.

미국의 드넓은 초원에서는 기계의 도움을 받아 일하는 100명의 사람들이 1년 동안 1만 명의 사람들이 먹을 수 있는 밀을 몇 달 만에 생산할 수 있다. 그리고 어떤 사람이 생산물을 몇 배로 증가시키고 싶다면, 땅을 잘 만들고 각각의 작물을 적절하게 보살핌으로써 원하는 것을 얻을 수 있다.

과거의 사냥꾼은 가족들이 먹을 음식을 구하려고 오륙십 마일을 돌아다녀야 했지만, 현재의 문명인은 그것의 천 분의 1밖에 안 되는 면적에서 훨씬 적은 노고를 들여서 보다 안정적으로 가족의 생계를 꾸려나갈 수 있다. 기후는 더 이상 방해물이 아니다. 태양의 열기가 약해지면 인공적으로 난방을 해서 대신할 수 있다. 앞으로는 식물 생장을 자극하는 일에도 인공적인 빛을 이용할 것이다. 그러는 동안 인간은 유리온실과 온수파이프를 이용해서 정해진 공간을 자연적인 상태일 때보다 10~15배는 더 생산적으로 만들었다.

산업 분야에서 이룩한 성취는 더욱더 감탄할 만하다. 대부분 그 이름도 잘 알려져 있지 않은 발명가들의 결실인 현대적 기계들을 이용해서 현재 100명의 사람들이 1만 명이 2년 동안 입을 수 있는 의복 관련 물품들을 생산하고 있다. 잘 운영되는 석탄 광산에서는 100명의 광부들이 1만 가구가 추운 날씨에 난방을 하는 데 필요한 연료를 매년 충분히 공급한다. 최근에는 만국박람회를 위한 놀랍도록 화려한 도시들이 불과 몇 달 만에 우뚝 솟아오르는 장관을 볼 수 있다. 이런 일들은 개최 국가들의 일상을 조금도 방해하지 않고서 이루어진다.

그리고 농업에서처럼 제조업에서, 그리고 전체 사회 시스템을 통해서 선조들의 노동, 발견, 발명이 소수에게 주로 이득을 주고 있기는 하다. 그럼에도 다음과 같은 사실도 분명하다. 즉, 인류 전체가 이미 소유하고 있는 강철과 철제 발명품들의 도움을 받는다면 모든 사람이 이미 부유하고 안락한 생활을 할 수도 있었을 것이라는 사실이다.

진실로 우리는 우리가 생각하는 것보다 훨씬 더 부유하다. 이미 소유하고 있는 것들로 부유하고, 현재의 기계장비로 생산할 수 있는 가능성들이 많다는 점에서 더욱 부유하다. 그리고 우리의 땅, 제조업들, 과학, 기술적 지식들로부터 얻을 수 있는 모든 것이 모두에게 좋은 삶을 가져다주기 위해 쓰인다면 우리는 더할 나위 없이 부유해질 것이다.

2

문명화된 사회 속에서 우리는 부유하다. 그런데도 왜 그렇게 많은 사람이 가난한가? 어째서 대다수 사람은 그토록 단조롭고 고통스러운 일을 해야 하는가? 심지어 임금을 가장 많이 받는 노동자조차 왜 불확실한 내일을 걱정해야 하는가? 과거로부터 물려받은 유산들에 둘러싸여 있고, 하루에 몇 시간만 열심히 일하면 모두에게 안락함을 보장해줄 수 있는 강력한 생산 수단을 가졌는데도 말이다.

사회주의자들은 바로 이 이야기를 하고 있으며, 지치지도 않고 계속 되풀이해서 말해왔다. 매일 그들은 온갖 학문에서 가져온 논거로 이 사실을 보여주면서 반복해서 말하고 있다. 그 이유는 오랜 역사 과정 속에서 소수의 사람이 땅, 광산, 도로, 기계, 식량, 주택, 교육, 지식처럼 생산에 필요한 모든 것을 강제로 빼앗아갔기 때문이다. 이 강탈의 역사 과정은 강제 이주와 전쟁들이 일어난 과정이고, 무지와 억압의 역사 과정이었다. 이것은 인류가 자연의 힘을 제압하는 법을 배우기 전부터 인류의 생활이었다.

그 이유는 또한 이 소수의 사람이 과거에 자기들이 획득했다고 주장하는 권리들을 이용해서, 오늘날 노동 생산물의 3분의 2를 횡령하고는 가장 어리석고 부끄러운 방식으로 탕진하고 있기 때문이다. 또한 이 소수의 사람이 수많은 사람을 한 달, 심지어 한 주도 살아갈 수 없을 만큼 몰락시켜놓고 대부분의 몫을 자기들이 가져간다는 조건에서만 다수에게 일을 하도록 허락하기 때문이다. 이 소수의 사람은 나머지 사람들이 자기에게 필요한 것들을 생산하지 못하도록 막고 있기 때문이며, 모두의 삶에 필요한 생필품이 아니라 독점가들에게 가장 큰 이익을 가져다주는 것을 생산하도록 강제하기 때문이다. 바로 이 사실에 모든 사회주의의 본질이 있다.

문명화된 나라를 실제로 살펴보라. 예전에 온통 숲이었던 삼림지들은 개간되었고, 습지는 배수되었으며, 기후도 좋아지고 있다. 사람들이 살기에 적당한 곳으로 바뀌어온 것이다. 예전에는 거친 식물들만 자랐던 땅이 오늘날에는 풍성한 수확물로 뒤덮여 있다. 계곡에 있던 바위들은 계단식 밭을 만드는 데 쓰여서 포도나무들이 그 위를 덮고 있다. 독하고 쌉쌀한 야생 열매나 먹을 수 없는 뿌리 말고는 사람이 먹을 만한 것을 생산하지 못했던 야생 식물이 수 세대에 걸친 재배를 통해 즙이 많은 채소와 맛있는 과일이 열리는 나무로 바뀌었다.

수많은 도로와 철도가 땅을 가르며 뻗어 있고 터널이 뚫린 산들을 가로질러간다. 알프스, 코카서스, 히말라야 산맥의 황량한 협곡에서도 날카로운 엔진 소리가 들린다. 강들은 배가 다닐 수 있게 되었고 해안들은 쉽게 접근할 수 있게 되었다. 힘들게 건설된 인공 항만들이 광포한 바다로부터 우리를 보호해주고 있고, 배들에게 피난처를 제공하고 있다. 바위를 뚫고 깊은 수직 갱도들이 건설되고 미궁 같은 지하 광산의 통로들이 건설되어서 석탄이나 광물들을 캐낼 수 있게 되었다.

도로들이 서로 교차하는 곳에서는 거대한 도시들이 생겨났으며, 그 안에서 산업, 과학, 예술의 모든 보물이 축적되고 있다. 모든 세대의 사람들, 비참하게 살다가 죽어갔고 지배자들에게 억압당하고 학대당했으며 고된 노동으로 기진맥진했던 모든 세대의 사람이 이 막대한 유산을 우리 세기에 물려준 것이다.

수천 년 동안 수많은 사람이 숲을 개간하고, 습지의 물을 빼고, 도로를 건설하고, 뱃길을 내는 일을 해왔다. 유럽에서 경작되는 모든 땅은 여러 민족의 땀으로 일궈졌다. 각각의 땅마다 강요된 노동의 이야기, 참을 수 없이 고된 노동의 이야기, 수많은 사람이 겪어온 고통의 이야기를 품고 있다. 모든 철도와 터널에도 사람들이 흘린 핏자국이 깊이 스며들어 있다.

광산의 수직 갱도의 바위벽에는 그 갱도를 파기 위해 고군분투한 광부들의 괭이자국이 여전히 남아 있다. 지하 갱도를 지탱하는 기둥들 사이의 어느 공간에는 어떤 광부의 무덤이라는 표시가 새겨져 있을 수도 있다. 이 무덤들 각각이 어떤 대가를 치렀는지 누가 말해줄 수 있겠는가? 그들의 눈물, 그들의 궁핍과 비참함에 대해 누가 말할 수 있겠는가? 탄갱 안의 가스 폭발이나 바위가 무너지는 사고, 또는 홍수로 인해 한창 나이의 광부들이 목숨을 잃었을 때, 그들의 빈약한 급료에 의존해서 살던 가족들의 말할 수 없는 비참함을 누가 말할 수 있겠는가?

철로와 수로로 둘러싸인 도시들은 수 세기에 걸쳐서 유지되어온 유기적인 조직체이다. 이 도시 아래를 파헤쳐 보라. 그러면 거리들, 집들, 극장들, 공공건물들의 토대들이 하나 위에 또 하나가 쌓인 식으로 층층이 건설된 모습을 발견할 것이다. 도시의 역사를 조사해보면 그 도시가 문명화된 과정, 산업과 도시 고유의 특성들이 어떤 식으로 천천히 성장하고 성숙해 왔는지 알 수 있다. 그 도시들은 몇 세대에 걸친 주민의 협력을 통해서 오늘날의 모습을 갖추게 되었다. 심지어 오늘날에도 그 도시의 모든 주택, 공장, 큰 상점들 각각이 지닌 가치는 지금은 죽어서 묻힌 수백만 명의 노동자가 쌓아올린 노동으로 만들어진 것이며, 수많은 사람의 노동으로 유지되고 있다.

이렇듯 우리가 '국가의 부(富)'라고 부르는 것을 구성하는 개개 요소들의 가치는 그것들이 거대한 전체의 일부라는 사실 때문에 생겨난다. 국제적인 상업이 이루어지는 거대한 중심 도시에 위치하고 있지 않다면, 런던의 조선소나 파리의 대형 상점이 무슨 의미가 있겠는가? 바다와 육로를 통해서 매일 엄청난 양의 상품들이 수송되지 않는다면, 우리의 광산들, 공장들, 작업장들, 철도들이 무슨 의미가 있겠는가? 수많은 사람이 오늘날 우리가 자랑스러워하는 이 문명을 건설하기 위해서 땀 흘려 노동을 해왔다. 지구상 곳곳에 흩어져 있는 다른 수많은 이는 지금도 이 문명을 유지하기 위해서 애쓰고 있다. 만약 이런 사람들이 없다면 이 문명은 50년 안에 폐허밖에 남지 않게 된다.

그 어떤 사상이나 발명조차도 과거와 현재로부터 유래하는 공동의 재산이 아닌 것은 없다. 알려졌거나 알려지지 않은 발명가들, 빈곤 속에서 죽어간 수천 명의 발명가들이 인간의 재능을 구현하고 있는 이 기계들 각각을 발명하는 일에 협력해 왔기 때문이다.

수천 명의 작가, 시인, 학자들이 지식을 늘리고 오류를 바로잡고 과학적 사고의 틀을 만들기 위해서 애쓰고 있다. 이런 틀이 만들어지지 않았더라면 우리 세기의 경이로운 것들은 결코 나타나지 못했을 것이다. 그리고 이 수많은 철학자들, 시인들, 학자들, 발명가들을 뒷받침하고 있는 것은 과거 수많은 세기 동안 이루어진 '노동들'이다.

가령, 생귄[29], 마이어[30], 그로브[31]의 천재성은 산업을 새로운 방향으로 나아가게 하는 일에서 전 세계의 모든 자본가보다 분명 더 많이 기여했다. 하지만 천재적인 사람들은 그 스스로가 과학의 아이들인 것과 마찬가지로 산업의 아이들이기도 하다. 수천 개의 증기기관이 수년 동안 모든 사람의 눈앞에서 작동되고, 증기기관의 열기가 부단히 동력으로 변환되고, 그

---

29 생귄(Marc Séguin 1786-1875): 프랑스의 엔지니어로, 연관 보일러를 발명했다.

30 마이어(Julius Robert von Mayer 1814-1878): 독일의 의사이자 물리학자로 열역학 제1법칙의 확립에 기여했다.

31 그로브(William Robert Grove 1811-1896): 영국의 실험 물리학자로 화학전지를 발명했다.

동력이 소리, 빛, 전기로 변환되었을 때에야 비로소 이 천재들의 통찰은 그것의 기계적인 원인과 물리적인 힘들의 결합에 대해 공표할 수 있었다.

그리고 19세기의 아이들인 우리가 마침내 이 개념을 파악하게 되었다면, 그리고 그것을 어떻게 응용하는지를 알게 되었다면, 그 이유는 다시 말하지만 매일의 경험 속에서 우리에게 그럴 준비가 되어 있기 때문이다. 18세기의 과학자들도 이 개념을 알았고 발표하기도 했지만, 그것은 더 이상 발전되지 않은 채 남아 있었다. 왜냐하면 18세기에는 19세기처럼 증기기관과 나란히 성장하지 않았기 때문이다.

현대 산업에 혁명을 가져온 이 원리를 알지 못한 채 지나가 버렸을지도 모르는 수십 년의 세월을 상상해보라. 즉, 와트[32]가 자신의 아이디어를 금속으로 구체화시키고, 그가 구상한 엔진의 모든 부분을 완벽하게 만들어줄 수 있는 노동자들을 소호[33]에서 찾아내지 못했더라면, 그리하여 완전한 기계장치 속에 갇히게 된 이 증기, 말(馬)보다 온순하고 물보다 다루

---

32 와트(James Watt 1736-1819): 스코틀랜드의 엔지니어이자 발명자, 증기기관의 완성자로 유명.

33 소호: 와트가 동업자 매튜 볼턴과 함께 증기기관을 만들기 위해 설립한 공장은 영국 버밍엄의 소호에 있었다.

기 쉽게 된 이 증기가 마침내 현대 산업을 일으킨 핵심이 되지 못했더라면 어떻게 되었을지 상상해보라.

모든 기계가 이와 비슷한 역사를 갖고 있다. 그 역사는 오랜 기간의 잠 못 이루는 밤들과 가난, 환멸과 기쁨들, 그리고 몇 세대에 걸친 이름 없는 노동자들이 발견해낸 부분적인 개선점들에 대한 기나긴 기록이다. 이 노동자들은 원래의 발명에다가 사소한 것들을 덧붙였는데, 실제로 이들이 그렇게 하지 않았더라면 가장 창조적인 아이디어들도 쓸모없는 상태로 남아 있었을 것이다. 아니, 그 이상이라고 할 수 있다. 모든 새로운 발명은 하나의 종합이고, 그 이전에 역학(力學)과 산업의 광대한 분야에서 이미 이루어진 헤아릴 수 없는 발명들의 결과물이다.

과학과 산업, 지식과 그 응용, 발견과 그것의 구체적인 현실화, 그 덕분에 이어진 새로운 발견들, 두뇌와 손의 정교한 솜씨. 정신노동과 육체노동은 모두 협력해서 일한다. 각각의 발견, 각각의 진보, 인간 부의 총합을 증가시킨 각각의 성장은 과거와 현재 사람들의 육체적이고 정신적인 노고 덕분에 이루어진 것이다.

그렇다면 어느 누가 도대체 무슨 권리로 이 거대한 전체의 가장 작은 부분이나마 자기 것이라고 할 수 있단 말인가? 무슨 권리를 가지고서 "이것은 당신들 것이 아니라 내 것이다!" 라고 말할 수 있단 말인가?

3

그러나 인류가 가로질러온 무수한 세월이 흘러가는 과정에서 이런 일이 일어났다. 사람이 생산을 하도록 해주고, 자신의 생산력을 늘릴 수 있게 해주는 모든 것이 소수 사람의 손에 쥐어진 것이다. 언젠가, 아마도 우리는 어떻게 이런 일이 일어나게 되었는지 말할 수 있을 것이다. 지금은 그런 사실이 있다는 것을 언급하고, 그 결과를 분석하는 것으로 충분하다.

계속 증가하는 인구의 필요들을 충족시킬 수 있는 것은 실제로 땅이 가진 가치 덕분이다. 그런데 오늘날 이 땅은 소수의 사람에게 속해 있다. 그리고 이 소수는 다른 이들이 그 땅을 마음대로 경작하는 것을 가로막거나, 현대적 방식에 따라서 땅을 경작하는 것을 허락하지 않고 있다.

광산들 역시 수 세대에 걸친 노동의 결과물이고, 그것의 고유한 가치는 오직 한 나라의 산업적인 요구와 인구 밀도에서 나온다. 그럼에도 광산들 역시 소수가 소유하고 있다. 이 소수의 사람은 자기들의 자본 증식에 유리한 투자라고 여겨지면, 석탄 생산량을 제한하거나 생산을 완전히 금지하기도 한다.

기계 역시 소수의 배타적인 소유물이 되었다. 심지어 어떤 기계가 잘 작동되는 이유는 처음의 허술한 발명에다가 서너 세대의 노동자들이 보다 향상된 기술을 덧붙였기 때문이라는 것이 논쟁의 여지가 없는 사실인데도, 소수만이 이 기계를 소유하고 있다. 가령, 한 세기 전에 레이스 만드는 기계를 처음 만들어낸 발명가의 자손들이 오늘날 스위스 바젤이나 영국 노팅험의 레이스 공장에서 일하는 노동자들이라고 가정해보자. 이들이 그곳에서 자신의 권리를 주장한다면, 이런 말을 들을 것이다.

"손대지 마! 이 기계는 당신들 것이 아니야."

철도는 유럽의 넘쳐나는 인구, 산업, 상업, 시장이 없다면 낡고 쓸모없는 고철덩어리에 불과하다. 이런 철도들 역시 몇몇 주주가 소유하고 있는데, 아마도 그들은 자신에게 중세시대 왕들보다 더 많은 수입을 가져다주는 철도 노선들이 어디에 위치하고 있는지조차 잘 모를 것이다. 이 철로들을 파내고,

깎아내고, 터널을 뚫느라 하루에도 수천 명이 죽었다. 그런데 만약 그렇게 죽어간 이들의 자손이 누더기를 입고 굶주린 채로 모여들어서 철도 주주들에게 빵을 달라고 요구한다면, 총검과 포탄이 이들을 뿔뿔이 흩어놓을 것이고 '기득권의 이익'은 안전하게 지켜질 것이다.

이처럼 터무니없고 악랄한 체제 때문에 노동자의 자식은 자신이 생산할 커다란 몫을 주인에게 넘겨주는 것에 동의하지 않으면 경작할 수 있는 땅이 없다. 관리할 수 있는 기계도 없고, 파낼 수 있는 광산도 없이 인생을 시작하게 된다. 그는 인색하고 불안정한 임금을 얻기 위해 자신의 노동을 팔아야 한다. 그의 할아버지와 아버지가 고되게 일해서 이 농토에 배수 설비를 했고 기계를 완전하게 만들었다. 온 힘을 다 바쳐서 그 일들을 했는데도 그들의 자손은 가장 비천한 노예보다도 더 가난한 상태로 세상에 태어난다.

그들이 땅을 경작하도록 허락을 받는 경우는 생산물의 4분의 1을 땅 주인에게 넘겨준다는 조건일 때만 가능하다. 또 다른 4분의 1은 정부와 중간상인에게 넘겨주어야 한다. 그리고 국가, 자본가, 땅 주인, 중간상인이 징수해가는 이런 세금은 언제나 계속해서 높아만 간다. 이 때문에 그에게는 자신의 경작 방법을 개선시킬 수 있는 여력이 거의 남아 있지 않다. 만약 이 자손이 산업 분야에서 일을 한다면, 그는 국가가 기계의 주인이라고 인정한 사람들에게 생산물의 3분의 2를 넘기겠다는 조건에서만 일을 하도록 허락받는다. 심지어 이런 일조차도 항상 얻을 수 있는 게 아니다.

우리는 봉건시대의 영주들을 소리 높여 비난한다. 이 영주들은 소작농이 생산한 수확물의 4분의 1을 넘겨주지 않으면 흙덩이 하나도 만지지 못하게 했던 자들이다. 우리는 그 시절을 야만적인 시대라고 부른다. 하지만 형식만 바뀌었을 뿐 지금도 그런 관계는 똑같이 남아 있기 때문에, 노동자들은 자유계약이라는 명목으로 봉건적인 의무를 강제로 받아들여야 한다. 왜냐하면 어디를 가더라도 더 나은 조건을 찾을 수 없기 때문이다. 모든 것이 사유재산이기 때문에 그는 이 조건을 받아들이거나 굶어 죽을 수밖에 없다.

일이 이런 상황으로 되어버린 탓에 우리의 모든 생산은 잘못된 방향으로 가고 있는 것처럼 보인다. 기업은 공동체의 필요를 전혀 생각하지 않는다. 기업의 유일한 목표는 투기꾼들의 이익을 늘리는 것뿐이다. 이로 인해 일어나는 무역시장의 끊임없는 변동과 주기적으로 일어나는 산업 위기 때문에 수많은 노동자가 거리로 내몰리게 된다.

노동하는 사람들은 자기 임금으로 자신들이 생산한 부를

구매할 수 없다. 그리고 산업은 다른 나라의 부유한 계급들에게 상품을 팔 수 있는 해외 시장을 찾고 있다. 따라서 유럽인들은 동양의 나라들, 아프리카, 이집트, 통킹[34], 콩고 등지에서 반드시 농노제도의 성장을 조장해야만 한다. 그리고 그들은 그렇게 하고 있다. 그러나 유럽인들은 곧 어디에나 자신과 비슷한 경쟁자가 있음을 알게 된다. 모든 국가가 비슷한 노선을 따르며 발전해나가고 있기 때문이다.

그래서 끊임없는 전쟁이 일어난다. 시장에서 우선권을 차지하기 위한 전쟁, 동양을 소유하기 위한 전쟁, 바다를 지배하기 위한 전쟁, 수입품에 관세를 부과하고 이웃한 나라들에게 규약을 강요하기 위한 전쟁이 일어난다. 반란을 일으키는 저 '흑인들'을 쳐부수기 위한 전쟁이 일어나는 것이다! 온 세상에서 대포소리가 그칠 날이 없고, 민족 전체가 대량 학살되는 일도 일어난다. 유럽 나라들은 국가 예산의 3분의 1을 군사비로 지출하고 있다. 그리고 우리는 이런 세금이 노동자들에게 얼마나 무겁게 부과되는지를 알고 있다.

교육도 여전히 소수 사람의 특권으로 남아 있을 뿐이다. 왜냐하면 노동자의 자녀들이 열세 살 나이에 어쩔 수 없이 광산

---

34 통킹: 프랑스 식민지 시대에 베트남 북부 홍 강 유역을 가리키던 명칭.

으로 일하러 가거나, 아버지를 돕느라 농장에서 일해야 하는 상황에서 교육에 대해 말하는 것은 무의미한 일이기 때문이다. 야만적인 작업 환경에서 과도하게 일하느라 파김치가 된 채 밤늦게 집에 돌아오는 노동자에게 공부에 대해 이야기하는 것 역시 쓸데없는 일이다.

사회는 이런 식으로 두 개의 적대적인 집단으로 나뉜 채 유지되고 있으며, 이런 상황에서 자유란 한갓 공허한 말에 불과하다. 급진적인 사상을 가진 어떤 사람은 아마 정치적인 권리를 크게 확대하라고 요구하기 시작할지도 모른다. 하지만 그는 곧 이 해방의 속삭임이 프롤레타리아 계급의 향상과 성장으로 이어짐을 알고서는, 뒤돌아서서 자신의 의견을 바꿔버릴지도 모른다. 그리고는 억압적인 법률과 무력으로 지배하는 정부를 지지하는 쪽으로 복귀할 것이다.

이러한 특권을 지키기 위해서는 법정에 쭉 늘어서 있는 엄청난 수의 사람들, 판사들, 사형 집행자들, 경찰들, 교도관들이 필요하다. 그리고 이들은 첩보 행위, 거짓 증언, 스파이 행위, 협박, 부패를 번갈아 저지르면서 이 체제를 유지한다.

우리가 살고 있는 이 체제는 사회적인 감정이 성장하는 것을 차례로 가로막는다. 우리 모두는 알고 있다. 올바름이 없으면, 자존감이 없으면, 연민과 상호부조가 없으면 인류가 절멸

할 수밖에 없다는 사실을 말이다. 서로를 약탈하며 살아갔던 일부 종들이 사라졌듯이 말이다. 하지만 이런 사상들은 지배 계급의 입맛에 맞지 않는다. 그래서 지배 계급은 우리와 반대의 생각을 가르치기 위해서 온갖 사이비 과학체계를 정교하게 만들어내고 있다.

훌륭한 설교들은 가진 자들이 못 가진 이들에게 기꺼이 자기 것을 나누어주어야 한다는 내용을 말한다. 그러나 이 원리를 실행해보려는 사람은 이 아름다운 감정들이 시적으로는 아주 훌륭하지만 현실에서는 그렇지 않다는 것을 곧 알게 되고 실제로 실천하지는 않는다.

"거짓말하는 것은 자신의 품위를 떨어뜨리고 명예를 더럽히는 행위이다"라고 우리는 말한다. 그럼에도 문명화된 삶 전체는 하나의 거대한 거짓말이 되어가고 있다. 우리 자신과 아이들은 위선에 익숙해지고 있으며, 겉과 속이 다른 도덕을 실천하는 데 익숙해지고 있다. 그리고 우리의 두뇌는 거짓말들 사이에서 기분이 언짢아지기 때문에 궤변으로 스스로를 속인다. 위선과 궤변은 문명인의 두 번째 천성이 되었다. 그러나 사회는 이런 식으로 존속할 수 없다. 사회는 다시 진실 쪽으로 방향을 바꾸거나, 그렇지 않다면 존재하기를 그만둬야 한다.

이런 식으로 최초의 독점 행위에서 생겨난 결과들이 사회적 삶의 전 영역으로 퍼져나갔다. 죽음과 같은 고통을 겪으면서라도 인간 사회는 최초의 원칙들로 되돌아가야 한다. 즉, 생산 수단들은 인류의 집단적인 노동이 만들어낸 결과이기 때문에 생산 역시 인류 공동의 재산이 되어야 한다는 원칙으로 돌아가야 한다. 그것을 개개인이 마음대로 사용하는 일은 전혀 공정하지 않고, 아무런 도움도 되지 않는다.

모든 것은 모두에게 속한다. 모든 것은 모든 사람을 위한 것이다. 왜냐하면 모든 사람이 그것을 필요로 하고 있고, 모든 사람이 그것을 생산하기 위해서 힘닿는 데까지 일했기 때문이다. 그리고 세상의 모든 부를 생산하는 데 각 사람들이 기여한 몫을 측정하는 일은 가능하지 않기 때문이다.

모든 것은 모두를 위한 것이다. 여기, 막대한 양의 도구와 기구가 있다. 여기, 우리가 기계라고 부르는 철로 된 노예들이 있다. 이 기계들은 우리를 위해 톱질과 대패질을 하고, 실을 잣고 천을 짜고, 부수고 다시 만들고, 원재료를 가공해서 우리 시대의 경이로운 물건들을 만들어낸다. 하지만 어느 누구도 이 기계들 중 단 하나라도 자기 것으로 하면서 이렇게 말할 권리는 없다.

"이 기계는 내 것이다. 당신이 이걸 사용하고 싶다면 당신이 생산한 모든 것에 부과된 세금을 내야 한다."

또 중세시대의 봉건 영주가 소작농들에게 "이 언덕과 이 들판은 모두 나의 것이다. 너희는 이곳에서 수확하는 옥수수 한 다발마다, 쌓아올리는 벽돌 한 장마다 매긴 세금을 나에게 바쳐야 한다"라고 말할 권리도 더 이상 없다.

모든 것이 모두에게 속한다! 남자와 여자가 일을 공평하게 분담해서 한다면, 그들은 함께 생산한 것을 공정하게 나눌 권리를 가지고 있다. 그리고 이렇게 나눈 것들은 그들에게 좋은 삶을 보장해주기에 충분하다. 더 이상 '일할 권리' 혹은 '각자는 자신이 일한 결과물들을 모두 가져간다'와 같은 애매한 문구들은 필요하지 않다. 우리가 선언하는 것은 '좋은 삶을 살 권리'이다. '모두가 좋은 삶을 살 권리!'이다.

모두가 좋은 삶을 살 권리

1

모두를 위한 좋은 삶은 꿈이 아니다. 우리의 선조들이 생산력을 증대시키기 위해서 노력했던 모든 것 덕분에 그런 삶은 가능하고 실현할 수 있다. 우리는 알고 있다. 문명화된 나라의 주민 중 생산하는 사람들은 3분의 1도 채 되지 않지만, 이들은 지금이라도 모든 가정에 어느 정도의 안락함을 가져다줄 수 있을 정도로 많은 물품을 생산하고 있다는 사실을 말이다.

우리는 그 이상도 알고 있다. 오늘날 다른 사람들이 힘들게 일한 결과물을 헛되이 탕진하는 모든 사람에게 유용한 일을 하게 한다면, 우리의 부는 생산자들의 수에 비례해 증가할 것이고 어쩌면 그 이상으로 증가할 것이라는 사실을 말이다. 그러면 마침내 우리는 알게 될 것이다. 중산층 경제학의 예언자인 맬서스[35]가 발표한 이론과는 반대로, 인류의 생산력은 번

식력보다 훨씬 빠른 속도로 증가할 것이라는 것을. 사람들이 땅에 더욱 밀집해서 살게 될수록 그들이 부를 창조하는 힘 역시 더욱 빠르게 성장할 것이다.

이런 까닭으로 영국의 인구는 1844년부터 1890년까지 단 62퍼센트 증가했을 뿐인데도, 생산은 가장 낮게 잡아도 2배 정도인 130퍼센트 성장했다. 프랑스에서는 인구가 더 천천히 늘어나고 있는데도 생산은 매우 빠르게 성장하고 있다. 빈번히 찾아오는 농업 위기, 국가의 방해, 혈세(징병 제도), 투기적인 상업과 금융에도 불구하고, 프랑스의 밀 생산량은 4배나 증가했으며 산업 생산량도 지난 80년 동안 10배 이상 증가했다. 미국에서는 이런 식의 진보가 더욱 인상적으로 일어나고 있다. 이민자들의 유입에도 불구하고, 혹은 유럽의 과잉 노동력의 유입이라는 이유 덕분인지 미국에서는 10배나 많은 부가 증가하고 있다.

그렇지만 이런 자료들을 가지고서는 더 나은 조건 아래서 우리의 부가 어떠할지 아주 희미하게만 어림잡을 수 있을 뿐이다. 우리의 부와 생산력이 빠르게 발전하는 것과 나란히, 일

---

35 토머스 맬서스(Thomas Malthus 1766-1834): 영국의 목사이자 경제학자. 인구가 식량 생산보다 빠르게 증가하기 때문에 빈곤과 전쟁이 일어난다고 주장함.

하지 않는 게으름뱅이와 중간상인의 수도 압도적으로 늘어나고 있다. 자본이 점점 소수의 손에 집중되지 않도록 하기 위해 공동체가 해야 하는 유일한 일은 소수 백만장자의 재산을 수용해서 합법적으로 모두의 유산이 되도록 만드는 일이다. 그런데 사회주의자들의 이런 예측이 사실로 입증되기는커녕, 정확히 반대되는 일이 일어나고 있다. 기생충 무리들이 계속해서 증가하고 있는 것이다.

프랑스의 경우 주민 30명당 실제로 생산에 참여하는 사람은 10명이 채 되지 않는다. 이 나라의 전체 농업 생산량은 700만 명도 안 되는 사람들이 일한 결과이다. 그리고 광산업과 섬유업이라는 두 거대한 산업 부분에서도 노동자의 수가 250만 명이 채 되지 않는다는 사실을 알 수 있다.

그렇다면 이 노동자들을 착취하는 사람의 수는 얼마나 될까? 영국에서는 남자, 여자, 그리고 아이들을 포함해 100만 명이 조금 넘는 노동자가 전체 섬유산업에 종사하고 있다. 광산에서는 90만 명이 못 되는 사람이 일하고 있고, 200만 명이 조금 넘는 사람이 농업에 종사하고 있다. 최근의 산업 인구 조사에 따르면 겨우 400만 명이 조금 넘는 남자, 여자, 아이들이 전체 산업에 종사하고 있는 것으로 나타났다.●

그러므로 통계학자들은 4천 500만 명의 영국 주민 중 최대

800만 명이 생산자라는 것을 입증하기 위해 모든 숫자를 부풀려야 한다. 엄밀히 말해 영국에서 전 세계 구석구석으로 수출되는 상품을 만드는 노동자의 수는 겨우 600만에서 700만 명 정도밖에 되지 않는다. 그렇다면 이곳저곳에서 노동의 가장 좋은 열매를 가져가고, 생산자와 소비자 사이에 끼어들어서 일하지 않고도 부당한 이익을 쌓아올리는 주주와 중간상인의 수는 얼마나 될까?

이것이 전부가 아니다. 자본 소유자들은 생산을 제한함으로써 끊임없이 생산량을 떨어뜨린다. 지금까지 부자들만 먹었던 맛있는 진미들을 일반 사람들이 먹지 못하게 막으려고 다량의 굴이 바다에 던져졌다는 사실은 말할 필요조차 없다. 직물과 음식 등이 포함된 수많은 사치품 역시 굴과 똑같은 방식으로 처분된 것도 말할 필요가 없다. 가장 필요한 것들의 생산이 어떤 식으로 제한되고 있는지를 떠올려보는 것으로 충분하다.

수많은 광부는 매일 기꺼이 석탄을 캐내어 추위에 떠는 사

● 현재 국가 군수품 공장을 포함한 산업의 서로 다른 53개의 부문에는 4,013,711명의 사람이 고용되어 있다. 그리고 241,530명의 노동자가 '철도 건설 및 관리국(Construction and Maintenance of Railways)'에서 일하고 있다. 그들의 총 생산량은 1,041,037,000파운드에 이르며 순이익은 406,799,000파운드다.

람들에게 보낼 준비가 되어 있다. 그러나 너무나 자주, 광부 중 3분의 1 심지어 2분의 1의 사람들이 일주일에 3일 이상을 일하지 못하게 금지당하고 있다. 그 이유는 물론 석탄 가격을 계속 오르게 해야 하기 때문이다! 또한 수많은 직공이 직조기에서 일하는 것을 금지당하고 있다. 그들의 아내와 아이들이 누더기를 입고 있으며, 유럽 인구의 4분의 3이 괜찮은 옷들을 갖고 있지 못한데도 그런 생산 제한이 가해진다.

수백 개의 용광로와 수천 개의 공장이 주기적으로 가동을 멈추고 아무 일도 하지 않으며, 다른 공장들은 겨우 반나절만 가동되기도 한다. 모든 문명화된 나라에서는 언제나 200만 명 정도 되는 주민이 오직 일만 하게 해달라고 요청하고 있는데도 거부당하는 실정이다.

이 수많은 사람이 황무지들을 개척하게 한다면 얼마나 좋을까! 이들이 경작하기에 나쁜 땅을 비옥한 논밭으로 바꾸어서 풍요로운 수확을 얻게 한다면 얼마나 기쁜 일일까! 잘 관리하면서 일한다면, 지금 '영구 목초지'란 이름으로 쓸모없이 방치되고 있는 수백만 에이커[36]의 땅에서 5배의 생산을 충분히 해낼 수 있다. 또한 지금은 에이커 당 약 8부셸[37]의 밀 밖

---

36 에이커: 미국과 유럽에서 사용되는 면적의 단위. 1에이커는 약 4,047m^2이다.

에 생산하지 못하는 프랑스 남부의 건조 지역들 역시 그만큼
의 생산을 해낼 수 있다. 그런데도 수많은 분야에서 부를 생산
하는 일이라면 기꺼이 대담한 개척자가 되는 일을 기뻐할 사
람들이 쓸모없이 놀고 있어야 한다. 왜냐하면 땅 주인, 광산
소유자, 공장 소유주들이 애초에 공동체로부터 빼앗은 자기들
의 자본을 터키나 이집트의 채권 혹은 남미 파타고니아의 금
광에 투자하는 편을 더 좋아하기 때문이다. 그 결과로 이집트
의 빈농들, 이탈리아의 이민자들, 중국 하류층 노동자들이 어
쩔 수 없이 노예 임금을 받고 일하게 된 것이다.

이것은 생산을 직접적이고 용의주도하게 제한하는 행위이
다. 하지만 간접적이고 고의가 아닌 제한도 있다. 이 제한은
인간의 노동을 완전히 쓸모없는 일에 낭비하게 만들거나 오
직 부자들의 아둔한 허영심을 만족시킬 목적으로만 생산을
제한하는 일을 말한다.

어느 정도의 부가 간접적으로 제한되고 있는지, 얼마만큼
의 에너지가 낭비되고 있는지를 숫자로 계산하는 일은 불가
능하다. 물론 그런 계산을 할 수 있었다면 생산에 도움이 될

---

37   부셸: 주로 농산물의 무게를 나타내는 데 쓰는 단위로 나라마다 다르다. 본문에서
      는 영국 부셸을 사용하고 있다. 1영국 부셸은 62파운드, 즉 약 28.133kg이다.

수 있었을지도 모르고, 무엇보다 생산에 필요한 기계를 갖추는 데 유용했을지 모른다. 유럽에서 엄청난 금액이 군사비로 낭비되고 있다는 점을 지적하는 것으로 충분하다. 이 군사비의 유일한 목적은 시장의 통제권을 손에 넣어서 인근 국가에게는 유럽 상품들을 강제로 팔고, 자국에서는 보다 쉽게 착취를 행하려는 것이다.

수백만 명의 사람이 온갖 종류의 관직으로 매년 보수를 받고 있는데, 이들의 직무는 소수 부자의 '권리'를 지키고 국가의 경제 활동들을 좌지우지하는 일이다. 수백만 명의 사람이 재판, 감옥, 경찰 관련 일을 하고 있지만, 소위 정의라고 하는 이 모든 번거로운 장치는 사실상 아무 효과도 없이 낭비되고 있다. 우리가 잘 알고 있듯이 대도시의 빈곤을 아주 조금이라도 경감시키면 언제나 범죄율이 상당히 줄어들기 때문이다. 마지막으로 수백만 명의 사람이 언론이라는 수단을 통해서 아주 해로운 정치적 신조를 선전하는 일을 하고 있다. 그들은 이 당파나 저 당파, 이쪽 정치인이나 저쪽 투기꾼 무리의 이해관계를 대변하면서 '날조된' 뉴스를 만들고 있다.

그러나 이에 더해서 우리는 전적으로 낭비되는 모든 노동 역시 고려해봐야 한다. 여기에는, 부자들이 필요할 때 마음대로 동원할 수 있는 전문가 집단, 경찰 집단, 수행원 집단을 유지하는 노동이 있다. 또 저기에는, 사교계의 변덕을 부채질하고 유행을 쫓는 무리의 취향을 타락시키기 위해 낭비되는 노동이 있다. 또 다른 곳에서는, 필요하지도 않은 것을 소비자가 사게 만들거나, 과대광고로 조잡한 물건을 강매하느라 낭비되는 노동이 있다.

다른 한편으로는, 소비자에게는 완전히 유해하지만 제조업자한테는 이익이 되는 상품을 생산하는 노동도 있다. 이런 식으로 낭비되는 노동의 양은 유용한 것들을 충분히 두 배로 생산할 정도이다. 혹은 작업장들과 공장들에 기계를 비치해서 지금 인구의 3분의 2의 사람들에게 부족한 온갖 물품들로 상점들을 가득 채울 수 있는 노동이 낭비되고 있다. 현 체제에서는 각 나라 생산자의 4분의 1정도가 1년에 서너 달 동안이나 강제로 아무 일도 못하고 놀고 있어야 한다. 그리고 절반까지는 아니더라도 나머지 4분의 1의 노동자는 부자들을 즐겁게 하거나 민중을 착취하는 결과밖에 내지 못하는 노동을 할 수밖에 없다.

따라서 문명국가들이 한편으로는 자기들의 생산력을 빠르게 증가시키면서 다른 한편으로는 현존하는 조건을 이용해서 직접적, 혹은 간접적으로 생산을 제한하고 있다는 사실을 염두에 둔다면 우리는 이런 결론에 다다를 수밖에 없다. 즉, 조금이라도 합리적으로 운영되는 경제체제는 몇 년 안에 유용한 생산물들을 산더미처럼 쌓아올릴 수 있을 것이라고 말이다. 그러면 사람들은 이렇게 말할 수밖에 없다.

"충분하다! 우리에게는 충분한 석탄과 빵과 옷이 있다! 이제 휴식을 취하면서 어떻게 해야 우리의 능력을 가장 잘 쓸 수 있을지, 어떻게 해야 우리의 여가를 가장 잘 활용할 수 있을지를 고민해보자."

그렇다, 모든 이가 풍요를 누리게 되는 것은 꿈이 아니다. 물론 사람들이 아무리 애써도 1에이커의 땅에서 고작 몇 부셸의 수확밖에 얻지 못하던 시절, 농업과 산업에 필요한 온갖 도구를 손으로 직접 만들어 써야 했던 시절에는 꿈이었을지도 모른다. 하지만 지금은 그것이 더 이상 꿈이 아니다. 왜냐하면 인간이 동력 모터를 발명했기 때문이다. 모터는 약간의 철과 석탄 몇 자루만으로 말(馬)처럼 힘세고 다루기 쉬운 숙련된 기술을 제공해주고, 가장 복잡한 기계 장치도 작동시킬 수 있게 한다. 그러나 모두가 풍요를 누린다는 생각이 실현되려면 집들, 목초지들, 경작지들, 공장들, 도로들, 교육 같은 이 막대한 자본이 독점가들이 마음대로 처분할 수 있는 사유재산으로 여겨지도록 내버려두면 안 된다.

이 풍요로운 유산, 우리 선조들에 의해서 고통스럽게 얻어지고, 건설되고, 만들어지고, 발명된 이 유산은 반드시 공동의 재산이 되어야 한다. 그래서 인류 공통의 관심사가 이 유산으로부터 모두를 위한 최고의 행복을 얻어낼 수 있도록 해야 한다. 그렇기 때문에 사적 소유를 금지하는 재산 수용이 행해져야 한다. 모두가 좋은 삶을 사는 것이 목적이라면, 재산 수용은 그 수단이다.

2

'재산의 수용', 이 문제는 20세기 사람들 앞에 역사가 제기한 문제이다. 즉, 모두의 좋은 삶에 공헌하는 코뮌주의로 전부 되돌아가는 것을 뜻한다. 그러나 이 문제는 법률이라는 수단으로는 해결할 수 없다. 어느 누구도 그런 상상을 하지 않는다. 부자들과 마찬가지로 가난한 사람들도 다음과 같은 사실은 이해하고 있다. 즉, 기존의 어떤 정부도 이 문제를 해결할 수 없고 가능한 어떤 정치적 변화들로도 마찬가지라는 사실을 말이다. 그들은 사회 혁명의 필요성을 느낀다. 그리고 부자나 가난한 사람 모두 이 혁명이 곧 닥쳐올 일이고, 몇 년 안에 터질지도 모른다는 사실을 인식하고 있다.

19세기 후반의 50여 년 동안 인간의 사고에서는 아주 큰 변화가 일어나고 있다. 하지만 이 변화는 유산 계급에 의해 사실상 억압받고 있고, 자연스런 발전이 부정당해왔다. 그렇기 때문에 이 새로운 정신은 이제 격렬하게 속박을 부수고 혁명 안에서 실현되도록 해야 한다. 혁명은 어디에서 오게 될 것인가? 혁명은 자신의 도래를 어떤 식으로 알릴 것인가? 이 질문들에는 어느 누구도 대답할 수 없다. 미래는 감춰져 있다. 하지만 그것을 지켜보고 생각하는 사람들은 혁명의 신호를 잘못 해석하지 않는다. 노동자들과 착취자들, 혁명가들과 보수주의자들, 사상가들과 활동가들 모두가 혁명이 바로 가까이에 와 있음을 느끼고 있다. 그렇다면 이 혁명이라는 천둥번개가 떨어질 때 우리는 무엇을 해야 하는가?

우리 모두는 혁명의 극적인 면을 연구하는 일에는 많은 주의를 기울이고 있지만, 혁명의 실제적인 작업을 연구하는 일에는 너무 적은 노력을 기울여왔다. 그래서 우리는 무대 효과, 말하자면 이 위대한 운동들의 무대 효과만을 보려고 하는 경향이 있다. 이를테면 혁명 최초의 날들의 투쟁과 바리케이드 같은 것들 말이다. 그러나 이 투쟁, 처음에 일어나는 충돌은 곧 끝나버릴 것이고 혁명의 진정한 작업은 오로지 낡은 체제가 무너진 뒤에야 시작된다고 말할 수 있다.

사방에서 공격을 당해 힘을 잃고 무력해진 구체제의 지배자들은 반란의 입김으로 곧 쓸려갈 것이다. 1848년 2월 혁명 당시의 프랑스 상황을 살펴보면 며칠이 안 되어 중산층 계급이 옹호한 군주제는 사라져버렸고, 루이 필리프 1세[38]가 승합마차로 도망치는 동안 파리는 벌써 자신의 '시민왕'[39]을 잊어버렸다. 1871년 3월 18일에는 티에르(Thiers)[40] 정부가 몇 시간만에 파리를 스스로의 운명에 맡긴 채 사라져버렸다. 하지만 1848년과 1871년에는 오로지 반란만이 일어났을 뿐이었다. 민중 혁명이 일어나기도 전에 '구체제'의 지배자들은 놀라울 만큼 재빠르게 사라져버린다. 구체제 지지자들은 나라 밖으로 도망칠 것이고, 어딘가 안전한 곳에서 음모를 꾸미면서 다시 복귀할 방책들을 궁리할 것이다.

이전의 정부가 사라지고 나면 군대는 여론의 물결 앞에서 머뭇거리면서 더 이상 지휘관들의 명령을 따르지 않을 것이다. 군대 지휘관들 역시 신중하게, 그리고 몰래 도망칠 것이다. 군대는 끼어들지 않고 중립을 지키거나 반란에 참여할 것

---

38 루이 필리프 1세(Louis-Philippe 1773-1859): 프랑스의 마지막 국왕. 1830년 7월 혁명으로 왕위에 올랐으나 그가 이끄는 7월 왕정은 점점 보수적이고 친 부르주아적인 정책을 펼쳤으며, 결국 1848년 2월 혁명으로 폐위 당했다.

39 시민왕: 루이 필리프 1세의 별명이다. 이전 국왕들에 비해서 처음에는 검소하게 국가를 다스렸기 때문에 이런 별명이 붙여졌다.

40 티에르(Adolphe Thiers 1797-1877): 프랑스의 정치가이자 역사가로, 1871년에서 1873년까지 제 3 공화정의 초대 대통령을 지냈다.

이다. 하릴없이 대기하고 있는 경찰은 군중을 진압해야 하는지, 아니면 '코뮌 만세!'를 외쳐야 할지 몰라서 당황할 것이다.

한편 어떤 이들은 자기 숙소에 조용히 틀어박혀서 새로운 정부의 의향을 기다릴 것이다. 부유한 시민은 짐을 싸서 안전한 곳으로 황급히 떠날 것이다. 민중은 남을 것이다. 이것이 바로 혁명이 자신의 도착을 알리는 방식이다. 몇몇 큰 마을에서는 자치 정부인 코뮌이 선포될 것이다. 거리에는 수많은 사람이 돌아다니다가 밤이 되면 즉석에서 모임을 만들어서 이렇게 물을 것이다.

"우리는 무엇을 해야 하는가?"

그리고 공적인 일들에 관해서 격렬하게 토론을 벌일 것이다. 모두가 그 일들에 관심을 보일 것이다. 지난날 그런 일들에 가장 냉담했던 사람이 어쩌면 가장 열의를 보일 수도 있다. 모든 곳에서 선한 의도와 승리를 확실히 하고 싶은 강한 열망이 넘쳐흐를 것이다. 이 시기는 숭고하고 헌신적인 행동들이 일어나는 시기이다. 민중 집단은 앞으로 나아가려는 열망으로 가득 차 있을 것이다. 이 모든 일은 장엄하고 숭고하다. 하지만 여전히 혁명은 아니다. 오히려, 혁명가의 일이 이제 막 시작되었을 뿐이다.

사회주의 정치가들, 급진주의자들, 재능이 있으나 무시당했던 언론인들, 정치 연설가들은 중산층이든 노동계급이든 상관없이 모두 빈자리를 차지하려고 시청이나 읍사무소, 관공서들로 서둘러 달려갈 것이다. 어떤 사람들은 금박 은박 레이스로 마음껏 치장하고서 행정관청의 거울에 비친 자신의 모습에 감탄할 것이다. 그리고는 자신의 새로운 지위에 걸맞게 거드름을 부리면서 명령을 내릴 궁리를 할 것이다. 그들이 어떻게 붉은 장식 띠, 수놓인 모자, 권위적인 몸짓도 없이 사무실이나 작업장의 동지들에게 깊은 인상을 줄 수 있겠는가!

나머지 사람들은 공문서에 파묻힌 채 최대한의 의지를 발휘해서 그것들을 이해하려고 애를 쓸 것이다. 그들은 법률을 지어내고 허풍스런 단어들이 가득한 법령을 공표하겠지만, 아무도 그 법을 실행하려고 애쓰지 않을 것이다. 왜냐하면 '혁명'이 일어났기 때문이다.

자기들이 갖지 못한 권위를 스스로에게 부여하려고 그들은 옛 정부에서 쓰인 상벌 조항을 찾으려고 할 것이다. 그들은 '임시 정부' '공공 안전 위원회' '시장' '시의원장' '치안 위원' 등의 이름을 갖게 될 것이다. 선거로 뽑혔거나 지명이 된 그들은 위원회나 공동체 평의회를 소집할 것이고, 그곳에서는 서로 다른 유파를 대표하는 10~20명 정도의 사람이 함께 모여서 자기들의 입장을 대변할 것이다. 이들이 대표하는 것은 흔히 말하는 수많은 '개인 예배당'이 아니라, 혁명의 전망, 의미, 목표에 관한 서로 다른 많은 생각들이다. 현실적 개혁주의자들, 집산주의자들, 급진주의자들, 자코뱅파[41]들, 블랑키주의자[42]들이 서로를 밀치며 말싸움으로 시간을 허비할 것이다. 정직한 사람들이 야심가들과 뒤죽박죽 섞인 채 몰려들 것이다.

그런데 야심가들의 유일한 꿈은 권력이기 때문에 그들은 자기와 같은 출신의 대중을 경멸하며 걷어찰 것이다. 온갖 사람들이 완전히 정반대되는 견해를 갖고서 함께 모일 것이고, 고작 하루 정도나 지속될 다수파를 구성하기 위해서 어쩔 수 없이 덧없는 하루살이 연합을 맺게 될 것이다. 그들은 말다툼을 하고 서로를 반동분자, 권위주의자, 불량배라고 부르면서 어떤 중대한 사안에 대해서도 서로 합의를 이뤄내지 못할 것이다. 그들은 결국 하찮은 것들이나 질질 끌면서 토론하게 될 것이고 과장된 성명서 이상의 것을 만들지 못할 것이다. 운동의 진정한 힘이 거리에서 펼쳐지고 있는 동안에도, 그들 모두는 스스로에게 대단한 중요성을 부여하고 있을 것이다. 이 모

---

41 자코뱅파: 프랑스 대혁명 당시의 가장 유명한 과격파 정치 단체로 극단적인 평등주의와 폭력정치로 알려졌다. 1793년 중반부터 1794년 중반까지 혁명정부를 이끌었고 로베스피에르 등이 주도했다.

42 블랑키주의자: 프랑스 급진주의의 전설적인 순교자로 명성이 높은 블랑크(Blanque: 혁명이론가이며, 민중봉기의 실천가)를 지지하는 사람들.

든 일은 연극 무대를 좋아하는 사람들을 기쁘게 해줄지도 모른다. 그러나 이것이 혁명은 아니다. 아직은 아무것도 이루어지지 않았다.

그러는 동안에 민중은 고통받는다. 공장들은 하릴없이 멈춰서 있고 작업장도 문을 닫았다. 상업은 정지 상태에 있다. 노동자들은 이전에 받았던 빈약한 임금조차도 받지 못한다. 음식 가격은 나날이 비싸진다. 언제나 그랬듯, 엄청난 위기 속에서도 민중은 끈기 있게 기다릴 것이다. 1848년에 프랑스 민중은 "우리는 궁핍한 이 석 달을 공화국에 봉사하는 기간으로 내놓는다"라고 말했다. 반면 그들의 대표자들과 새로운 정부의 신사들은 가장 하잘것없는 하급 관리들까지도 꼬박꼬박 봉급을 받아갔다.

민중은 고통받는다. 어린아이 같은 믿음과 평민의 선한 기질을 가지고 그들은 자신의 지도자를 믿는다. 그들은 '저쪽에' 있는 의회에서, 시청이나 읍사무소에서, 공공 안전 위원회에서 자기들의 복지 문제를 의논하고 있으리라고 믿는다. 하지만 '저쪽에' 있는 그들은 민중의 복지를 제외한 하늘 아래 모든 문제를 논의하고 있다.

1793년에 기근이 프랑스를 휩쓸어서 프랑스 대혁명을 망치는 동안, 민중은 비참하게 죽어나갈 수밖에 없었다. 그럼에도 파리의 샹젤리제 거리에는 화려한 보석으로 치장한 여성들을 태운 호화로운 마차가 줄지어 늘어서 있었고, 로베스피에르[43]는 영국 헌법에 관한 자기의 논문을 논의하라고 자코뱅파 사람들을 몰아세우고 있었다. 1848년 상업의 전반적인 중단 때문에 노동자들이 고통받고 있는 동안, 프랑스의 임시 정부와 국민의회는 민중이 이 끔찍한 위기 속에서 어떻게 살아가는지를 걱정하기는커녕 군인 연금과 형무소 노역에 대해서 논쟁을 벌였다.

그리고 1871년 파리 코뮌에 대해서도 비판할 수 있을 것이다. 프로이센의 대포 아래에서 태어나 고작 70일밖에 존속하지 못했던 파리 코뮌도 이와 똑같은 실수를 했다고 말이다. 이 실수는 혁명 편에 서서 싸우는 사람들을 제대로 먹이지 못하는 한, 혁명은 승리할 수 없다는 사실을 이해하지 못한 것에서 비롯되었다. 즉, 하루에 고작 15펜스를 받는 사람은 방위군으로 싸우면서 동시에 가족을 부양할 수는 없다는 사실을 이해하지 못한 실수이다. 민중은 고통받으면서 이렇게

---

43 로베스피에르(Maximilhen Robespierre 1758-1794): 프랑스 대혁명 당시의 유력한 정치인으로 자코뱅파를 주도했다. 루소의 영향을 강하게 받아 독립적인 소생산자들이 주도하는 공화제를 주장했다. 단두대와 공포정치 시대를 열었으며 자신도 나중에 단두대에서 처형당했다.

말할 것이다.

"이 어려움으로부터 벗어날 길을, 어떻게 찾을 수 있을까?"

3

이 질문에는 오직 한 가지 대답밖에 없는 것처럼 보인다. 우리는 다음 사실을 인정하고 큰 소리로 선언한 다음 행동으로 옮겨야 한다. 즉, 모든 사람은 옛 사회에서 어떤 계층에 속했든지 상관없이, 강하건 약하건 간에, 유능하건 무능하건 간에, 무엇보다 먼저 '살아갈 권리(생존권)'를 가지고 있다는 사실이다. 그리고 사회는 어떤 예외도 없이 모든 사람에게 자기 뜻대로 이용할 수 있는 생존 수단을 나누어주어야 한다는 사실이다. 우리는 이 사실을 인정하고, 큰 소리로 선언하고, 행동으로 옮겨야 한다.

혁명의 첫날부터 노동자들이 새로운 시대가 자기들 앞에 열리고 있다는 사실을 알 수 있는 방식으로 일이 진행되어야 한다. 대저택들이 바로 옆에 있으므로 이제부터는 어느 누구도 다리 밑에서 웅크리고 있을 필요가 없고, 풍요로움 속에서 누구도 굶주릴 필요가 없으며, 모피 옷이 가득한 가게가 가까이 있으므로 누구도 추위에 떨며 기진맥진할 필요가 없다는 사실을 알 수 있어야 한다. '모든' 것은 '모두'를 위한 것이다. 이론적으로 그런 것처럼 실제로도 그러하다는 사실을 알 수 있어야 한다. 그리하여 마침내, 역사상 처음으로 민중에게 '의무들(DUTIES)'을 가르치기에 앞서, 먼저 민중의 '필요(NEEDS)'를 고려하는 혁명이 이루어지고 있음을 알 수 있어야 한다.

이런 일은 의회의 법령들을 통해서는 이루어질 수 없다. 오로지 모두에게 좋은 삶을 보장하기 위해 필요한 모든 것을 즉각적이고 효과적으로 손에 넣는 일을 통해서만 이루어질 수 있다. 이것만이 일이 잘 돌아가게 할 수 있는 진정으로 과학적인 방법이고, 수많은 민중이 이해하고 소망할 수 있는 유일한 방식이다.

우리는 민중의 이름으로 곡물 창고, 옷으로 가득 찬 상점, 주택을 손에 넣어야 한다. 어떤 것도 낭비되어서는 안 된다. 우리는 굶주린 사람들을 먹이고, 모든 결핍을 채우고, 모든 욕구를 충족시킬 수 있는 방법을 지체 없이 조직해야 한다. 이 사람 저 사람의 특별한 이익을 위한 생산이 아니라 사회 전체의 삶과 더 많은 발전을 보장하는 생산을 조직해야 한다.

'일할 권리' 같은 애매모호한 말들은 이제 충분하다. 그런 말들 때문에 1848년 파리의 민중은 잘못된 길로 나아갔으며, 지금도 여전히 민중을 현혹시킬 것이라는 기대로 그런 말들이 쓰이고 있다. 모두를 위한 좋은 삶이 앞으로 가능하고 실현되어야 한다는 사실을 인정할 수 있는 용기를 갖도록 하자.

1848년에 노동자들이 일할 권리를 주장했을 때, 국영 작업장과 지방 자치 작업장들이 조직되었고, 그곳으로 보내진 노동자들은 하루에 1실링 8펜스를 받으며 아주 단조롭고 고되게 일했다. 그들이 '노동조합'을 요구하자, 이런 대답이 돌아왔다.

"참으시오, 친구들, 정부가 잘 알아볼 것이오. 그동안 여기 당신들 임금 1실링 8펜스가 있소. 지금은 쉬시오. 용감한 노동자여, 먹고살기 위해 평생 동안 고되게 일한 다음이니까 말이오!"

그러는 동안 대포들이 다시 수리되고, 예비군이 소집되었다. 노동자들의 조직 자체도 중산층에게 잘 알려진 수많은 방식으로 파괴되었다. 그리하여 예전 정부를 폐지하고 4개월이 지났을 때인 1848년 6월 어느 화창한 날, 노동자들은 아프리카 유형을 선고받거나 총살당했다.

만일 노동자들이 '좋은 삶을 살 권리(the Right To Well-Being)'를

요구한다면, 전혀 다른 결과가 나타날 것이다! 이 권리를 주장한다는 것은 공동체의 부(富)를 손에 넣을 권리를 요구한다는 뜻이다. 이것은 각 가정의 필요에 따라 살만한 집을 가질권리를 요구한다는 뜻이다. 식료품 상점들을 사회의 공동 소유로 할 권리, 굶주림을 너무나 잘 알고 난 뒤에 이제는 풍요로움의 의미를 알아갈 권리를 말한다. 그들은 과거와 현재 세대들이 노동으로 이뤄낸 결실인 모든 사회적인 부에 대해서자기들의 권리를 선언할 것이다. 그리고 이 모든 부를 가지고보다 고상한 예술과 과학의 기쁨도 누릴 수 있다. 이런 기쁨들은 너무나 오랫동안 부자들이 독점해온 것이다.

안락하게 살 권리를 주장하는 한편으로, 그들은 스스로 결정할 권리가 훨씬 중요하다는 점을 확실히 할 것이다. 무엇이안락함인지, 이것을 보장하기 위해서는 무엇을 생산해야 하는지, 더 이상 가치가 없어서 버려야 할 것은 무엇인지를 결정할권리를 주장할 것이다.

'좋은 삶을 살 권리'는 인간다운 삶을 살 수 있는 가능성을의미하고, 지금보다 더 나은 사회에서 아이들을 키울 수 있는가능성을 의미한다. 반면 '일할 권리'는 언제나 임금노예가 되고, 고달프고 단조롭게 일하며, 미래의 중산층에게 지배당하고 착취당할 권리를 의미할 뿐이다. 좋은 삶을 살 권리는 '사회 혁명'을 의미하는 반면, 일할 권리는 상업주의와 관련된 단조롭고 고된 노동을 의미할 따름이다. 지금이야말로 노동자들이 공동의 유산에 대한 권리를 강하게 주장하고, 그것을 공동으로 손에 넣기에 가장 알맞은 때이다.

아나키스트 코뮌주의

1

사유재산이 폐지되었을 경우, 우리는 모든 사회 조직을 공동
체주의적인(communistic) 노선으로 조직하고 유지할 것이다. 아
나키 사회는 공동체주의로 나아가고, 공동체주의는 아나키 사
회로 나아갈 것이다. 이 둘은 현대 사회의 지배적 경향인 평등
의 추구를 똑같이 표현하고 있다는 점에서 서로 동일하다.

　농민 가족이 직접 심고 거둔 옥수수나 자기네 오두막에서
짠 양털 옷을 자기 땅에서 나온 수확물로 여길 수 있던 시대
가 있었다. 그러나 이런 식의 사고방식도 아주 정확한 것이라
고는 할 수 없다. 당시에도 공동의 힘을 모아 만든 도로와 다
리가 있었고, 공동의 노력으로 물을 뺀 습지들이 있었고, 모
두의 힘으로 보수 유지가 되고 있는 울타리들로 둘러싸인 공
유 목초지가 있었다. 만약 천을 짜는 베틀이나 직물을 물들이

는 염료들이 누군가에 의해 개선된다면, 모두가 그 덕을 볼 수 있었다. 심지어 당시의 농민 가족은 혼자 힘만으로는 살 수 없었으며, 수많은 방식으로 마을이나 공동체에 의지하며 살아갔다.

하지만 오늘날의 산업적 상황에서는 모든 것이 상호의존적이고, 생산의 각 분야들은 나머지 모든 부분과 서로 맞물려 있다. 그러므로 생산물을 개인의 것으로 여길 근거가 있다는 주장은 절대로 지지받을 수 없다. 문명화된 나라들의 직물산업이나 광산업에서 성취해낸 놀라운 완성도는 크고 작은 수많은 다른 산업이 동시에 발전했기 때문에 가능했다.

수에즈 운하를 만들면서 콜레라로 죽어갔거나, 세인트 고트하르트 터널[44]을 만들면서 관절강직으로 죽어간 이탈리아인들, 노예제 폐지를 위해 싸우다가 총알과 포탄에 맞아 쓰러진 미국인은 모두 프랑스와 영국의 면직물 산업의 발전에 기여한 사람들이다. 마찬가지로 영국 맨체스터와 프랑스 루앙의 공장들에서 시들어가고 있는 여공들, (몇몇 노동자의 제안에 따라) 직조 기계의 성능을 향상시킨 발명가도 이 산업의 발전을

---

44   세인트 고트하르트 터널: 스위스 알프스 산맥의 철도 터널로 약 15km 길이다. 1871~1881년까지 건설되었으며, 건설 과정에서 약 200명의 노동자가 사망했다.

돕는 사람들이다. 그렇다면 어떻게 '모든 사람'이 기여해서 쌓은 부에서 각자의 몫을 계산할 수 있단 말인가?

이렇게 일반적이고 종합적인 관점에서 생산을 살펴보면 우리는 집산주의자들에게 동의할 수 없다. 집산주의자들은 각자의 노동 시간에 비례해서 임금을 주는 것을 이상적인 계획이라고 여기거나 올바른 방향으로 가는 단계라고 생각한다.

현 사회에서 상품의 교환 가치가 그것을 생산하는 데 들어간 노동량에 따라 실제로 측정되는지를 여기서 논하지는 않겠다. 이런 측정은 아담 스미스[45]와 리카도[46]의 가르침, 그리고 그들의 발자취를 따라갔던 마르크스의 가르침에 따른 것이다. 이 주제에 대해서는 나중에 다루도록 하자. 여기서는 집산주의자들의 생각이, 노동 수단을 공동의 유산으로 생각하는 사회에서 지지받기 어렵다는 점을 언급하는 것으로 충분하다. 노동 수단이 공동의 유산이라는 원리로부터 출발한 사회는, 맨 처음부터 모든 형태의 임금제를 폐지할 수밖에 없음을 깨

45　아담 스미스(Adam Smith 1723-1790): 스코틀랜드의 사회철학자, 정치경제학자로 고전주의 경제학의 창시자. 그의 저서 《국부론》은 자유방임주의를 표방한 최초의 경제학 저서로 알려져 있음. 경제사회에서 각 개인의 이익 추구 행동이 '보이지 않는 손'에 이끌려 국가의 부와 생산력 향상을 가져온다고 봄.

46　리카도(David Ricardo 1772-1823): 영국의 고전경제학자. 경제 이론에 체계적이고 고전적인 형식을 부여해 19세기 경제학을 체계화시키고 발전시킴. 자유방임 자본주의를 옹호함.

닫게 될 것이기 때문이다.

집산주의 체제로 건너간 개인주의는 토지와 생산 수단을 공동 소유로 사회화하는 부분적인 공산주의와는 나란히 유지될 수 없을 것이다. 새로운 소유 형태는 새로운 형태의 보상 체계를 필요로 한다. 새로운 생산 수단은 낡은 소비 형태와 나란히 공존할 수 없으며, 낡은 형태의 정치체제에도 더 이상 적응할 수 없다.

토지와 노동 수단을 개인적으로 소유하기 때문에 임금제도가 생겨나는 것이다. 임금제도는 자본주의적 생산 방식이 발달하는 데 필요한 조건이었다. 비록 '이익분배'로 위장한 채 시도될지라도, 이 임금제도는 자본주의적 생산 방식과 함께 무너질 것이다. 노동 수단의 공동 소유는 반드시 공동 노동의 결실을 공동으로 즐기도록 해야 하기 때문이다.

더 나아가 우리는 코뮌주의가 바람직한 것일 뿐만 아니라, 개인주의에 근거를 둔 지금 사회는 반드시 코뮌주의적인 방향으로 나아갈 수밖에 없다는 주장을 지지한다. 지난 3세기 동안의 개인주의의 발달은 개인이 자본과 국가의 횡포로부터 스스로를 지키려는 노력이었다고 설명할 수 있다.

어떤 시기에 개인은 이런 상상을 했고, 이런 생각을 표현했던 사람들은 개인이 국가와 사회로부터 완전히 자유로울 수 있다고 선언했다. 이 개인은 "나는 돈을 가지고 내가 필요한 모든 것을 살 수 있다"라고 말했다. 하지만 이 개인은 잘못된 길을 가고 있었기 때문에, 현대 역사는 그가 다음과 같은 사실을 깨닫도록 가르치고 있다. 설령 그의 금고가 금으로 가득 차 있을지라도, 모두의 도움이 없으면 아무것도 할 수 없다는 것을 말이다.

실제로 지금 유행하는 개인주의를 따라가 보면 우리는 모든 현대 역사에서 어떤 경향을 발견할 수 있다. 한편으로는 옛 시대의 부분적인 코뮌주의의 흔적들이 지속되는 경향이 있다는 점이고, 다른 한편으로는 현대적 삶의 수많은 발전 속에도 코뮌주의적인 원리가 자리 잡는 경향이 있다는 점이다.

10세기, 11세기, 그리고 12세기의 코뮌들이 군주들, 성직자 혹은 평신도라는 구분으로부터 해방되는 데 성공하자마자, 그들의 공동노동과 공동소비는 그 범위가 빠르게 확대되면서 발전해갔다. 개인이 아니라 한 마을 주민이 자기들의 생산품을 수출하기 위해 배에 화물을 싣고 탐험대를 꾸렸다. 그리고 외국 무역에서 얻은 이익은 개인에게 돌아가는 것이 아니라 코뮌의 모든 사람한테 나누어졌다. 그 마을의 행정부 역시 처음부터 모든 주민이 먹을 식료품을 구매했다. 이런 제도가 남긴 흔적은 19세기까지 사라지지 않고 이어지고 있었으며, 사람들은 자신의 전설 속에 그 기억을 경건히 간직하고 있었다.

이 모든 것이 사라져가고 있다. 하지만 어느 시골 지역에서는 마지막으로 남은 코뮌주의의 흔적을 보존하기 위해서 여전히 애쓰고 있으며, 국가가 무력으로 그 균형을 깨트리는 경우만 아니라면 성공하고 있다. 그러는 동안 '모두에게 필요에 따라 나눈다'는 이 똑같은 원리에 기초를 둔 새로운 조직이 다양한 형태로 무수히 생겨나고 있다. 왜냐하면 코뮌주의의 영향을 일정 정도 받아들이지 않으면 존속할 수 없기 때문이다. 상업주의 시스템 때문에 사람들의 마음이 편협하고 이기적으로 되어가고 있음에도 코뮌주의로 향하려는 경향은 끊임없이 나타나고 있으며, 우리의 활동에 다양한 방식으로 영향을 미치고 있다.

과거에는 통행료가 부과되었던 다리들이 이제 공공 자산이 되어서 모두가 무료로 이용할 수 있게 되었다. 주요 도로들 역시 무료가 되었는데 동양은 예외이다. 동양에서는 여행객들이 이동할 때마다 통행료를 받는다. 또 박물관, 무료 도서관, 무료 학교, 아이들을 위한 무료 급식도 있다. 공원과 정원도 모두에게 개방되어 있다. 거리는 포장되어 있고, 가로등이 세워져 있으며, 모두가 자유롭게 다닐 수 있다. 물은 제한이나 할

당 없이 모든 가정에 공급된다. 이 모든 조정은 바로 '필요한 것을 가져간다'는 원리에 기초를 두고 있다.

시가 전철과 철도들은 타는 횟수에 제한을 두지 않는 월 정기권과 1년 정기권 제도를 도입했다. 헝가리와 러시아 두 나라는 철도 요금에 '동일 요금 구획 제도'를 도입해서, 승차권을 가진 사람은 500마일이나 800마일이나 상관없이 같은 요금으로 여행할 수 있게 했다.

이 모든 혁신, 그리고 다른 수많은 분야의 일반적인 추세는 개인적으로 얼마나 소비하는지를 평가하지 않는다는 점이다. 어떤 사람은 기차로 800마일을 여행하고 싶어 하고, 다른 사람은 500마일을 여행하고 싶어 한다. 이것들은 개인적인 필요다. 어떤 사람의 필요가 두 배 더 크다고 해서 요금도 두 배로 지불해야 할 이유는 딱히 없다. 이런 것들은 지금의 개인주의적인 사회에서나 볼 수 있는 징후들일 뿐이다.

게다가 아직은 미약하지만, 어떤 사람이 과거에 공동체에 기여했던 정도나 앞으로 기여할 가능성과 관계없이 개인의 필요를 고려하려는 경향도 있다. 우리는 전체로서의 사회를 생각하기 시작했고, 사회의 각 부분들은 서로 밀접하게 결합되어 있기 때문에, 한 부분에 제공된 서비스는 모든 부분에 제공된 서비스나 마찬가지라고 생각하고 있다.

어느 공공 도서관에 들어가게 된 경우를 생각해 보라. 꼭 파리의 국립도서관이 아니어도 대영박물관이나 베를린 시립 도서관을 떠올려 보라. 그곳에서는 당신이 요청한 책을 대출해주기 전에 사회에 어떤 기여를 했는지 묻지 않을 것이다. 심지어 책 목록을 어떻게 이용하는지 모른다면 사서가 도와줄 것이다. 학회 역시 모두에게 평등한 자격을 부여하고 있다. 대개는 연구에 공헌한 사람을 선호하겠지만, 그럼에도 학회는 박물관, 공원, 도서관, 실험실을 개방하고 있다. 학회의 모든 회원은 다윈[47] 같은 전문 학자든 아마추어 연구자든 상관없이 연례 좌담회에 참석할 수 있다.

러시아 상트페테르부르크에서 당신이 정성 들여서 어떤 발명을 하고 있다면, 특별한 실험실에 갈 수도 있다. 그곳에서 자리를 제공받고서 오직 나만이 사용법을 알고 있는 목수용 작업대, 회전 선반(旋盤) 같은 온갖 필요한 도구와 과학 기구를 제공받을 수 있다. 그리고 원하는 만큼 그곳에서 작업할 수 있다. 그곳에는 도구들이 있고, 당신의 아이디어에 흥미를 느끼는 다른 사람들도 있다. 다양한 기술이 있는 동료 노동자와 협력할 수도 있고 혼자 일하는 것이 더 좋으면 그렇게 해

47　찰스 다윈(1809-1882): 영국의 자연과학자로 진화론의 제창자.

도 된다. 하늘을 나는 기계를 발명하거나 아무것도 발명하지 않아도 괜찮다. 그것은 스스로 알아서 할 일이다. 당신은 어떤 아이디어를 탐구하고 있는 중이고, 그것으로 충분하다.

이와 마찬가지로 구조선에서 일하는 사람들은 침몰하고 있는 배의 승객에게 신분증을 요구하지 않는다. 그들은 구조선을 바다에 띄우고는 생명의 위험을 무릅쓰고 성난 파도를 헤치며 나아간다. 때로 목숨을 잃기도 하지만 그들은 자기가 알지도 못하는 사람들을 구하기 위해서 애를 쓴다. 그리고 무엇 때문에 이들이 조난자들을 개인적으로 알아야 할 필요가 있겠는가?

"그들은 인간들이고, 우리의 도움을 필요로 한다. 그것만으로 그들에게는 충분히 권리가 있다. 구조받을 권리 말이다!"

이렇게 우리는 두드러지게 코뮌주의적인 이런 경향이 사방팔방에서 다양한 모습으로, 이론상으로는 개인주의적인 사회들의 가장 깊숙한 중심부에서 나타나고 있는 것을 볼 수 있다. 그렇다면 우리가 어떻게 의심할 수 있겠는가? 생산 수단들이 모두에게 도움이 되는 식으로 배치되고, 사업이 코뮌주의 원리들에 따라 운영되며, 노동이 사회에서 명예로운 자리를 다시 되찾고, 모두에게 필요한 것 이상으로 생산하게 된다면, 이미 상당히 강력한 이 코뮌주의적인 경향이 점점 영향력을 넓혀서 마침내 사회적 삶의 주된 원리가 될 것이라는 사실을 어떻게 의심할 수 있겠는가?

이러한 징후들을 따라가고 다음 장에서 이야기할 사유재산 수용의 실제적인 측면을 좀 더 검토해 본다면, 우리는 확신할 수 있다. 혁명이 현 체제를 지탱하고 있는 권력을 무너뜨리게 될 때, 우리가 가장 먼저 해야 할 임무는 지체 없이 코뮌주의를 실현하는 일이라는 것을 말이다.

그러나 우리의 코뮌주의는 푸리에나 팔랑스테르주의자의 공산주의도 아니고, 독일의 국가 사회주의자들의 공산주의도 아니다. 이것은 '아나키스트 코뮌주의(Anarchist Communism)'로, '정부가 없는 코뮌주의', '자유 코뮌주의'를 말한다. 이것은 수천 년 동안 인류가 추구해온 두 가지 이상인 경제적인 해방과 정치적인 해방이라는 이상을 종합한 것이다.

2

정치적인 조직과 관련한 우리의 이상으로 '아나키 사회(Anar-chy)'를 받아들일 경우, 우리는 인간 진보에서 나타난 또 다른 두드러진 경향성을 표현하기만 하면 된다.

유럽 사회들이 특정한 지점을 향해 발달해갈 때마다 그 사회는 권위의 멍에를 떨쳐버리고, 다소간 개인적인 해방의 원리에 기초한 체제를 대신 세우곤 했다. 그리고 이 부분적이거나 보편적인 혁명의 시기는 바로 낡은 정부가 전복되는 때였음을 역사는 보여준다. 뿐만 아니라 이 시기는 경제적인 영역과 지적인 영역 모두에서 갑작스런 진보가 이루어진 때였다.

그래서 코뮌들이 자유를 얻은 다음의 이 시기는, 길드 조합들이 자유로운 노동으로 역사적으로 중요한 위업을 이룬 시기이며, 아직까지 어떤 사회도 그 위업을 능가하지 못했다. 종교 개혁이 일어나서 교황의 권력이 위태로워진 것도 위대한 농민 반란이 일어난 다음이었다. 그리고 구세계 유럽에서 추방된 불온분자들이 대서양 저편에 새로운 나라를 만든 것도 짧게나마 다시 자유를 누린 이런 사회에서였다.

또한 문명국가들에서 현재 일어나는 발전을 관찰해보면, 정부의 활동을 점점 더 제한하고 개인에게는 더 많은 자유를 허가하는 경향을 분명히 볼 수 있다. 이런 점진적인 진보는 우리 눈앞에서 계속되고 있다. 비록 케케묵은 제도와 미신이 몰락하면서 남긴 쓰레기 더미 때문에 방해를 받을지라도 말이다. 모든 진보와 마찬가지로 이것 역시 길을 가로막고 있는 오래된 장애물들을 치워버릴 혁명을 기다리고 있다. 혁명이 일어나면 이 진보는 새로이 혁신된 사회에서 자유로운 영역을 찾을 수 있다.

다음과 같은 식의 정부 구성이라는 해결 불가능한 문제, 즉 '스스로 사회의 하인이 되는 일을 그만두지 않으면서, 개인에게 복종을 강요하는 정부'를 구성하려는 문제로 오랫동안 헛되이 노력한 끝에야 사람들은 마침내 모든 형태의 정부로부터 스스로를 해방시키려는 시도를 할 것이다. 그들은 공동의 목적을 추구하는 개인과 단체 간의 자유로운 협약으로 조직을 구성해서 자기들의 필요를 충족시키려고 시도할 것이다.

작은 지역 단위들은 각자의 독립성이 긴급하게 필요하게 될 것이다. 공공의 목적을 고려하는 가운데 개인적인 이해관계를 조절하기 위해서 상호간의 합의가 법을 대신하게 될 것이다. 이들은 대체로 지금 국가의 국경을 크게 염두에 두지 않을 것이다.

이전에는 정부의 역할처럼 보였던 모든 일이 오늘날에는 의문의 대상이 되고 있다. 국가가 개입하지 않아야 여러 일들이 더 쉽고 만족스럽게 처리된다. 그리고 이런 방향으로 이루어진 진보를 연구하다 보면, 인류가 나아가는 추세는 정부의 간섭을 완전히 없애가는 것이라는 결론에 이르게 된다. 사실상 불의, 억압, 독재의 화신이라고 할 국가를 폐지하는 쪽으로 나아가게 될 것이다.

우리는 그런 세상을 이미 살짝 엿볼 수 있다. 개인이 더 이상 법률로 묶여져 있지 않고 사회적인 관습들에 의해서 묶인 세상을 말이다. 다시 말해, 우리 각자가 필요하다고 느끼는 것을 이웃의 지원, 서로간의 협력과 연민에 의해서 얻을 수 있는 세상 말이다.

국가 없는 사회라는 생각은 사유재산이 없는 사회의 정치경제만큼이나 많은 반대를 불러일으킬 것이다. 우리 모두는 어린 시절부터 국가를 일종의 섭리로 여기는 분위기에서 자라났다. 우리가 받은 모든 교육, 가령 학교에서 배우는 로마 역사, 나중에 로마법이란 이름으로 공부하는 비잔틴 법전[48], 그리고 대학에서 가르쳐지는 각종 학문들 때문에 우리는 정부를 믿는 일에 익숙해졌고, 국가의 덕목이 하늘의 뜻이라고 믿게 되었다. 이 미신을 유지하기 위해서 모든 철학체계가 정교하게 만들어지고 가르쳐졌다. 모든 정치도 이 원리에 기초해 있고, 당파가 어떻든 간에 모든 정치인은 앞으로 나서서 이렇게 말한다.

"우리 정당에게 권력을 달라. 우리는 너무나 무겁게 억압했던 비참함으로부터 당신들을 해방시킬 수 있고, 그렇게 할 것이다."

요람에서 무덤까지 우리가 행하는 모든 행동이 이 원리에 따라 이루어진다. 사회학이나 법학에 관한 책을 어떤 것이라도 좋으니 한 번 들춰보라. 그러면 거기에는 정부, 정부의 제도, 법률 등으로 온통 가득 차 있어서, 정부와 정치가들의 세상 말고는 아무것도 없는 것이라고 믿게 된다.

언론 역시 온갖 방법을 다 동원해서 똑같은 것을 믿도록 가

---

48 비잔틴 법전: 4세기~15세기까지 존속했던 비잔티움 제국(동로마 제국)의 법전. 6세기 유스티아누스 대제 재위 당시에 편찬.

르친다. 모든 기사는 의회에서 벌어지는 논쟁과 정치적인 계략으로 가득 차 있다. 반면에 광범위한 일상적 삶은 단지 경제 기사를 보도하는 지면이나 경찰 보고서와 법률 사건을 다루는 지면에서나 볼 수 있다. 그래서 신문을 읽게 되면 헤아릴 수 없이 많은 존재들, 말하자면 인류에 대해서는 거의 생각조차 해보기 힘들다. 태어나서 자라고 죽고, 슬픔을 알고 있고, 일하고 소비하는 수많은 사람을 거의 생각하지 않는 것이다. 또한 사람들은 걸리적거리는 몇몇 인물들을 외부에 만들어 놓는데 이들은 너무나 과장되어 있다. 때문에, 전체 인류는 우리의 무지로 인해 확대되고 과장된 이 인물들의 그늘에 가려지게 된다.

그러므로 이런 인쇄물에서 빠져나와 삶 자체를 주목하게 되자마자, 그리고 사회에 시선을 던지자마자, 당신은 정부가 수행하는 역할이 얼마나 적은지 알고는 충격받을 것이다. 발자크[49]는 수많은 농민이 어떻게 국가에 대해 아무것도 알지 못한 채로 일생을 살아가는지, 강제로 부과된 무거운 세금에서 어떻게 벗어나는지를 이미 알아챘던 사람이다. 매일 무수

---

[49]   발자크(1799-1850): 프랑스의 소설가로 근대 사실주의 문학의 대표적인 작가. 대표작은 《고리오 영감》, 《골짜기의 백합》. 농민이 착취당하는 현실을 그린 《농민들 Les Paysans》 등이 있다.

히 많은 거래가 정부의 개입 없이 이루어지고 있다. 그리고 상업이나 교환이 이루어지는 거래의 대다수는 정부에게 분쟁 해결을 호소하지 않고 이루어진다. 설령, 계약 당사자 중 한쪽이 약속을 이행하지 않을 작정이더라도 말이다. 상업을 잘 아는 어떤 사람에게 말을 걸어보라. 그러면 그 사람은 상인들이 거래하는 일상적인 업무들은 상호 신뢰에 기반을 두지 않고서는 완전히 불가능하다고 말해줄 것이다. 또 약속을 지키려는 상인들의 습관과 신용을 잃지 않으려는 소망만으로 이 상대적인 정직함을 유지하는 데 충분하다고 부연 설명을 해줄 것이다.

허풍스런 문구로 포장된 약으로 고객들을 해롭게 하면서 조금도 양심의 가책을 느끼지 않는 사람일지라도, 자기 계약을 지키기로 한 명예로운 의무는 생각할 것이다. 그런데 부유함만이 유일한 동기이자 목적인 지금의 상황 속에서조차 이런 상대적인 윤리 의식이 발달해왔다면, 다른 사람의 노동의 결실을 횡령하는 것이 더 이상 사회의 기본 원리가 아니게 되었을 때는 이런 윤리 의식이 신속히 발달하리라는 사실을 우리가 의심할 수 있을까?

게다가 우리 세대를 특징짓는 또 다른 놀라운 사실이 우리 생각들을 더욱더 지지해주고 있다. 이것은 개인적이고 진취적인 정신 덕분에 기업의 영역이 끊임없이 확장되고 있고, 온갖 종류의 자유로운 조직이 엄청나게 발전하고 있다는 사실이다. 이 주제에 대해서는 〈자유로운 협약〉에서 보다 상세하게 논의하자. 여기서는 이런 실례들이 워낙 많고 관례적으로 이루어지고 있기 때문에, 이것들이 19세기 중반과 후반기 동안의 핵심이라는 사실을 언급하는 것으로 충분하다. 비록 정치가나 사회주의 저술가들은 언제나 정부의 기능에 대해서만 이야기하길 좋아해서 이 사실을 무시하고 있지만 말이다.

자유롭고 무한히 다양한 이 조직은 우리 문명의 너무나 자연스러운 결과이다. 이 조직들은 아주 빠르게 성장하면서 아주 쉽게 서로 동맹을 맺는다. 이 조직들은 문명화된 인간의 욕구가 계속 증가하면서 나타난 매우 필연적인 결과이다.

마지막으로 이 조직들은 정부의 간섭을 대신할 만한 장점들을 많이 갖고 있기 때문에, 우리는 이 조직들 안에 사회생활에서 점점 중요성이 커지고 있는 요인이 있다는 사실을 인정해야 한다. 이 조직들이 아직도 삶의 전 영역에서 분명히 드러나지 않았거나 널리 퍼지지 않았다면 그 이유는 노동자의 가난, 현 사회의 분열, 자본의 사적인 횡령, 그리고 국가라는 극복하기 어려운 장애물에 부딪쳤기 때문이다. 이런 장애물들을 완전히 없애보라. 그러면 문명인이 활동하는 아주 다양한 영역이 이런 조직들로 가득 차게 되는 모습을 보게 될 것이다.

지난 50년의 역사는 대의제 정부의 무능함에 대한 살아 있는 증거를 제공해주고 있다. 즉, 의회정치라는 대의제 정부는 우리가 부여한 모든 직무를 수행하는 일에서 아주 무능했다는 사실 말이다. 앞으로 다가올 어느 시대에는, 19세기를 인용할 때 의회정치(parliamentarism)[50]의 실패를 목격한 시기로 말할 것이다.

이 무능은 모두에게 아주 자명한 것으로 되어가고 있다. 의회정치의 결함들과 대의제 원리의 타고난 사악함은 워낙 자명하기 때문에, 그것들을 비판적으로 연구했던 몇몇 사상가들(J. S. 밀[51], 러버데이스[52])조차 대중의 불만을 문학적인 형식으로 표현했을 뿐이다. 몇몇 사람을 의원으로 지명하고는 그들에게 이렇게 말하는 게 얼마나 부조리한 일인지는 실제로 금방 알 수 있다.

"우리의 모든 활동 영역을 통제할 수 있는 법률을 만들도록

---

50 의회정치: 국가의 중요한 정치적 결정이나 법률 제정을 의회에서 다수결의 원칙으로 정하는 정치 방식. 의회주의라고도 한다.

51 J. S. 밀(John Stuart Mill 1806-1873): 자유주의 사상을 가진 영국의 철학자, 경제학자. 《자유론》의 저자.

52 러버데이스(Emile Leverdays 1835-1890): 프랑스의 정치경제학자. 많은 정치 팸플릿을 썼으며 파리 코뮌에서 활약했다.

하시오. 비록 당신들 중 누구도 그 영역들에 관해 아는 사람이 없을지라도 말이오!"

우리는 깨닫기 시작했다. 다수파가 지배하는 정부는 기회주의자들에게 나라의 온갖 일을 넘겨주는 것을 의미한다는 사실을 말이다. 이 기회주의자들은 의회나 선거 위원회에서 다수파를 만들어내는 사람들로서, 간단히 말해 자기의 고유한 의견이 없는 사람들이다. 인류는 새로운 돌파구를 찾고 있고 이미 그것을 발견하고 있다. 국제 우편 노동조합, 철도 노동조합, 그리고 학문 연구 단체들은 법을 대신해서 자유로운 협약에 기초한 해결책의 모범을 보여주고 있다.

오늘날 여기저기에 널리 흩어져 있는 단체들이 어떤 목적을 위해 자체적으로 조직을 하려고 한다면, 그들은 뭐든 할 수 있다는 '국제 의회'를 더 이상 선출하지 않는다. 그들은 다른 방향으로 나아갈 것이다. 직접 만나는 것이 가능하지 않거나 편지 왕래로 합의가 잘 안 될 경우에는 문제가 되는 점들을 충분히 잘 알고 있는 대표자를 파견할 것이다. 그리고 이 대표자들에게 이렇게 당부할 것이다.

"이러저러한 문제에 대해서 합의를 이끌어내기 위해 노력하시오. 그리고 돌아올 때는 호주머니에 법률이 아니라 합의안을 넣어서 돌아오시오. 우리가 수용하거나 그렇지 않거나 간에 말이오."

　이런 방법이 바로 대규모 기업, 학문 연구 단체, 온갖 종류의 수많은 조합이 쓰고 있는 방법이고, 이미 유럽과 미국에 널리 퍼진 방법이다. 그리고 이 방법은 자유로운 미래 사회의 방법이 될 것이다. 농노제도에 기반을 둔 사회는 전제 군주제를 유지하는 사회이다. 임금제도와 자본가들에 의한 대중의 착취에 토대를 둔 사회는, 정치적인 표현 수단으로 의회정치를 이용한다.

　그러나 자유로운 사회와 공동의 자산을 되찾게 된 사회는, 자유로운 단체들의 자유로운 연합체를 추구해야 하고, 역사의 새로운 경제적 단계와 조화를 이루는 새로운 조직을 추구해야 한다. 각각의 경제적 단계는 그에 상응하는 정치적 단계를 가지고 있다. 그리고 새로운 형태의 정치적 삶이 동시에 발견되지 않는다면, 사유재산을 건드리는 일은 불가능하다.

사유재산의 수용

1

로스차일드[53]는 1848년 혁명 때문에 자신의 재산이 위협을 받게 되자, 다음과 같은 책략을 구상했다. 그는 이렇게 말했다.

"나는 내 재산이 다른 사람들의 희생으로 쌓였다는 것을 기꺼이 인정한다. 하지만 내일 당장 내 재산을 수많은 유럽인에게 분배한다면, 한 사람이 받을 수 있는 몫은 고작 4실링밖에 되지 않는다. 그렇다면 좋다. 누군가 내게 자기 몫을 달라고 요구한다면 한 사람당 4실링씩을 나눠줄 것을 약속하겠다."

자기의 약속을 적당히 공표하고 난 이 백만장자께서는 여느 때처럼 독일 프랑크푸르트의 거리를 조용히 산책했다. 지

---

[53]　　로스차일드: 유태계 은행가 집안으로 아주 유명한 국제 금융 자본가 그룹을 대대로 운영하는 사람들이다.

나가던 행인 서너 명이 그에게 4실링을 요구하자 그는 냉소적인 미소를 지으며 돈을 건네줬다. 그의 책략은 성공했고, 백만장자인 그의 가족은 여전히 그 재산을 그대로 소유하고 있다. 중산층의 약삭빠른 사람들도 이와 비슷한 논리를 내세우면서 이렇게 말한다.

"오, 사유재산의 수용! 나는 그게 무얼 뜻하는지 잘 알고 있다. 사람들에게서 외투를 모두 가져가서는 산더미처럼 쌓아놓는 것이다. 그러면 모든 사람이 자유롭게 원하는 걸 가져갈 수 있고, 제일 좋은 외투를 차지하려고 자유롭게 서로 싸울 수 있다는 뜻이다."

그러나 이런 실없는 조롱은 경박하고 얼토당토않은 말이다. 우리가 원하는 것은 외투들을 다시 분배하는 것이 아니다. 추위에 떠는 사람들은 이런 식의 재분배에서 이득을 볼 수 있을지라도 말이다. 또한 우리가 원하는 것이 로스차일드 가문의 엄청난 재산을 각자 나눠 갖자는 것도 아니다. 우리가 원하는 것은 이 세상에 태어난 모든 사람이 필요한 기회를 보장받을 수 있도록 상황을 조정하자는 것이다. 가령, 쓸모 있는 기술을 배울 수 있는 기회, 그 기술에 숙달될 수 있는 기회 같은 것들 말이다. 그 다음으로는 우두머리나 주인에게 허락을 구하지 않고 자유롭게 일할 수 있는 기회가 보장되어야 한다. 그리고 자신이 생산한 것 중 제일 큰 몫을 주인이나 자본가에게 넘겨주는 일이 없어야 한다. 로스차일드 가문이나 반더빌트 가문[54]이 소유하고 있는 재산은 우리의 자치적인 공동 생산 체제를 만드는 일에 쓰이게 될 것이다.

농부가 자신이 생산한 것의 절반을 세금으로 빼앗기지 않으면서 땅을 경작하는 날, 풍성한 수확을 위해 땅을 준비하는데 필요한 기계들을 자유롭게 쓸 수 있는 날, 공장에서 일하는 노동자들이 독점 자본가가 아닌 공동체를 위해서 생산하는 날, 그 날은 노동하는 사람들이 충분히 먹고 잘 입는 모습을 보게 되는 날일 것이고, 로스차일드 가문이나 다른 착취자들이 사라지는 날일 것이다. 그때가 되면 어느 누구도 자신이 생산한 것들의 극히 일부에 불과한 임금을 받으려고 자기 노동력을 팔 필요가 없다. 비평가들은 이렇게 말한다.

"지금까지는 좋다. 하지만 외부에서 로스차일드 같은 사람들이 들어올 것이다. 어떤 사람이 중국에서 엄청난 재산을 축척한 다음 당신들 사이에 자리 잡는 일을 어떻게 막을 것인가? 그 사람이 자기 주위에 하인들과 임금노예들을 거느리고

---

54   반더빌트 가문: 미국의 네덜란드계 대부호 가문. 19세기 후반 미국의 호황기 때 철도 등으로 많은 재산을 축적했다.

서, 그들을 착취하고 그들의 희생을 이용하면서 부유하게 사는 일을 어떻게 막을 것인가?"

"당신들은 세계 전역에서 동시에 혁명을 일으킬 수는 없다. 그렇다면 국경에 세관원을 설치해서 당신 나라에 들어오는 모든 사람을 조사하고, 그들이 갖고 들어오는 돈을 몰수할 생각인가? 아나키스트 경찰이 여행자들에게 총을 쏘아대는 모습은 정말 볼만한 광경일 것이다!"

그러나 이런 주장의 밑바탕에는 아주 심각한 오류가 있다. 이런 식의 문제 제기를 하는 사람들은 부자들의 재산이 언제, 그리고 어떻게 생겨난 것인지를 한 번도 물어본 적이 없기 때문이다. 그렇지만 조금만 생각해보면, 이 재산들은 애초에 가난한 사람들의 빈곤으로부터 생겨났다는 사실을 충분히 보여줄 수 있다. 그러므로 더 이상 그런 빈곤한 사람들이 없게 되면, 그들을 착취하는 부자들도 더 이상 없다.

막대한 부가 생겨나기 시작하던 중세시대를 잠시 살펴보도록 하자. 어떤 봉건 영주가 비옥한 골짜기를 소유한다. 하지만 이 비옥한 골짜기에 사람들이 없는 한 영주는 부자가 아니다. 그의 땅은 그에게 아무것도 가져다주지 않기 때문이다. 차라리 달에 있는 땅을 소유하는 편이 낫다. 이 영주가 자신을 부유하게 만들려고 무엇을 할까? 그는 농민들, 가난한 농민들을 구할 것이다!

만일 모든 농민이 한 뙈기의 땅을 갖고 있고 지대나 세금을 내지 않아도 된다면, 거기에다가 농사일에 필요한 도구들과 가축이 있다면, 어느 누가 영주의 땅을 경작하려고 하겠는가? 모든 사람이 자기 땅을 돌볼 텐데 말이다. 그러나 전쟁, 기근, 전염병 때문에 비참한 처지에 빠지게 된 수많은 사람이 있다. 그들한테는 말(馬)도 없고, 쟁기도 없다. (중세시대에는 철제 물품들이 아주 비쌌고 수레를 끄는 말 역시 아주 비쌌다.)

이 비참한 목숨 모두는 자기들의 처지를 보다 낫게 만들려고 애쓰고 있는 중이다. 그러던 어느 날 그들은 영주가 소유한 사유지의 경계 지역에서 공고문 하나를 보게 된다. 이 공고문에는 농민들이 이해할 수 있는 특별한 방식으로 이런 말이 적혀 있다. 즉, 영주의 땅에 정착할 마음이 있는 노동자는 자기 오두막을 짓고 영주의 논밭에서 농사짓는 데 필요한 연장과 재료를 받을 것이고, 한정된 몇 년의 기간 동안에는 그 땅을 무료로 빌릴 수 있을 것이라고 말이다. 몇 년이라는 숫자는 수많은 십자 기호로 표시되어 있을 것이고, 농민들은 그 십자 기호의 의미를 이해할 것이다.

그리하여 가련하고 불쌍한 이 사람들은 영주의 땅에 자리를 잡게 된다. 그들은 도로를 만들고, 습지의 물을 빼고, 마을들을 건설한다. 9~10년 정도 지나면 영주는 그들에게서 세금을 거두기 시작한다. 5년이 지난 다음에는 땅 임대료를 올린다. 그런 뒤에 임대료를 다시 두 배로 올리는데, 농민들은 다른 곳에서 더 나은 땅을 구할 수 없기 때문에 이 새로운 조건을 받아들일 수밖에 없다.

봉건 영주들이 만들어낸 법률에 의해서 소작 농민들의 가난은 점차 땅 주인인 영주가 소유하는 부의 원천이 되어간다. 게다가 농민의 등을 쳐먹는 사람은 영주만이 아니다. 수많은 고리대금업자가 잽싸게 마을을 덮쳐서는 소작농들을 더욱 비참하게 만든다. 이것이 바로 중세시대에 부가 증가하게 된 방식이다. 그런데 오늘날에도 여전히 이와 똑같은 방식이지 않은가? 농부에게 무료로 경작할 수 있는 땅이 있다면, 생색을 내며 빌려주는 부스러기 땅 때문에 농부가 '비열할 공작 나리'•에게 50파운드를 지불하려고 할까? 농부가 자기 생산물의 절반을 땅 주인에게 내놓아야 하는 소작 제도에 동의할까?

하지만 농부는 가진 것이 아무것도 없다. 그래서 그는 목

• '비열한 공작 나리(Shabble of a Duke)'라는 말은 원서의 영어 번역자가 지어낸 용어이다. 이 말은 '자작 나리(Monsieur le Vicomte)'라는 크로포트킨의 프랑스어 표현을 어느 정도 자유롭게 해석한 것이다. 이 말은 크로포트킨의 의도를 더욱 잘 표현하는 것 같다.

숨을 계속 부지할 수 있기를 바라면서 어떤 조건이든지 받아들일 것이고, 결국 땅을 경작해서 땅 주인을 부유하게 만들 것이다. 그러므로 19세기 역시 중세시대와 마찬가지로 농민의 빈곤이 땅을 선점한 자들을 부유하게 만드는 근본 원인인 것이다.

2

지주의 재산은 농민들의 빈곤 때문에 축적된 것이고, 자본가의 부(富) 역시 같은 원천에서 나왔다. 중산층 시민 한 사람을 예로 들어보자. 그에게는 2만 파운드의 재산이 있다. 물론 그는 1년에 2천 파운드 정도를 쓸 수 있는데, 그 정도 씀씀이는 오늘날의 터무니없고 몰상식한 사치에 비하면 사소한 소비이다. 그러나 10년을 그렇게 보내고 나면 그한테는 아무것도 남아 있지 않을 것이다. 그래서 '실리적인 사람'인 그는 자기 재산은 손대지 않은 채 그대로 남겨놓고, 매년 생활에 불편함이 없을 정도의 수입을 얻으려고 한다.

우리 사회에서 이 일은 아주 쉽다. 왜냐하면 도시와 시골마을에는 한 달이나 심지어 보름 동안 살아갈 돈조차 없는 노동자들이 우글거리기 때문이다. 그래서 이 부유한 시민은 공장을 시작한다. 은행은 부리나케 또 다른 2만 파운드를 그에게 빌려줄 것이고, 그가 '사업 수완'이 있다는 평판이 들리면 특히 더 그럴 것이다. 그는 상당한 액수의 이 돈을 가지고 500명의 노동자를 맘대로 부릴 수 있게 된다.

만약 그 지역에 사는 모든 남자와 여자에게 매일 먹을 빵이 보장되고 일상적인 필요가 이미 충족된 상태라면, 누가 하루 반 크라운의 임금을 받고서 이 자본가를 위해 일하겠는가? 자기가 생산한 상품들이 시장에서 1크라운 이상의 값으로 팔리고 있는데 말이다.

우리가 너무나 잘 알고 있듯이, 불행하게도 우리의 도시들과 인근의 빈민가에는 궁핍하고 비참한 사람들이 바글거리고 있고 그들의 아이는 빵을 달라고 울어대고 있는 상황이다. 그리하여 공장이 제대로 완성되기도 전에 자신을 고용해달라는 노동자들이 앞을 다퉈서 몰려온다. 100명을 모집하는 데 300명이 몰려드는 것이다 그런 상황에서 공장이 돌아가기 시작한다면, 공장주가 평범한 사업 능력을 갖고 있는 사람일지라도 분명 자기가 고용한 노동자 한 사람으로부터 1년에 40파운드 정도의 이익을 챙길 수 있다.

그렇게 해서 이 시민은 어느 정도의 재산을 모을 수 있게 된다. 만일 그가 이익이 많은 거래를 선택하고, '사업 수완'이 있는 사람이라면, 그는 곧 착취하는 사람의 수를 두 배로 늘려서 자기 수입을 늘려갈 것이다. 그리하여 그는 중요한 인물이 되어간다. 그는 이제 다른 유력 인사들, 가령 지역 유지들, 부유한 도시민, 법률가, 정치계의 고위 인사들에게 식사 대접을 할 수 있게 된다. 자기 재산으로 그는 돈 많은 아내를 맞이할 수도 있다. 점차 그는 자기 아이들을 좋은 자리에 앉히고, 나중에는 어쩌면 정부로부터 뭔가 좋은 것을 받을지도 모른다. 군대나 경찰에 납품하는 계약을 따내는 식으로 말이다. 그의 돈은 점점 더 많은 돈을 낳는다. 심지어 그는 전쟁이나 전쟁에 대한 소문 혹은 주가 등락을 예측하면서 더 많은 돈을 벌 기회를 잡을 것이다.

미국이 쌓아올린 엄청난 부의 10분의 9는 (헨리 조지[55]가 〈사회 문제〉라는 자신의 글에서 쓴 바와 같이) 국가가 거들어주는 엄청난 규모의 부정행위가 낳은 결과이다. 유럽의 경우에도 군주제 국가와 공화제 국가에서 축적된 부의 10분의 9도 미국과 같은 원천에서 나왔다. 백만장자가 되는 데는 다른 방법이 없고 유일하게 이 방법뿐이기 때문이다. 이것이 바로 부를 쌓는

---

55 헨리 조지(Henry George 1839-1897): 미국의 경제학자. 토지를 공유화하고 모든 임대료를 세금으로 징수해서 사회를 위해 써야 한다고 주장. 19세기 영국 사회주의 운동에 큰 영향을 미쳤다.

비밀이다. 굶주리고 비참한 사람들을 찾아내서 그들에게 하루 반 크라운의 임금을 주고 5실링어치의 상품을 생산하게 하라. 이런 식으로 재산을 모은 다음에는 국가의 도움을 받으면서 돈벌이가 되는 투자를 몇 번 하는 식으로 재산을 불려가는 것이다.

우리는 단지 저축하는 것만으로는 아무것도 이룰 수 없다는 것을 알고 있다. 그렇게 모은 푼돈을 굶주린 이들을 착취하는 일에 쓰지 않는 한 말이다. 그런데도 경제학자들의 주장처럼 미리 계획하고 절약해서 작은 재산을 모으는 일에 대해서 계속 이야기할 필요가 있을까?

한 구두장이의 예를 들어보자. 그의 일은 보수도 좋고 손님도 많다. 그리고 그는 대단히 절약하면서 하루에 18펜스에서 2실링까지 저축할 수 있고 한 달에 2파운드를 모은다. 또 그는 결혼도 하지 않았으며 아이들도 없다. 그리고 그에게는 소비하려는 마음도 전혀 없다. 하여간 뭐든지 원하든 대로 맘껏 상상해보라!

어쨌든 그는 50살이 되어도 총 800파운드를 모으지 못할 것이다. 게다가 그는 나이가 들어 일할 수 없을 때 살아갈 돈도 충분히 모으지 못할 것이다. 분명히 이런 방식으로는 재산을 모을 수 없다.

그러나 한 번 예상을 해보자. 우리의 구두장이가 약간의 돈을 모으자마자 그 돈을 알뜰하게 저축 은행에 예금한다. 그러면 은행은 그 돈을 자본가들에게 빌려줄 것이고, 그 자본가들은 곧 '노동자를 고용할 것'이다. 다시 말해, 구두장이도 어떤 식으로든 가난한 사람들을 착취하게 된다는 뜻이다. 그런 다음에 우리의 구두장이는 어느 가난뱅이의 아들을 견습공으로 들인다. 그 견습공의 아버지는 5년 후에 자기 아들이 기술을 배워서 먹고살 수 있는 돈을 벌게 되면 자신은 운이 좋은 사람이라고 생각할 것이다.

그러는 동안 우리의 구두장이가 견습공 때문에 손해 보는 일은 없다. 만약 가게 일이 번창하게 되면 구두장이는 곧 두 번째와 세 번째 견습공을 들일 것이다. 그 다음에는 두세 명의 일꾼들을 고용할 것인데, 그들 역시 가난한 사람이라서 하루에 5실링어치 제품을 만들어내면서도 반 크라운을 받으며 감사해한다. 그리고 구두장이에게 운이 따른다면, 다시 말해 그가 충분히 빈틈없고 충분히 인색하다면 그의 일꾼과 견습공은 하루에 거의 1파운드를 벌게 해줄 것이고, 거기에다가 구두장이가 직접 만든 제품도 더해질 것이다. 이제 그는 자기 사업을 더욱 크게 확장한다. 그는 점점 더 부자가 될 것이고 삶에 필요한 것들을 애써 절약하거나 아낄 필요가 없게 된다. 자식이 있다면 그는 어느 정도의 재산을 물려줄 것이다.

이것이 바로 사람들이 말하는 '절약하고, 검소하게 생활하고, 절제하는 습관을 갖는 일'이다. 깊이 따져보면 이것 역시 가난한 사람들을 착취했기 때문에 가능한 일이다. 상업은 이런 법칙에서 예외인 것처럼 보인다. 우리는 이런 말을 듣는다.

"상인은 중국에서 차(茶)를 사서 프랑스로 가져오고, 그렇게 해서 원래 들인 비용보다 30퍼센트의 이익을 얻게 된다. 그는 아무도 착취하지 않았다."

그렇지만 이 경우도 무척이나 비슷한 상황이다. 만약 우리의 상인이 자기 물건을 직접 등에 져서 가져온다면 아주 훌륭하고 좋은 일이다! 중세시대 초기에는 바로 그런 식으로 외국무역을 했기 때문에 어느 누구도 오늘날처럼 아찔할 정도의 재산을 손에 넣을 수 없었다. 중세시대 상인들은 길고 위험한 여행을 한 끝에 아주 드물고 힘들게 금화들을 벌 수 있었다. 그리고 상인들이 이런 일을 하게끔 만드는 동기는 돈에 대한 열망보다는 여행과 모험에 대한 갈망인 경우가 더 많았다.

오늘날에는 상업 거래의 방법이 훨씬 간단해졌다. 얼마간의 자본을 가진 상인은 바쁘게 돌아다닐 필요가 없이 책상에 앉아서 부자가 될 수 있다. 그는 대리인에게 전보를 보내서 수백 톤의 차(茶)를 사라고 지시한다. 대리인은 배에다 차를 신고 몇 주 뒤에, 만약 그 배가 범선이라면 석 달 뒤에 상인에게 화물을 날라다 준다. 그는 항해의 위험을 감수할 필요조차 없는데, 그가 구입하는 차 상자와 배에는 보험이 들어 있기 때문이다. 그래서 상인이 4천 파운드의 비용을 들인 경우, 차를 거래해서 5천 파운드나 6천 파운드가 넘는 돈을 벌어들일 것이다. 그가 어떤 진기한 상품에 투자하려는 의도가 없는 한 말이다. 진기한 상품에 투자하는 경우에는 재산을 두 배로 불리거나 모두 잃을 위험을 무릅쓰는 것이다.

그런데 어떻게 이 상인은 기꺼이 바다를 건너 중국까지 갔다가 돌아올 사람들을 찾아낼 수 있을까? 비참하리만큼 적은 돈을 받고서 기꺼이 노예와 같은 고된 노동을 참아내고, 생명의 위험을 감수하는 사람들을 어떻게 찾아낼 수 있는 걸까? 어떻게 그는 '간신히 굶어 죽지 않을 정도의 임금'을 받으며 짐을 싣고 내리는 부두 노동자들을 찾아낼 수 있는 걸까?

그건 바로 이 사람들이 너무나 궁핍하고 굶주려 있기 때문이다. 항구에 가서 부둣가에 있는 작은 음식점이나 선술집에 한번 들어가보라. 그리고 자기의 노동을 팔려고 부둣가로 몰려온 사람들을 바라보라. 이들은 배에서 일할 수 있기를 바라면서 이른 새벽부터 몰려온 사람들이다. 몇 주 혹은 몇 달을 기다린 끝에 장기간의 항해에 고용되었다고 행복해하는 선원들을 한번 보라. 그들은 평생 동안 배를 타고 바다에 나갈 것이며, 파도에 목숨을 잃을 때까지 다른 배를 타고 항해를 할 것이다. 그들의 집으로 들어가서, 가장인 그가 돌아올 때까지 어찌 살아야 할지 전전긍긍하고 있는 누더기를 걸친 그의 아내와 아이들을 바라보라. 그러면 이 문제에 대한 해답을 찾을 수 있다.

더 많은 예들을 들 수 있다. 그 예들을 통해서 크든 작은 모든 재산의 기원이 어디에서 유래했는지를 생각할 수 있다. 그 재산이 상업에서 유래했는지, 금융업, 제조업, 땅으로부터 유래했는지 관계없이 말이다. 어디에서나 부자의 재산은 가난한 사람들의 궁핍으로부터 나왔다는 사실을 알 수 있다.

아나키스트 사회가 로스차일드 같은 사람들이 나타나서 정착하는 것을 조금도 두려워할 필요가 없는 것은 바로 이런 이유 때문이다. 공동체의 모든 구성원이 몇 시간 동안 생산적인 노동을 한 후에는 문명사회의 모든 즐거움을 누릴 권리를 가질 수 있고, 원하는 모든 사람이 예술과 학문이 제공하는 깊은 즐거움을 누릴 권리가 있음을 알게 된다면, 어느 누구도 굶주림을 겨우 면할 정도의 임금을 벌려고 자기 노동을 팔지 않을 것이기 때문이다. 어느 누구도 로스차일드 같은 사람들의 부유함을 위해서 자발적으로 일하지 않을 것이기 때문이다. 그가 가진 금화들은 그저 수많은 금속 조각에 불과할 것이고, 다양한 목적으로 사용될 수는 있을 테지만 더 이상 많은 부를 낳지는 못할 것이다.

위에서 제기된 반론에 답을 하면서 우리는 그와 동시에 재산 수용의 범위를 제시하려고 한다. 이 재산 수용은 모든 것에 적용되어야 하고, 다른 사람의 노동 생산물을 자기 것으로 전용할 수 있는 모든 사람, 가령 은행가, 공장주, 지주 같은 사람들에게도 적용되어야 한다. 재산을 수용해서 공유화하는 우리의 방식은 간단하고 누구나 이해할 수 있다.

우리는 어느 누구의 외투도 빼앗고 싶지 않다. 하지만 노동자들이 갖지 못한 까닭에 착취자들의 손쉬운 먹잇감이 될 수밖에 없었던 모든 것을 노동자들에게 돌려주길 원한다. 그리고 우리는 최선을 다할 것이다. 어떤 사람도 곤궁하게 살 필요가 없고, 단 한 사람도 자신과 아이들이 겨우 먹고살기 위해서 자기 노동을 강제로 팔 필요가 없는 사회를 위해서 말이다. 이것이 바로 우리가 말하는 재산 수용의 의미이다. 재산 수용은 혁명이 일어나는 동안 우리의 의무가 될 것이고, 이 혁명은 지금으로부터 200년 후가 아니라 곧, 머지않아 다가올 것이다.

3

일반적인 아나키즘의 개념과, 특히 재산 수용이라는 개념은 독립적인 인격을 가진 사람들과 게으름을 최상의 이상으로 여기지 않는 사람들 사이에서 우리가 상상할 수 있는 것보다 훨씬 많은 공감을 얻고 있다. 우리의 친구들은 종종 우리에게 경고를 하곤 한다.

"그럼에도 너무 멀리 가지 않도록 조심하시오! 인간은 하루 아침에 바뀌지는 않는다오. 그러니 재산 수용과 아나키즘의 계획을 지나치게 서두르지는 마시오. 그렇지 않으면 영구적인 결과를 전혀 얻지 못할 위험이 있소."

그런데 재산 수용과 관련해서 우리가 두려워하는 것은 정확히 그 반대이다. 우리는 재산 수용을 지나치게 수행하는 것이 두려운 게 아니라, 그 규모가 너무 작아서 지속되지 못할

까봐 걱정한다. 우리는 혁명적인 충동이 도중에 방해를 받아서, 절반 정도의 어중간한 조치들에 지쳐 나가떨어지지 않도록 해야 한다. 그런 조치들은 어느 누구도 만족시키지 못할 것이고, 그러는 동안 사회는 엄청난 혼란에 빠지게 될 것이기 때문이다. 그리고 혁명에 필요한 관례적인 행동을 중단하면 필요한 힘을 전혀 갖지 못하게 될 것이다. 그렇게 되면 전반적인 불만만이 널리 퍼질 것이고, 불가피하게 반동이 우세해질 것이다.

실제로 현대 국가에서 확립된 관계들은 세부적인 부분만을 공격하는 것으로는 변화시키기가 불가능하다. 우리 사회의 경제 조직은 복잡하게 뒤얽혀 있다. 이 조직은 대단히 복잡하고 상호 의존적이라서 전체를 흐뜨려 놓지 않고서는 어느 한 부분도 바꿀 수 없다. 어떤 것을 수용하려는 시도를 하자마자 이 점은 곧 분명해질 것이다.

어떤 나라에서 제한된 형태의 재산 수용이 이루어졌다고 가정해보자. 예를 들어 여러 번 제안되었듯이 대지주의 재산만이 수용되어서 사회로 환원되고 공장들은 손대지 않은 채 그대로 놔두는 경우를 가정해보자. 또는 어떤 도시에서 주택 자산만 코뮌에 의해 수용되고 다른 것들은 개인 소유로 남아 있는 경우도 가정해볼 수 있다. 혹은 어떤 공업 중심지에서 공장들은 공유화되었지만 토지는 건드리지 않고 그대로인 경우도 있을 수 있다.

이 모든 경우에 결과는 똑같을 것이다. 즉, 새로운 방침으로 생산 라인을 재조직할 수단이 없는 채로 산업 시스템은 끔찍하게 붕괴될 것이다. 산업과 금융은 교착 상태에 빠질 것이고, 정의를 이루어낼 최우선 원칙들은 여전히 실행되지 않은 상태일 것이다. 그리하여 사회는 무력한 상태에 빠져서 전체가 조화로운 사회를 건설할 힘이 없게 될 것이다.

만약 농업 부분은 대지주들로부터 자유롭게 되었는데 산업 부분은 여전히 자본가, 상인, 은행가가 지배하는 노예 상태로 남아 있다면 어떤 것도 성취할 수 없을 것이다. 오늘날의 농민은 지주에게 높은 소작료를 지불하느라 고통받을 뿐 아니라, 지금 상황에서는 온갖 사람으로부터 압박을 받고 있다. 소매 상인은 삽 하나를 반 크라운(30펜스)에 팔면서 농부를 착취한다. 실제로 그 삽을 만드는 데 들어간 비용은 6펜스 이하인데 말이다.

그리고 국가는 농민에게 세금을 부과한다. 왜냐하면 국가는 공무원들을 배치시키는 거대한 위계 구조 없이는 잘 굴러갈 수 없기 때문이다. 또 국가는 비용이 많이 들어가는 군대를 유지할 필요가 있다. 왜냐하면 모든 국가의 무역 상인들은 시장을 얻기 위해서 끊임없이 싸우고 있기 때문이다. 그리고 어느 날 아시아나 아프리카의 어느 지역을 착취하는 일을 두고 일어난 작은 분쟁이 결국 전쟁으로 번질지도 모르기 때문이다.

게다가 농민은 시골 지역의 인구 감소 때문에도 고통을 겪는다. 시골의 젊은이들은 사치품 생산업체들이 일시적으로 제공하는 높은 임금에 현혹되거나 보다 활기찬 생활이 주는 매력에 이끌려서 도시를 향해 떠난다. 그런 산업에 대한 인위적인 보호, 해외 국가에 대한 산업적인 착취, 만연하고 있는 증권 투기, 생산을 위해 토양의 질을 개선하고 농업 생산 기계를 개량하는 일의 어려움 등, 오늘날에는 이 모든 요인이 결합해서 농업에 불리하게 작용하고 있다.

농업은 높은 임대료 때문에 허덕이고 있을 뿐만 아니라 착취에 기반을 둔 사회가 지닌 모든 복합적인 상황으로 인해 고통당하고 있다. 그렇기 때문에 비록 토지 수용이 이루어져서, 모든 사람이 임대료를 내지 않고 자유롭고 최대한 유리하게 땅을 경작할 수 있게 되면 농업은 한순간 번영(이마저도 결코 당연한 일로 여길 수는 없다)을 누릴 것이다. 하지만 산업 부분이 그대로라면 얼마 안 있어 오늘날과 같은 수렁에 다시 빠지게 될 것이다. 모든 일을 처음부터 다시 시작해야 할 것이고,

어려움은 더욱 가중된다.

산업의 경우에도 똑같다. 앞서 이야기한 것과 반대의 경우를 예로 들어보자. 즉, 농업노동자를 토지를 소유한 농민으로 전환시키는 경우 말고, 공장들을 그곳에서 일하는 사람들에게 넘겨주는 경우를 살펴보자. 비록 공장주는 쫓아냈지만 땅주인에게는 땅을, 은행가에게는 돈을, 상인에게는 교환할 물건들을 그대로 남겨놓는 경우이다. 일하는 사람들의 노동으로 살아가는 게으름뱅이들, 수많은 중간상인, 엄청난 관리들을 거느린 국가를 그대로 유지하려고 한다면, 산업은 정지해버리고 말 것이다. 여전히 가난한 농민들 사이에서 산업은 구매자를 찾지 못할 것이고, 원자재를 확보하지 못해서 생산품도 수출하지 못할 것이다. 부분적으로는 무역의 중단 때문에, 크게는 산업들이 전 세계에 퍼져 있기 때문에, 제조업자들은 힘들여 일할 의욕을 잃어버릴 것이고, 수많은 노동자는 거리로 내쫓기게 될 것이다. 굶주린 군중은 자신들을 착취하러 나타난 첫 번째 음모자에게 기꺼이 복종할 것이다. 심지어 일자리를 보장해준다는 약속만 해준다면, 옛날의 노예 상태로 되돌아가는 일조차 동의할 것이다.

마지막으로, 지주들을 몰아내고 공장들을 노동자의 손에 넘겨주었지만 중간상인 무리는 건드리지 않고 그대로 남겨두는 경우를 살펴보자. 이 중간상인 무리는 제조업자들의 생산물을 빼돌리고, 거대한 상업 중심지들에서 옥수수와 밀가루 혹은 고기와 식료품들을 사고팔면서 투기를 하는 사람들이다. 이들이 활개를 치고 다니면 얼마 지나지 않아 생산품 교환이 느려질 것이다. 곧 대도시들에서는 빵이 부족하게 되고, 대규모 생산 단지는 그들이 생산한 사치품을 구매할 사람들을 찾을 수 없게 될 것이다. 그러면 분명히 반혁명이 일어날 것이다. 학살이 일어나서 총과 탄약으로 도시와 마을을 휩쓸 것이고, 추방과 유형이라는 향연에 정신없이 빠져들게 될 것이다. 바로 1815년, 1848년, 1871년에 프랑스에서 그랬던 것처럼 말이다.

문명화된 사회에서는 모든 것이 상호의존적이다. 그렇기 때문에 전체를 변화시키지 않고서 어느 한 가지를 개혁하는 일은 불가능하다. 그러므로 어느 날 한 나라가 어떤 형식으로든지 토지나 산업과 관련해서 사유재산을 공격하려 한다면, 반드시 그 모두를 공격해야만 한다. 혁명이 성공하려면 그렇게 할 수밖에 없다.

게다가, 우리가 그러길 원한다고 할지라도 부분적인 재산 수용만으로 변화를 제한하는 일은 불가능할 것이다. 일단 '재산의 신성한 권리'라는 원칙이 흔들리게 되면, 무수한 이론 중 어떤 것도 이 원칙의 폐지를 막을 수 없을 것이기 때문이다. 여기서는 논밭에서 일하던 노예들에 의해서, 저기서는 기계의 노예로 일하던 사람들에 의해서 그 원칙은 폐지될 것이기 때문이다.

만약 파리 같은 대도시가 공장 지역의 주택들만을 수용하는 식으로 재산 수용을 제한한다면, 다음과 같은 은행가들의 권리 역시 부정하는 셈이 된다. 즉, 공장이 이전에 대출해간 돈의 이자로 은행가가 총 200만 파운드를 코뮌으로부터 받아갈 권리를 부정하게 되는 것이다. 또 대도시는 시골 지역들과 관계를 맺을 수밖에 없는데, 그렇게 되면 도시의 영향력으로 인해 농민들도 반드시 지주들로부터 해방될 것이다. 철도 역시 반드시 공유화해야 한다. 그래야 시민들이 식량을 구하거나 일하러 오고갈 수 있기 때문이다.

마지막으로는 물자의 낭비를 막아야 한다. 그리고 1793년 파리 코뮌 때 그랬던 것처럼 곡물을 매점매석하는 투기꾼들의 공모에 희생양이 되지 않기 위해서는 도시가 자체적으로 창고에 생활필수품들을 비축하고 생산을 분배하는 일을 맡아서 해야 할 것이다. 하지만 어떤 사회주의자들은 여전히 차별을 두려고 애를 쓴다. 그들은 이렇게 말한다.

"물론 토지, 광산, 공장, 제조업체들은 공유화되어야 한다.

이것들은 생산 수단이기 때문이다. 그리고 우리는 이것들을 공공자산으로 여기는 게 옳다고 본다. 하지만 음식, 옷, 집 같은 소비재는 사유재산으로 남겨놓아야 한다."

대중적인 상식은 이런 미묘한 구별보다 훨씬 더 낫다. 우리는 나뭇가지로 엮은 피난처 말고는 아무것도 없이 숲 속에서 살아갈 수 있는 야만인들이 아니다. 문명인에게는 지붕, 방, 화로, 침대가 필요하다. 아무것도 생산하지 않는 자들에게는 이런 침대, 방, 집이 게으름의 본거지가 되는 것도 사실이다. 하지만 알맞게 따뜻하고 불이 밝혀진 집은 일하는 사람들에게는 하나의 생산 수단이다. 그곳은 내일의 노동을 위해서 노동자의 신경과 근육이 힘을 회복하는 장소이다. 노동자에게 휴식이란 기계가 일상적인 수리를 받는 것과 마찬가지이다.

음식에서는 이와 같은 주장이 더욱 확실하게 들어맞는다. 소위 경제학자들이란 사람들이 방금 말한 '구별'을 만들어내는 자들이다. 그들도 기계 속에서 연소하는 석탄이 생산에 꼭 필요하다는 점을 부정하지는 못할 것이다. 그렇다면 인간 역시 음식이 없으면 일을 할 수 없는데, 어떻게 생산자에게 꼭 필요한 물품 목록에서 음식을 제외할 수 있단 말인가? 음식이 종교적이고 형이상학적인 유물이라도 될 수 있단 말인가? 부자들이 벌이는 향연은 사실상 사치에 불과할 뿐이지만 노동자들이 먹는 음식은 증기 엔진 속에서 타고 있는 연료와 마찬가지로 생산의 일부분이다.

옷도 마찬가지이다. 우리는 뉴기니에서 사는 야만인이 아니다. 숙녀의 호화로운 의상은 사치품으로 분류해야겠지만, 린넨, 면, 양모로 된 일정량의 옷들은 노동자의 삶에 필요한 필수품이다. 그가 일터로 입고 갈 셔츠와 바지, 하루의 고된 노동이 끝난 다음에 걸치는 간편한 옷은 모루에 필요한 망치와 마찬가지로 노동자에게 필요한 물건이다.

우리가 좋아하든 싫어하든 간에 민중에게는 이것이 혁명이다. 정부를 깨끗이 몰아내면, 곧바로 민중은 제일 먼저 아담한 집과 충분한 음식, 그리고 옷을 틀림없이 보장받고 싶어할 것이다. 자본가에게 임대료나 물건 값을 지불하지 않고서 말이다.

그리고 민중이 옳을 것이다. 생산 수단과 소비재 사이에 아주 많은 차이를 두는 경제학자들보다는 민중의 방식이 훨씬 더 과학적일 것이다. 민중은 바로 이 지점에서부터 혁명이 시작되어야 한다는 사실을 이해하고 있다. 그리고 그들은 경제학이라는 이름에 어울리는 유일한 학문의 기초를 놓을 것이다. 이 학문은 이렇게 불릴 것이다. '인간의 필요에 관한 연구, 그리고 그것을 만족시킬 수 있는 경제적 수단에 관한 연구.'

음식

1

만일 다가올 혁명이 사회 혁명이라면, 그 목표나 수단에서 예전에 일어났던 모든 반란과 구별될 것이다. 새로운 목적에 도달하기 위해서는 새로운 수단이 필요하다. 우리가 지난 100년 동안 프랑스에서 보았던 세 번의 위대한 민중 운동은 많은 점에서 서로 다르지만, 한 가지 공통되는 특징을 가지고 있다.

각각의 경우에 민중은 낡은 체제를 전복하기 위해서 열심히 싸웠고, 대의를 위해 용감하게 생명을 바쳤다. 그러나 선봉에서 전투를 치르고 난 후에 그들의 존재는 다시 희미해지고 말았다. 어느 정도 정직한 사람들로 이루어진 정부가 구성되어서 새로운 체제를 만드는 일을 맡았다. 즉, 1793년의 공화국 정부, 1848년의 노동당 정부, 1871년의 자유 코뮌이 그것이다. 과격한 자코뱅주의 사상이 스며들어 있던 이 정부들은 맨 먼저 정치적인 문제들을 처리하느라 바빴다. 이를테면 정부기구를 재조직하는 일, 행정부서에서 반대파를 숙청하는 일, 교회와 국가를 분리하는 일, 시민의 자유 같은 문제들이 그것이다. 노동자 단체들이 새 정부의 구성원을 감시하면서 때때로 자기들의 의견을 그들에게 강요했던 것은 사실이다. 하지만 이런 단체들조차도 지도자가 중산층이든 노동계층이든 간에 항상 중산층의 사상들이 우세했다. 그들은 다양한 정치적 문제를 광범위하게 논의했지만, '빵의 문제'를 논의하는 일은 잊어버리고 있었다.

이 시기에는 위대한 사상들이 나타나서 전 세계로 퍼져나가고 있었다. 그때의 이야기들은 지금도 여전히 우리의 마음을 벅차오르게 한다. 하지만 그 당시 민중은 빈민가에서 굶주리고 있었다. 혁명이 시작된 바로 그 순간부터 산업은 불가피하게 중단될 수밖에 없었다. 생산물 유통에 제동이 걸렸고, 자본은 자취를 감췄다. 고용주인 주인은 이 시기에도 두려울게 아무것도 없었다. 그는 주변의 빈곤한 상황을 이용해서 투기하지는 않았지만, 자신의 이익 배당금으로 배를 불렸다. 반면 임금 노동자들은 부득이하게 하루 벌어 하루 먹고사는 신세로 전락할 수밖에 없었다. 빈곤이 바로 목전에 다가왔던 것이다.

굶주림이 나라 전역으로 퍼졌고, 이런 굶주림은 구체제에서조차 거의 찾아보기 힘든 것이었다.

"지롱드파[56]들이 우리를 굶어 죽이고 있다!"

1793년 노동자들 사이에서 이런 외침이 터져 나왔고, 곧이어 지롱드파들이 단두대에서 처형되었다. 그리고 모든 권력이 '산악당'[57]과 코뮌에게 주어졌다. 코뮌은 실제로 빵의 문제로 고민하고 있었고, 파리 시민을 먹이기 위해서 영웅적인 노력을 기울였다. 리옹에서는 푸체(Fouche)와 콜롯데르브와(Collot d'Herbois)란 공화파 당원들이 도시 곡물창고를 설립했지만, 그 창고를 채우는 데 지출된 예산은 애처로울 정도로 부족했다. 시의회는 식량을 확보하기 위해서 엄청난 노력을 기울였다. 밀가루를 매점매석했던 제빵업자들은 교수형을 당했다. 그래도 여전히 빵이 부족해서 민중은 고통을 겪었다.

그런 다음에 사람들은 왕당파 옹호자들에게 비난의 화살을 돌려서 식량 부족의 책임을 그들에게 뒤집어씌웠다. 하루에 12~15명 정도가 단두대에서 처형되었고, 여기에는 하인들

---

56 지롱드파: 프랑스 대혁명 당시 비교적 온건한 공화파로 나중에 과격한 자코뱅파에 의해 무너졌다.

57 산악당: 좌익 성향의 과격 정파로 프랑스 대혁명 시기에 자코뱅파인 당통과 로베스삐에르를 지지했고, 국민의회에서 높은 좌석을 차지한 데서 이런 이름이 유래했다.

과 공작부인들도 포함되었다. 특히 하인들이 많이 처형되었는데, 그 이유는 공작부인들은 이미 독일 코블렌츠로 도망간 경우가 많았기 때문이다. 그러나 매일 수백 명의 공작들과 자작들을 단두대로 보냈을지라도 희망이 없기는 똑같았을 것이다.

빈곤은 점점 더 심각해져 갔다. 임금 노동자는 임금이 없이 살아갈 수가 없는 사람들인데도 임금을 받을 수가 없었다. 그런 사람에게 천여 구의 시체가 대체 무슨 소용이 있겠는가? 그러자 사람들은 지쳐서 나가떨어지기 시작했다. 반동주의자는 노동자들의 귀에 이렇게 속삭였다.

"당신들이 자랑스러워한 혁명은 이제 그만! 당신들은 이전보다 훨씬 비참하게 되었잖소."

그러자 부자들은 점점 더 용기를 내고 숨어 있던 곳에서 모습을 드러냈으며, 굶주리고 있는 수많은 사람 앞에서 자기들의 사치스런 생활을 보란 듯이 과시했다. 그들은 향수 냄새가 나는 화려한 옷을 차려입고 노동자들에게 이렇게 말했다.

"이봐, 이런 바보 같은 짓거리는 이제 충분해! 혁명으로 당신들이 대체 뭘 얻었지?"

가슴 깊이 실망하고 지치고 인내심도 바닥이 난 혁명가는 결국 혁명의 대의가 또다시 실패했다는 것을 인정해야 했다. 그는 자기 오두막집으로 물러나서 최악의 상황을 기다렸다.

그 다음에는 반동이 의기양양하게 등장해서 반혁명의 일격을 가했다. 혁명은 죽었고, 혁명의 시체를 짓밟는 일 말고는 아무것도 남은 게 없었다. 왕당파의 백색 테러가 시작되었다. 피가 강물처럼 흘러넘쳤고, 단두대는 결코 쉬는 법이 없었으며, 감옥은 사람들로 가득 찼다. 그러는 동안 상류사회와 사교계의 겉치레와 유행은 옛날의 자리를 되찾아서 예전과 다름없이 즐겁게 행진해 나아갔다.

이것이 우리가 거쳐 온 모든 혁명의 전형적인 모습이다. 1848년에 파리의 노동자들은 공화국이 업무를 보던 석 달 동안 굶주렸다. 그런데도 그들은 자기들이 낼 수 있는 최대한의 힘을 발휘했고, 6월에는 최후의 필사적인 노력을 기울였으나[58], 이 노력은 피의 강물 속에 가라앉고 말았다.

1871년에 파리 코뮌은 싸울 사람들이 부족해서 몰락했다. 코뮌은 교회와 국가를 분리하는 법안은 제정했지만, 사람들에게 빵을 공급하는 방책을 시행하는 일을 소홀히 했고, 애석하게도 그 일을 하려고 했을 때는 너무 늦어버린 뒤였다. 그리하여 파리에서는 우아하고 세련된 신사들이 코뮌 지지자들을

---

58 1848년 파리 6월 봉기를 가리킨다. 수천 명 이상이 들고 일어났던 이 봉기는 정부의 탄압으로 유혈사태를 빚으며 1,500명 이상의 시민이 시가전 도중에 사망했다.

조롱하는 일이 일어나곤 했다. 신사들은 그들에게 몇 푼의 돈을 줄 테니 목숨을 팔러 가라고 명령했으며 상류층이 모이는 레스토랑에 가서 마음 편히 성찬을 즐겼다. 마침내 코뮌도 자기의 실수를 알아차리고서 공동 급식소를 열었다. 그러나 너무 늦었다. 시간이 너무 많이 흘러버렸고, 벌써 베르사유 왕궁의 군대가 성벽을 포위하고 있었다.

"빵, 혁명이 필요로 하는 것은 빵이다!"

우리가 분명히 알아야 할 것은 혁명의 맨 첫날부터 마지막 날까지, 해방을 위해 싸우는 모든 지역에서 빵이 없어서 고통받는 사람이 단 한 사람도 없어야 한다는 점이다. 단 한 사람의 여성도 자선으로 던져질지 모를 싸구려 빵 하나를 받기 위해 피로에 지친 군중과 함께 빵집 문 앞에 서 있어서는 안 된다. 또한 단 한 명의 아이라도 제대로 먹지 못해 비틀거리는 일이 있어서는 안 된다.

중산층 사람들은 항상 '위대한 원칙들', 차라리 위대한 거짓말들이라고 해야 할 것들에 관해 목청을 높여왔다. 반면 민중에게는 모든 사람에게 빵을 제공하는 일이 훨씬 더 중요하다. 중산층 시민과 중산층 계급의 생각에 휩쓸린 노동자들이 회의실에서 자기들의 화려한 언변을 구사하고 있는 동안, 그리고 실용적인 사람들이 정부 형태에 관해 끝없는 논쟁을 벌이고 있는 동안 '유토피아를 꿈꾸는 사람'인 우리는 매일 먹을 빵의 문제를 고민해야 한다.

우리에게는 모든 사람이 빵을 먹을 권리가 있고, 모두에게 돌아갈 만큼 충분한 빵이 있다는 사실을 선언할만한 무모함이 있다. 그리고 '모두에게 빵을!'이라는 슬로건을 가지고서 혁명을 승리로 이끌 것이라는 믿음이 있다.

2

우리가 유토피아주의자라는 사실은 잘 알려져 있다. 그래서 우리는 혁명이 모든 사람에게 집, 음식, 옷을 확실히 보장해야 한다는 사실을 믿는다. 이 사상은 어떤 당파를 지지하는가와 는 상관없이 중산층 시민에게는 지극히 불쾌한 사상이다. 왜 냐하면 그들은 배고픔이 채워진 민중을 손아귀에 두고 지배 하기가 쉽지 않다는 사실을 잘 알고 있기 때문이다.

그럼에도 우리는 주장을 유지할 것이다. 즉, 혁명에 참여하 는 민중을 위해 빵을 구해야만 하고, 빵의 문제가 다른 모든 문제보다 우선시되어야 한다고 말이다. 만약 혁명이 민중의 관심사를 가장 먼저 고려한다면, 그 혁명은 올바른 방향으로 나아간다. 그리고 빵의 문제를 해결하는 일에서 우리는 평등 의 원리를 받아들여야 한다. 그렇기 때문에 어쩔 수 없이 다른 모든 해결책을 제외할 수밖에 없다.

앞으로 다가올 혁명은, 1848년 혁명과 관련해서 보면 거대한 산업 위기 한가운데서 터져 나올 것이 확실하다. 지난 반세기 동안 상황은 들끓어 오르고 있으며 점점 더 안 좋은 쪽으로 변하고 있다. 이 모든 일이 진행되는 방식은 다음과 같은 경향을 보인다. 새로운 국가들이 국제적인 무역거래 목록에 들어가려고 하면서 세계 시장을 손에 넣기 위한 분쟁들이 일어나고 있으며, 전쟁과 관세 관련 문제가 끊임없이 일어나고 있다. 또한 국가의 부채, 미래에 대한 불확실성, 세계 곳곳에서 벌어지고 있는 거대한 식민지 개척 사업 같은 일들이 일어나고 있다.

지금 이 순간에도 유럽에는 수백만의 실업자가 있다. 그러므로 우리 앞에서 갑자기 혁명이 일어나서 화약을 실은 기차에 불이 붙듯이 순식간에 번져나간다면 상황은 더욱 나빠질 것이다. 유럽과 미국에서 바리케이드가 세워지자마자 일자리가 없는 사람의 수는 두 배로 늘어날 것이다. 이 많은 사람에게 빵을 공급하기 위해서 무엇을 해야 할까?

자기들을 '실무가'라고 부르는 사람들이 이 문제를 솔직하게 자문해본 적이 있는지의 여부를 우리는 잘 모른다. 하지만 그들이 임금제도를 유지하고 싶어 한다는 것은 알고 있다. 그러므로 그들은 실업자들에게 음식을 주기 위한 수단으로 '국영 작업장'과 '공공근로'를 자랑스럽게 내세우리라는 것을 예상할 수 있다.

왜냐하면 1789년과 1793년에도 국영 작업장이 문을 열었고 1848년에도 똑같은 방식에 의존했기 때문이다. 또 나폴레옹 3세[59]도 18년 동안 파리의 프롤레타리아들에게 공공 근로 일자리를 제공해서 그들을 만족시키는 데 성공했기 때문이다. 그로 인해 오늘날 파리는 8천만 파운드의 부채를 지고 있으며, 시민은 한 사람당 3~4파운드의 지방세를 내고 있다.[●]

'야수를 길들이기'라는 이 탁월한 방법은 로마 제국에서도 관례적으로 시행되었고, 심지어 4천 년 전의 이집트에서도 행해졌다. 마지막으로는 전제 군주들, 왕들, 황제들은 항상 채찍을 움켜줄 시간을 벌기 위해서 민중에게 음식 부스러기를 던져주는 책략을 쓰곤 했기 때문이다. 그러므로 '실무에 능한' 사람들이 임금제도를 영구화하는 이 방법을 칭송하는 것은 당연하다. 이집트 파라오 왕이 썼던 유서 깊은 이 방법을 마음

---

59 나폴레옹 3세(1808-1873): 나폴레옹 1세의 조카로 1848년 2월 혁명으로 수립된 공화국에서 대통령으로 선출되었다. 하지만 임기 도중에 쿠데타를 일으켜서 공화국을 붕괴시키고 황제에 즉위했다.

● 1904년 파리 시의 부채는 2,266,579,100프랑에 이르렀고, 그 부채로 인한 수수료는 121,000,000프랑이었다.

대로 쓸 수 있는데, 다른 방법을 고안한다고 머리를 쥐어짤 필요가 뭐가 있겠는가? 그러나 혁명이 처음부터 이러한 길로 들어서도록 잘못 인도된다면, 그 혁명은 길을 잃고 말 것이다.

1848년 2월 27일에 국영 작업장이 문을 열었을 때, 파리의 실업자 수는 8천 명에 불과했다. 그런데 2주가 지나자 실업자 수는 이미 4만 9천 명으로 늘어나 있었다. 얼마 지나지 않아 10만 명에 이르렀는데, 지방에서 올라온 수많은 사람을 세지 않았음에도 그 정도였다. 그러나 당시 프랑스의 상업과 제조업 분야에 고용되어 있는 노동자의 수는 오늘날의 절반 정도밖에 되지 않았다. 그리고 혁명의 시기에는 전반적인 대변동으로 인해 거래와 산업 부분이 가장 큰 피해를 본다는 사실을 우리는 알고 있다. 우리가 정말로 생각해보아야 하는 유일한 것은 직접 혹은 간접적으로 수출 무역에 종사하고 있는 노동자의 수가 어느 정도인가이다. 또한 소수의 중산층이 주로 소비하는 사치품 생산에 고용된 노동자의 수가 어느 정도인가도 생각해보아야 한다.

어쨌든 유럽에서 혁명이 의미하는 것은 최소한 절반의 공장과 작업장이 어쩔 수 없이 조업을 중단한다는 것을 뜻한다. 이 말은 수백만 명의 노동자와 그 가족들이 거리로 내쫓긴다는 뜻이다. 그리고 우리의 '실무에 능한 사람들'은 국가의 실업 구제 사업을 써서 참으로 끔찍한 이 상황을 막아보려고 할 것이다. 다시 말해, 즉석에서 새로운 산업을 만들어내는 수단을 써서 실업자들에게 일거리는 준다는 것이다!

프루동이 이미 50여 년 전에 지적했듯이 사유재산에 가장 작은 공격을 가하기만 해도 머지않아 사기업과 임금 노동에 기초한 사회체제를 완전히 무너트릴 수 있다는 점은 아주 분명하다. 사회는 어쩔 수 없이 생산을 고스란히 떠맡아야 할 것이고, 모든 사람의 필요를 충족시키기 위해 생산을 다시 조직해야 할 것이다. 하지만 이 일은 하루아침에 이루어지는 것이 아니다. 생산 시스템을 재조직하는 일에는 일정한 시간이 걸릴 것이고, 이 기간 동안에 수백만의 사람이 생존 수단을 빼앗기게 될 것이다. 이럴 경우에 무엇을 해야만 할까?

이 문제를 해결할 수 있는 단 한 가지 실제적인 해결책은 우리를 기다리고 있는 이 크나큰 임무에 과감하게 직면하는 것이다. 그리고 우리 스스로도 지지할 수 없는 미봉책을 써서 상황을 일시적으로 수습하려고 애쓰는 대신, 새로운 기반에 기초한 생산을 다시 조직하는 길로 나아가야 한다.

따라서 이럴 경우 필요한 행동 방침은 다음과 같다. 혁명에 대해 반란을 일으킨 곳들의 모든 식량을 즉각 입수하고, 그것들을 엄격하게 관리해서 어떤 것도 낭비되지 않도록 하는 것이다. 그리고 이렇게 모아진 자원의 도움을 받으면, 모든 사람이 이 위기를 헤쳐 나갈 수 있을지도 모른다.

그리고 이 시기 동안에 공장 노동자들과 협정을 맺을 필요가 있다. 즉, 그들에게 필요한 원재료들과 그들이 생존할 수 있는 수단을 확실히 제공하겠다고 말이다. 대신 공장 노동자들은 작업을 해서 농촌에서 일하는 사람들에게 필요한 것들을 공급해주어야 한다.

이때 우리는 다음의 사실들을 잊지 말아야 한다. 즉, 프랑스가 독일의 은행가 부인들, 러시아의 황후, 하와이 제도에 있는 샌드위치 섬 여왕의 몸치장을 위해 비단이나 새틴을 짠다든가, 파리가 전 세계의 부자들을 위해 멋진 장신구나 노리개들을 유행에 맞춰 만들어내는 일을 한다면, 프랑스 농민의 3분의 2는 불을 밝힐 마땅한 등불도 갖지 못할 것이고, 현대 농업에 필요한 농기구도 갖추지 못할 것이란 점을 말이다.

마지막으로, 방치돼 있는 비생산적인 수많은 땅을 최고의 이익을 내는 땅으로 만들고, 척박한 토양을 비옥하게 만들어야 한다. 현 체제 아래서는 4분의 1, 아니 10분의 1 정도밖에 생산하지 못하는 땅이 비옥한 토양으로 변하면, 그 땅에서 집약영농을 할 수 있다. 그곳의 식물들은 텃밭이나 화분에 심긴 꽃들만큼이나 많은 보살핌을 받으면서 재배될 것이다. 이것 말고 이 문제를 해결할 수 있는 다른 실제적인 해결책을 생각해내기는 불가능하다. 그리고 우리가 좋아하든 싫어하든 간에 순전히 상황에 따른 힘 때문에 이 일이 일어날 것이다.

3

오늘날의 자본주의에서 가장 두드러지는 특징은 임금제도이
다. 이것을 다음과 같이 간단하게 설명할 수 있다. 필요한 자
본을 소유하고 있는 어떤 사람 혹은 집단이 어떤 산업 관련
기업을 설립한다. 그는 공장이나 작업장에 원재료를 공급하
고, 생산을 조직하며, 고용인에게 정해진 임금을 지급한다.

그리고 마지막에는 잉여 가치 혹은 이익을 자기 호주머니
에 집어넣는다. 자기가 기업을 경영한 것에 대해서, 혹시 있을
지도 모를 위험에 대비해서, 또는 상품의 시장가치에 변동이
일어날 경우에 대비해서 자신에게 보상해주어야 한다는 구실
을 내세우면서 말이다.

이런 시스템을 유지하기 위해서 현재 자본을 독점하고 있
는 사람들은 어느 정도 양보를 할 준비가 되어 있다. 가령, 이

익의 일부를 노동자들과 나눈다거나 '물가 임금 연동제'를 제정한다든지 하는 식으로 말이다. 임금 연동제에 따르면 상품 가격이 올라갈 경우 임금도 의무적으로 올려야 한다. 간단히 말해서, 그들은 계속 자기들이 산업을 지휘하면서 동시에 알짜배기 결실도 가져간다는 조건에서만 약간의 희생을 감수할 것이란 뜻이다.

알다시피, 집산주의는 임금제도를 폐지하지 않는다. 비록 집산주의가 현존하는 질서에 상당한 변화를 도입할지라도 말이다. 집산주의는 고작해야 국가를 대체한 것일 뿐이다. 말하자면 각각의 고용주를 대신하는 국가적이거나 지역적인 일종의 대의제 정부 형태라고 할 수 있다. 집산주의 아래에서 산업의 지휘권을 가진 주체는 국가 혹은 코뮌의 대표자들 혹은 그들의 대리인과 관료들일 것이다. 모두를 위해 생산의 잉여를 사용할 권리를 스스로에게 부여하는 사람들도 그들이다. 게다가 집산주의는 단순 노동자와 숙련된 기술을 가진 사람 사이에 미묘하지만 아주 광범위한 차별을 만들어낸다. 집산주의자의 눈에 비숙련 노동은 단순 노동일 뿐이다. 반면 수공예 장인, 기계공, 엔지니어, 학자 등이 하는 일은 마르크스가 복잡한 노동이라고 불렸던 것으로서 더 높은 임금이 매겨진다. 그러나 노동자와 수공예 장인, 직조공, 학자 모두는 임금을 받으며 국가에 봉사하는 하인일 뿐이다. 최근에는 '관리들'이란 말로 하인이란 말이 지닌 불쾌함을 완화시키고 있지만 말이다.

어쨌든 다가올 혁명이 인류에게 봉사할 수 있는 가장 큰 일은 모든 형태의 임금제도를 불가능하게 만들고, 임금 노예 노동을 거부하는 코뮌주의를 유일한 해결책으로 만드는 것이다. 평화롭고 번영하는 시기에 점진적으로 도입된다는 조건이라면 현 체제를 집산주의적인 방식으로 개혁하는 것이 가능하다는 점을 인정한다고 해도, 혁명의 시기에는 그것이 불가능하게 될 것이다. 나로서는 번영과 평화의 시기에도 그 실현 가능성이 의심스럽지만 말이다. 정치혁명은 산업의 기초를 뒤흔들지 않고도 이룰 수 있다. 그러나 민중이 사유재산에 손을 대는 혁명은 상품 거래와 생산의 마비를 불가피하게 가져올 것이다. 국가 금고에 가득 찬 엄청난 공금으로도 수많은 실업자에게 임금을 지급하기에는 충분하지 않을 것이다.

이 점은 아무리 강조해도 지나치지 않는다. 새로운 원리를 토대로 삼아서 산업을 재조직하는 일은 며칠 만에 이루어질 수 있는 일이 아니다. 다른 한편으로, 임금제를 지지하는 이론가들을 위해서 민중이 몇 년 동안이나 반쯤 굶주린 상태를 감내하지는 않을 것이다. 힘겨운 이 시기를 극복하기 위해서 그들은 언제나 그랬듯이 생필품 공유화와 식량 배급을 요구할 것이다. 참고 견디라고 설교하는 일은 아무 소용이 없을 것이다. 민중은 그렇게 오랫동안 참지 않을 것이고, 식량이 배급되지 않으면 그들은 빵집을 약탈하기 시작할 것이다.

그리하여 민중이 그들 앞에 닥친 모든 일을 이겨낼 만큼 충분히 강하지 않으면, 그들은 총살당할 것이고, 집산주의를 실험하기에 적당한 실습장을 제공할 것이다. 이 목적을 위해서는 어떤 희생을 치르고라도 '질서'가 유지되어야 한다. 질서, 규율, 복종이 필요해지는 것이다! 그리고 자본가들은 금방 깨달을 것이다. 스스로를 혁명가라 부르는 이들의 손에 민중이 총살당하게 되면, 다수 대중의 눈에 혁명 자체가 혐오스러운 것이 될 것이라는 사실을 말이다. 이 때문에 자본가들은 틀림없이 질서 옹호자들을 지지할 것이고, 심지어 집산주의자들이라도 별로 상관이 없을 것이다.

자본가들은 그런 식의 처세를 하면서 나중에 때가 되면 집산주의자들을 밟아버릴 수단을 찾아낼 것이다. 그리고 이런 방식으로 질서가 세워지면 어떤 결과가 나타날지는 불 보듯이 뻔하다. 질서 옹호파들은 약탈자들을 총살하는 것으로 만족하지 않고 폭동의 주모자들을 찾아낼 것이다. 그들은 다시금 법정을 열고 교수형 집행인을 복귀시킬 것이다. 그리하여 가장 열렬한 혁명가들이 처형을 당할 것이다. 1793년의 프랑스 상황이 다시 반복되는 것이다.

지난 세기에 반동이 어떻게 승리하게 되었는지를 잊지 않도록 하자. 맨 먼저 '에베르파 혁명당원들(Hebertists)[60]'과 '과격파들'이 단두대로 보내졌다. 그 투쟁을 생생하게 기억하고 있는 프랑스 역사가 미네(Mignet)[61]는 그들을 여전히 '아나키스트'라고 부르고 있다. 그들의 뒤를 이어서 당통[62]을 따르는 사람들이 처형되었다. 그리고 로베스피에르파가 이들 혁명가들을 단두대로 보내고 난 다음에는, 자기들의 차례가 되어서 단두대로 올라가야 했다. 그 결과 이런 유혈극에 신물이 난 민중은 혁명이 실패했음을 알아차리고 패배를 인정하고는, 반동주의자들이 뭐든 맘대로 하게 내버려두었다.

질서가 회복되면, 사회 민주주의자들[63]은 아나키스트들을

---

60 에베르파 혁명당원: 프랑스 대혁명 당시 정치가이자 작가, 무신론자였던 에베르를 따르는 정치 파벌.

61 미네(François Auguste Marie Mignet 1796-1884): 《프랑스 혁명사》 등을 쓴 프랑스의 역사가.

62 당통(George Jacques Danton 1759-1794): 프랑스의 법률가로 프랑스 대혁명 지도자의 한 사람. 자코뱅파의 지도자.

63 사회 민주주의자: 현존하는 정치 과정을 통해서 자본주의로부터 사회주의로의 평화적이고 점진적인 사회 변화를 주장하는 정치 이념으로 혁명과 전체주의를 거부한다.

처형할 것이다. 점진적 사회주의자인 페이비언주의자[64]들은 사회 민주주의자들을 처형할 것이다. 그 다음에는 반동주의자들에 의해 페이비언주의자들이 처형될 것이다. 그러고 나면 혁명은 막을 내릴 것이다. 하지만 모든 점에서 우리의 믿음은 확고하다. 만약 민중의 힘이 충분히 강할 경우에는, 혁명이 자리를 잡고서 아나키스트 코뮌주의가 세력을 잡을 것이라는 믿음 말이다. 이것은 인위적으로 만들어낸 사상이 아니다. 민중 스스로가 우리의 귀에 이 사상을 속삭여왔으며, 다른 해결책이 불가능하다는 사실이 점점 더 분명해지면서 코뮌주의자의 수는 점점 늘어가고 있다.

만약 민중의 추진력이 충분히 강력하다면 상황은 아주 다르게 전개될 것이다. 어느 날은 빵집을 약탈하고, 그 다음 날에는 굶주리는 일 대신에 반란이 일어난 도시의 민중은 곡물 창고들, 가축 시장을 손에 넣을 것이고 사실상 모든 식량 창고와 모든 음식을 손에 넣을 것이다. 선의에 찬 시민은 남녀를 불문하고 자원자로 나서서 모든 가게와 곡물 창고의 물품 목록을 대강이나마 작성하는 일을 하게 될 것이다.

---

64   페이비언주의: 1880년대에 영국의 젊은 지식인들이 조직한 사회주의 단체 이름에서 유래했다. 진보적이고 온건한 사회주의 형태로 발전했으며, 마르크스의 이념과 달리 '점진적 사회주의'의 필연성을 확신하는 사람들을 지칭한다.

만일 이러한 혁명이 프랑스에서, 그러니까 파리에서 일어
난다면 24시간 안에 코뮌은 통계 위원회의 활약에도 불구하
고 파리 시가 아직 찾아내지 못한 것이 무엇인지를 알게 될
것이다. 그리고 1871년의 봉쇄 기간 동안에는 결코 찾아내지
못했던, 파리 시가 보유하고 있는 식료품의 양을 알아낼 것이
다. 48시간 후에는 수백만 장의 일람표가 인쇄되어서 이용 가
능한 식량의 양이 얼마인지, 어디에 비축되어 있는지, 분배 방
식은 어떤 것인지를 정확하게 설명해줄 것이다.

모든 거주 지역과 거리에서, 그리고 행정구역 안에서 자원
자 조직들이 구성될 것이다. 식량과 물품의 보급을 담당하는
자원자들은, 함께 협력해서 일하는 것이 쉽다는 것을 느끼면
서 계속 연락을 주고받을 것이다. 과격한 자코뱅주의자들이
총칼로 방해하지만 않는다면, 그리고 자칭 '과학적'이라는 이
론가들이 끼어들어서 일을 혼란스럽게 만들지만 않는다면 말
이다! 그런 경우만 아니라면 차라리 그들이 하고 싶은 대로
자신들의 얼간이 같은 이론들을 실컷 떠벌리게 내버려두자.
그것으로는 어떤 권위도 어떤 권력도 갖지 못할 테니까! 그러
면 민중의 조직 정신, 무엇보다도 모든 사회 계층을 통틀어서
프랑스 국민 속에 본래 갖춰져 있었지만 좀처럼 실행해볼 기
회를 얻지 못한 저 감탄할만한 조직 정신이 일깨워질 것이다.

심지어 파리 같은 대도시에서도 그런 정신이 혁명의 한 가운데서 나타나서, 자유로운 노동자들로 이루어진 거대한 동업조합이 각자에게 필요한 식량을 공급할 준비를 할 것이다.

민중이 자유롭게 행동하게 해보라. 그러면 열흘 안에 식량 공급이 감탄스러울 정도로 질서 있게 이루어질 것이다. 열심히 일하는 민중을 한 번도 본적이 없는 사람들, 평생 동안 자료 더미에 파묻혀서 살아온 사람들만이 이 사실을 의심할 것이다. 탁월한 조직 능력을 지닌 민중에 대한 '엄청난 오해'에 대해서, 바리케이드가 세워져 있던 시기에 파리 시를 목격한 사람들에게 이야기해보라. 또 런던에서 부두 노동자 대파업이 일어나서 50만 명의 굶주리는 사람들을 먹여야만 했을 당시의 런던 시를 목격한 사람들에게도 그 이야기를 해보라. 그러면 그들은 민중의 조직 능력이 하급관리의 얼빠진 관료주의보다 얼마나 더 뛰어난지를 말해 줄 것이다.

보름이나 한 달 정도는 어느 정도의 불편과 혼란을 견뎌내야 할 테지만, 이런 상황이 분명 그리 큰 문제로 여겨지지는 않을 것이다. 수많은 사람한테는 이런 상황조차 자신들이 예전에 처했던 조건들보다는 한발 진보한 상태일 것이기 때문이다. 게다가 혁명의 시기에는 사람들이 어떤 사건들에 대해 열심히 토론하면서 한 조각의 빵과 치즈를 나눠 먹어도 충분히 만족스러워 할 수 있는 법이다. 어떤 경우든 간에, 즉각적인 필요라는 긴장된 상황에서 자발적으로 생겨난 체제는, 무슨 위원회 따위에 들어가 있는 편협한 이론가들이 회의실에서 고안한 그 어떤 것보다도 분명히 훨씬 바람직할 것이다.

4

모든 사람이 각자 필요한 만큼 식료품을 받을 수 있게 하려면, 어떤 기초 위에서 사회를 조직해야 하는 것일까? 이것이 우리가 맨 처음에 맞닥뜨리게 되는 문제이다. 여기에는 선택의 여지가 없다고 대답할 수 있다. 코뮌주의가 공정하게 자리를 잡기 위해서는 한 가지 방법밖에 없다. 또한 우리의 정의로운 천성을 만족시키면서 동시에 실제적인 방법도 한 가지밖에 없다. 다시 말해, 이 제도는 이미 유럽의 농업 코뮌들[65]이 채택했던 방법이다.

어느 농업 코뮌을 예로 들어보자. 어디에 있건 상관은 없다. 심지어 자코뱅주의자들이 모든 공동체적인 관습을 파괴하려

---

65   농업 코뮌들: 중세시대에 나타난 유럽 농촌의 주민 자치 공동체를 말한다.

고 최선을 다한 프랑스도 괜찮다. 그 코뮌이 숲과 잡목림을 소유하고 있고, 그 숲에 나무가 풍부하게 우거져 있다고 치자. 모든 사람은 이웃의 여론 말고는 다른 허가나 방해를 받지 않고 각자 원하는 만큼 나무를 가져갈 수 있다. 목재로 쓰일 나무들은 항상 귀하기 때문에 신중하게 분배를 해야 할 것이다.

공동으로 사용하는 목초지의 경우에도 같은 원리가 적용된다. 목초지가 충분하고 넉넉하다면, 아무런 제한 없이 그리고 각 농가의 가축의 수가 얼마이든 상관없이 목초지에서 풀을 뜯게 할 수 있다. 목초지가 부족하지 않는 한, 가축이 풀을 뜯어 먹는 땅을 분할하지 않을 것이고 여물을 아까워하지도 않을 것이다. 스위스의 모든 코뮌과 프랑스와 독일의 수많은 코뮌은 공동 목초지가 있으면 어디든 이 제도를 실행하고 있다.

동유럽 나라들의 경우에는 거대한 숲들이 있고 땅도 부족하지 않다. 그런 나라의 농부들은 각자가 한정된 범위에서 땅이나 목재를 할당받는다는 생각 없이 필요한 만큼 나무를 베어내고, 원하는 만큼의 땅을 경작한다. 하지만 그것들이 부족해지는 상황이 온다면, 곧바로 목재는 각 가정의 필요에 따라 허가를 받아야 벨 수 있게 될 것이고, 땅은 분할될 것이다. 러시아에서는 이미 이런 일이 행해지고 있다.

한 마디로 말해 이 제도는 다음과 같다. 공동체가 소유한 것들이 충분할 경우에는 어떤 할당제나 제한을 둘 필요가 없다. 하지만 필수품들이 모자라거나 부족해지면 공정하게 할당하고 나누는 것이다. 유럽에 사는 3억 5천만 명의 인구 중 2억 명이 이 자연스런 코뮌주의 제도를 여전히 따르고 있다. 한 가지 주목할 만한 사실은 대도시에서도 한 가지 필요한 물자를 배분하면서 똑같은 제도가 널리 행해지고 있다는 점이다. 즉, 충분하기만 하다면 물이 각 가정에 아무 제한 없이 공급되고 있는 것이다.

공급이 부족해질 걱정이 없는 한, 어떤 수도 회사도 각 가정의 물 소비량을 일일이 확인하지 않는다. 원하는 만큼 써라! 그러나 큰 가뭄이 들어서 공급이 부족할 것이라는 우려가 있으면, 수도 회사들은 신문에 간략한 공지를 내어서 상황을 알릴 것이다. 그러면 시민은 물 소비량을 줄이고 물이 낭비되지 않게 할 것이다.

그러나 물이 실제로 부족해지게 된다면 어떻게 해야 할까? 물 할당제에 의지해야 할 것이다. 이 방법은 워낙 자연스럽고 상식에 맞는 것이라서, 1871년에 파리 시가 두 번이나 봉쇄되었을 시기 동안에는 두 번 모두 할당제가 요청되었고 시행되었다.

이러한 할당 배급제가 어떻게 잘 운영되는지를 보여주려고 세부적인 것들을 조사하고 상세하게 목록을 작성할 필요가 있을까? 이 제도가 현재 시행되는 것보다 분명히 더 공정하고 평등하다는 사실을 증명하기 위해서 굳이 그렇게 할 필요가 있을까? 이 모든 목록과 세부 사항은 중산층 사람들을 설득시키지 못할 것이고, 애석하게도 중산층의 편견에 감염된 노동자들을 설득하는 데도 쓸모가 없을 것이다.

이들이 생각하기에 민중이란 국가가 업무를 그만두자마자 서로를 공격해서 상대의 것을 게걸스럽게 빼앗을 준비가 된 야만인 무리이다. 그러나 민중이 솔선수범해서 일을 결정하고 자발적으로 행동하는 모습을 한 번도 본적이 없는 사람들만이 다음과 같은 사실에 의심을 품을 것이다. 즉, 민중이 상황을 자유롭게 통제할 수만 있다면, 가장 엄격한 정의와 평등의 원칙에 따라서 모든 사람 각자에게 필요한 것들을 분배할 것이란 사실을 말이다.

민중이 모인 모임에 가서 사냥한 고기 같은 맛있는 음식들은 게으른 귀족들의 까다로운 입맛을 위해 남겨놓고 병원에 있는 아픈 사람들에게는 검은 빵을 주어야 한다는 의견을 낸다면, 분명히 야유를 받을 것이다. 그러나 같은 모임 자리 혹은 거리 모퉁이나 시장에 가서, 가장 맛 좋은 음식들은 아프고 허약한 사람들, 특히 아픈 사람들을 위해 남겨놓아야 한다고 연설을 해보라. 온 도시에 자고새 다섯 쌍과 백포도주 한 상자밖에 없지만 이것들은 아픈 사람들과 회복기 환자들에게 주어져야 한다고 이야기해보라. 아픈 사람 다음에는 아이들에게 주어야 한다고 말해보라. 모두에게 돌아갈 만큼 충분하지 않을 경우라면, 우유와 염소젖은 아이들을 위해 남겨놓아야 한다고 말해보라. 만약 공동체가 극도로 절약을 해야 할 경우라면, 아이들과 나이든 사람들에게 마지막 남은 한 조각의 고기를 주고, 건장한 사람에게는 마른 빵을 주어야 한다고 말해보라.

한 마디로 말해서 이런 저런 필수품들이 부족해져서 조금씩 나누어주어야 할 경우, 그것들은 가장 필요한 사람에게 먼저 주어야 한다고 말해보라. 그렇게 말하고 나서 당신의 의견이 과연 보편적인 동의를 얻어내는지 아닌지를 한번 살펴보라. 배불리 먹는 사람은 이 사실을 이해하지 못하겠지만 민중은 이해할 것이다. 그들은 언제나 이것을 이해해왔다. 심지어 사치스럽게 살던 아이조차도 거리로 내쫓겨서 민중과 접촉하게 된다면 이 사실을 금방 이해할 것이다.

군인들의 제복과 병영내의 군대 식당을 문명의 결정판으로 여기는 이론가들은, 국영 식당과 '간소한 급식소' 제도를 틀림없이 시작하려고 할 것이다. 그들은 이렇게 함으로써 얻을 수 있는 장점들을 지적할 것이다. 그런 커다란 부엌들이 만들어지면 연료와 음식이 절약되고, 누구든 그곳에 가서 자기 몫의 스프와 빵 그리고 채소들을 먹을 수 있을 것이라고 말이다.

우리는 이런 장점이 있다는 점에 이의를 제기하지 않는다. 우리는 이러한 방면으로 이미 경제적으로 중요한 절약들이 이루어졌다는 사실을 잘 알고 있다. 또한 100가구의 화덕에 각자 불을 피우기보다는 한꺼번에 100가족 분의 스프를 끓이는 편이 훨씬 경제적이라는 사실도 분명히 알고 있다.

하지만 이 모든 사실을 아주 잘 알고 있을지라도 우리는 여전히 주장한다. 즉, 어떤 주부가 자기 냄비와 자기 집 화덕에서 직접 요리하는 것을 더 좋아한다면, 어느 누구도 그녀더러 공동 부엌에서 요리된 감자를 가져가라고 강요할 권리가 없다는 사실을 말이다. 무엇보다도 우리는 각자가 원하는 대로 가족이나 친구와 함께 혹은 식당에 가서 식사를 할 '자유'가 있기를 원해야 한다.

자연스럽게 커다란 공공 식당들이 생겨나서 우리의 식탁을 대신하게 될 것이다. 요즘에는 그런 식당들에서 사람들이 식중독에 걸리곤 한다. 이미 파리의 주부들은 정육점에서 고기 국물을 사다가 자신이 좋아하는 온갖 스프로 탈바꿈시키고 있다. 또 런던의 주부들은 이미 구워진 고기 덩어리를 살 수 있으며, 사과 파이나 대황[66]으로 만든 파이를 빵집에서 소량으로 구입할 수 있다. 그렇게 하면 시간과 연료를 절약할 수 있다는 사실도 알고 있다. 미래에 공공 빵집이나 공공 식당이 세워져서 속임을 당하거나 식중독에 걸릴 위험 없이 조리된 음식을 먹을 수 있게 된다면 어떨까? 사람들이 기본적인 식사를 하러 공공 식당에 가는 일이 분명히 일반적인 일이 될 것이고, 개인적인 입맛에 맞게 마지막에 뭔가를 첨가할 수 있는 여지도 있을 것이다.

하지만 이것을 엄격하고 고정된 규정이나 의무로 만드는 것은 반감을 불러일으킬 것이다. 이런 것들은 가혹한 압제나 미신에 의해 왜곡된 두뇌에서 생겨난 병적인 생각이다.

누가 코뮌의 음식에 대한 권리를 가지게 될까? 이 물음은 분명히 우리가 스스로에게 물어봐야 하는 첫 번째 질문이다. 모든 마을은 직접 이 질문에 대한 해답을 내놓을 것이고, 우리는 이 해답이 모두 정의감에 따라 나올 것임을 확신하고 있다. 노동이 다시 조직될 때까지 혼란스런 시기가 계속되고, 실업자들 중에서 상습적으로 게으른 자와 진짜 노동자를 구분하

---

66   대황: 마디풀과의 여러해살이 식물로 서양에서 파이 재료로 주로 쓴다. 우리나라에서는 자생하지 않는다.

기가 불가능한 시기 동안, 이용 가능한 식량은 예외 없이 모두에게 나누어져야 한다. 이 새로운 질서에 반대하는 사람들은 자발적으로 코뮌에서 모습을 감출 것이다.

그러나 언제나 아량이 넓었고 천성적으로 원한의 감정을 품지 않는 다수 민중은 함께 남아 있는 모든 사람과 빵을 기꺼이 나눌 것이다. 남아 있는 사람이 정복자이든 정복당한 사람이든 상관없이 말이다. 그런 생각에 고무될지라도 혁명에는 아무런 손실이 없을 것이다. 일이 다시 시작되면, 어제의 적대자들이 같은 작업장에 나란히 서서 일하게 될 것이다. 자유롭게 일하는 사회에서는 게으름뱅이들을 전혀 걱정할 필요가 없을 것이다.

우리의 비판자들이 곧바로 소리친다.

"하지만 한 달이 지나면 식량이 부족해질 것이다!"

"그만큼 더 좋은 일이다"라고 우리는 말한다.

그것은 역사상 처음으로 민중이 충분히 먹었다는 사실을 증명할 것이기 때문이다. 새로운 생필품들을 구하는 방법에 관한 문제는 다음 장에서 논의할 것이다.

5

혁명 상태에 있는 도시는 어떤 방법으로 식량을 공급받을 수 있을까? 우리는 이 질문에 대답해야 하지만, 의지할 만한 수단은 분명히 그 지역과 또 이웃한 나라들에서 일어난 혁명이 어떤 특성을 갖고 있는지에 달려 있을 것이다. 만약 온 나라가, 더 바람직하게는 온 유럽이 동시다발적으로 사회 혁명을 성취하고 코뮌주의로의 철저한 이행을 시작한다면, 방법은 간단해질 것이다. 하지만 유럽에서 몇몇 지역만 이런 시도를 행하게 된다면, 다른 방법을 선택해야 할 것이다. 상황에 따라 방법이 정해질 것이다.

그러면 더 멀리 나아가기 전에, 우리는 유럽의 상황을 흘낏 살펴보고 어떤 과정으로 혁명이 진행될지 예견해볼 수 있다. 또는 최소한 혁명의 가장 본질적인 특징이 무엇일지 예측해

볼 수도 있다. 온 유럽이 한꺼번에 들고 일어나서 재산 수용이 보편화되고 코뮌주의 원리들이 너나 할 것 없이 모든 사람을 고취시키는 일이 일어난다면, 그것은 분명 아주 바람직한 상황일 것이다. 이렇게 전 세계적인 봉기가 일어난다면 우리의 임무가 훨씬 더 간단해질 것이다.

그러나 모든 징후를 살펴보면 그런 일은 일어날 것 같지 않다. 물론 우리는 혁명이 온 유럽을 에워쌀 것이란 사실을 의심하지 않는다. 유럽 대륙의 4대 대도시인 파리, 빈, 브뤼셀, 베를린 중의 한 곳에서 혁명이 일어나서 정부를 무너뜨린다면, 나머지 세 도시도 몇 주 안에 그 뒤를 따르리란 점은 거의 확실하다. 더 나아가 스페인과 포르투갈이 있는 이베리아 반도나 심지어 영국 런던과 러시아 상트페테르부르크 같은 곳들조차도 오래지 않아 그 뒤를 따를 가능성이 많다. 하지만 도처에서 나타날 혁명이 과연 똑같은 성격을 띠고 있을지는 대단히 의심스럽다.

그보다는 오히려 재산 수용이 유럽 곳곳에 광범위한 영향을 끼칠 가능성이 훨씬 많다. 그리고 유럽의 중요한 국가 중한 곳에서 이 정책을 시행하면, 나머지 모든 나라에 영향을 끼칠 가능성이 매우 많다. 혁명이 시작되는 모습은 지역마다아주 다를 것이고, 그 과정도 나라마다 차이가 있을 것이다.

1789년~1793년에 프랑스 농민들이 마침내 봉건 영주의 권리로부터 해방되고, 왕권이 부르주아들에 의해 무너지게 되기까지 4년이 걸렸다.

이 사실을 염두에 두고서 혁명은 다소 점진적으로 발전해나갈 것으로 보고 준비를 해야 한다. 이곳저곳에서 혁명의 발걸음이 더디게 나아갈지라도 낙담하지 않도록 하자. 유럽 모든 나라에서 일어나는 혁명이 그 시작에서 어느 정도로 공공연하게 사회주의적 성격을 띠게 될 것인지는 의심스럽다.

생각해보면, 독일은 통일된 제국의 꿈을 여전히 실행해나가고 있다. 독일의 진보적 당파들은 1848년 프랑스에서와 같은 자코뱅주의 공화국과 루이블랑의 원리에 따른 노동 조직을 꿈꾸고 있다. 그런 반면 프랑스 민중은 공산주의적 코뮌이든 아니든 상관없이, 그 무엇보다도 자유로운 코뮌을 원하고 있다.

앞으로 혁명이 일어난다면, 독일이 1793년의 프랑스보다 훨씬 더 나아갈 것이란 사실을 믿을 만한 충분한 이유가 있다. 18세기 프랑스 대혁명은 17세기 영국의 명예혁명보다 한 걸음 더 나아간 것이었다. 프랑스 대혁명은 왕족과 토지를 소유한 봉건 귀족의 권력을 일격에 폐지했는데, 영국에서는 여전히 그 권력이 영향력을 발휘하고 있었던 것이다. 그러나 만약 독일이 한발 더 나아가서 1793년에 프랑스가 한 일보다 더 많은 일을 하게 된다고 해도, 독일의 혁명을 탄생시키는 사상들은 의심할 여지없이 1848년 프랑스 사상들일 것이다. 한편 러시아 혁명에 영감을 주게 될 사상들은 아마도 1789년 사상과 1848년 사상을 결합한 것일 것이다.

그러나 이런 예측들에 지나친 중요성을 부여하지 않는다면, 우리는 다음과 같은 결론을 내릴 수 있다. 즉, 혁명이 서로 다른 유럽 국가들에서 각기 다른 성격을 갖게 될 것이라는 결론이다. 또한 재산의 사회화를 달성하는 정도도 모든 곳에서 서로 다를 것이다. 그렇다면 종종 말해지는 것처럼 운동을 선도하는 나라들은 뒤처진 나라들과 보조를 맞추어야 할 필요가 있는 것일까? 우리는 코뮌주의 혁명이 모든 문명국가에서 성숙해질 때까지 기다려야 하는 것일까? 분명히 아니다. 설령 바란다고 해도 그것은 불가능하다. 역사는 꾸물거리는 나라들을 기다려주지 않는다. 게다가 어떤 한 나라에서 혁명이 어떤 사회주의자들이 꿈꾸는 것처럼 단번에, 눈 깜박할 사이에 성취되리라고 믿지 않는다.●

프랑스의 대여섯 개 대도시들, 가령 파리, 루앙, 마르세유, 릴, 생에티엔느, 보르도 같은 도시들 중 하나가 코뮌을 선언한다면, 다른 도시들도 그 뒤를 따를 것이고 많은 소도시도 그 뒤를 따를 것이란 점이 훨씬 실현 가능성이 많다. 다양한 광산 지역과 산업 단지도 아마 '소유주'와 '고용주'로부터 벗어나서 자유로운 단체들을 만들어나갈 것이다.

그러나 많은 시골 지역은 아직 그런 수준까지 나아가지 못한 상태이다. 이런 곳들은 기다려보는 태도를 취하면서 혁명적인 코뮌들과 나란히 존재할 것이고, 개인주의적인 제도에 따라 계속 살아갈 것이다. 더 이상 토지 관리인이나 세금 징수원의 방문으로 괴롭힘을 당하지 않게 된 농민들은 혁명가들에게 적대적이지는 않을 것이다. 그리고 새로운 상황을 유리하게 이용할 수 있는 한, 농민들은 그 지역 착취자들에게 지불할 계산을 뒤로 미룰 것이다. 하지만 농민 봉기에 항상 나타나는 특징인 실제적인 열의를 가지고서(1792년의 농민들의 열정적인 노동이 이를 입증한다) 농민들은 땅을 경작하는 일에 뛰어들 것이다. 세금과 저당금으로부터 자유롭게 된 땅은 농민들에게 훨씬 더 소중해질 것이다.

● 그 어떤 오류도 사회주의를 표방하는 팸플릿에 의해서 선전되었던 '일일 혁명'이라는 오류만큼 해롭지는 않을 것이다. 그 팸플릿은 3월 18일 베를린 혁명이 프로이센에 대의정부를 세웠다고 간주하고 있었다. 우리는 1905년부터 1907년까지 러시아에서 이러한 오류가 만들어내는 해악들을 충분히 목격했다. 사실상 러시아가 그랬듯이 프로이센은 1871년까지 '헌법'이라고 부르는 종잇조각을 가지고 있었지만 대의정부는 없었다. 그래서 1870년 대의정부를 위한 예산이 발의될 때까지 내각이 나라를 좌지우지했다.

다른 나라들에서도 곳곳에서 혁명이 일어나겠지만 다양한 양상으로 일어날 것이다. 어떤 나라에서는 사회주의 국가의 양상을 띨 것이고, 다른 곳에서는 연방제 국가의 양상을 띨 것이다. 모든 혁명이 약간은 사회주의적이겠지만 특정한 규칙을 엄격하게 따르지는 않을 것이다.

6

이제 혁명이 일어난 도시로 되돌아가서, 시민이 자기들이 먹을 식량을 어떻게 조달할 수 있을지에 대해 살펴보자. 만약 나라 전체가 코뮌주의를 받아들이지 않은 상태라면, 필요한 식료품을 어떻게 구할 수 있을까? 이것은 해결해야 할 문제이다.

프랑스에서 가장 큰 도시인 파리를 예로 들어보자. 파리는 매년 수천 톤의 곡물, 40만 마리의 소, 30만 마리의 송아지, 40만 마리의 돼지, 200만 마리 이상의 양, 그 외에 사냥으로 잡은 아주 많은 양의 짐승과 조류를 소비하는 곳이다. 게다가 이 거대한 도시는 2천만 파운드가 넘는 버터, 2억 개 이상의 달걀과 다른 식료품을 필요로 한다.

파리는 미국, 러시아, 헝가리, 이탈리아, 이집트, 인도에서 밀가루와 곡물을 수입한다. 육류는 독일, 이탈리아, 스페인, 심지어 루마니아와 러시아에서도 수입한다. 전 세계에서 식료품과 관련해 파리에 기여하지 않는 나라가 거의 없을 정도이다. 그렇다면 파리와 다른 대도시는 어떻게 식료품들을 공급받고 있는지를 살펴보자. 즉, 시골 지역에서 길러지고 기꺼이 도시로 보낼 준비가 된 농산물을 이런 도시들이 어떻게 신선한 상태로 공급받을 수 있는지에 대해 살펴보자.

'권력과 권위'를 믿는 사람들에게 이 문제는 아주 간단해 보인다. 그들은 먼저 경찰, 군대, 단두대 같은 억압 기구를 갖춘 강력하고 중앙집권적인 정부를 세우려 할 것이다. 이 정부는 프랑스에서 생산되는 모든 식료품에 관한 목록을 작성할 것이다. 그런 뒤 나라를 생필품 공급에 따른 지역으로 분할한 다음, 어떤 날에 어떤 장소로 지정된 양의 특정한 식료품이 보내지도록 명령을 내릴 것이다. 그래서 그 식료품이 특정 역에 수송이 된 다음, 지정된 날에 특정 관리가 수령해서 특정한 창고에 보관하도록 명령을 내릴 것이다.

그렇지만 우리는 완전한 확신을 갖고서 주장한다. 이러한 해결책은 바람직하지 않을뿐더러 실행에 옮겨질 가능성도 전혀 없다고 말이다. 이것은 실현이 불가능한 제멋대로의 공상에 불과하다! 펜대를 잡고 연구하는 이론가는 이런 식의 공상을 할 수도 있다. 하지만 현실과 만나게 되면 이 계획은 수포로 돌아갈 것이다.

1793년 프랑스 상황이 이미 이것을 증명하고 있다. 왜냐하면 이런 이론가 모두는 개인 속에 존재하는 독립 정신을 무시하고 있기 때문이다. 일반적으로 이런 시도는 광범위한 반란을 불러일으키고, 서너 명의 매수자를 생겨나게 하고, 도시에 저항하는 시골마을들을 생겨나게 하는 식으로 변해갈 것이다. 그곳에 이런 제도를 강요하려는 오만한 시도를 한다면, 온 시골이 도시에 대항해서 무기를 손에 들고 일어날 것이다.

우리는 이미 자코뱅식의 과격한 유토피아 이야기를 너무 많이 들었다. 그러니 다른 형태의 어떤 조직이 이런 경우에 들어맞을 수 있는지를 한번 살펴보도록 하자. 프랑스 대혁명 시기에 시골 지역들은 대도시를 굶주리게 했고 혁명을 망쳐놓고 말았다. 그러나 1792년과 1793년에 프랑스의 곡물 생산량이 줄어들지 않았다는 사실은 잘 알려져 있으며, 실제로는 곡물 생산이 증가했음을 보여주는 증거가 있다. 하지만 영주의 땅을 손에 넣고 그 땅으로부터 수확을 한 농민들은 종이돈에 불과한 지폐를 받고는 자기들이 생산한 곡물을 내놓으려 하지 않았다.

농민들은 자기들의 생산물을 손에 쥐고서 가격이 오르거나 금이 도입되기를 기다렸다. 국민의회의 가장 엄격한 규율들도 아무 소용이 없었고, 법적인 집행으로도 농민들의 동맹을 해산시키거나 곡물을 팔도록 강제할 수 없었다. 국민의회의 의원들은 곡물을 시장에 내놓지 않는 사람들을 거리낌 없이 단두대에 보냈고, 식료품을 투기하는 자들 역시 무자비하게 처형했다는 사실은 역사적으로 잘 알려져 있다. 그럼에도 곡물은 나오지 않았고, 도시민은 굶주림으로 고통받았다.

그렇다면 농부가 행한 힘겨운 노고의 대가로 무엇이 제공되었을까? 혁명 정부가 발행한 아시냐 지폐[67], 즉 매일 가치가 하락하는 종잇조각들로 지불하겠다는 약속이었지만 그것조차 제대로 지켜질 수 없었다. 40파운드가 적힌 종이쪽지로는 장화 한 켤레도 살 수 없었다. 농민들이 셔츠 한 장 살 수 없는 종잇조각과 자신의 1년 노동을 바꾸는 것에 분개한 것은 지극히 당연한 일이었다. 그것이 아시냐 지폐로 불리든 노동지폐로 불리든 간에 아무 가치가 없는 지폐가 생산자 농민에게 지불되는 한, 상황은 언제나 똑같을 것이다. 시골은 자기들이 생산한 식량을 내놓지 않을 것이고, 도시는 식량 부족으로

---

67 아시냐 지폐: 프랑스 대혁명 당시 발행된 채권. 파산한 프랑스 재정을 구제하기 위해서 몰수한 교회의 토지를 담보로 발행되었으나 마구 발행된 탓에 점점 가치가 떨어졌고, 프랑스에 심한 인플레이션을 일으켜서 민중을 고통에 빠트렸다.

고통받을 것이다. 설령 반항하는 농민들을 예전처럼 단두대로 보낸다고 해도 말이다.

우리는 농민이 행한 노동의 대가로 쓸모없는 종이돈이 아니라 그들에게 당장 필요한 물품들을 제공해야 한다. 농민에게 필요한 것은 땅을 경작할 수 있는 적절한 농기구들, 악천후로부터 보호해줄 옷들, 희미한 골풀 양초나 수지를 대신할 등불과 기름이고, 삽, 갈퀴, 쟁기인 것이다. 현 상황에서 농민은 이런 온갖 것이 부족한 상태에서 힘겹게 지내고 있다. 그 까닭은 필요 없다고 생각해서가 아니라, 궁핍에 시달리는 그들의 힘겨운 삶 속에서는 이런 수많은 유용한 물건을 구입할 여력이 없기 때문이다. 즉, 그것들을 살 돈이 없기 때문이다.

도시는 때를 놓치지 말고 농부들이 필요로 하는 모든 것을 만드는 일을 해야 한다. 부유한 도시민의 아내들을 위해 값비싼 장신구들을 만드는 대신에 말이다. 파리의 재봉틀이 시골 주민이 입을 작업복과 일요일에 입을 옷들을 만들도록 하자. 영국과 러시아 귀족들 그리고 아프리카의 금광 거물의 부인들이 입을 야회복을 만드는 대신에 말이다. 공장들과 주물 공장들은 농기구들, 삽, 갈퀴 같은 것들을 생산하게 하자. 영국이 프랑스 와인을 수입하는 조건으로 프랑스가 그런 물품들을 보내기를 기다리는 대신 말이다!

더 이상 도시가 시골 마을에 붉은색과 푸른색 혹은 무지개색 견장을 두른 감독관을 보내서 농민이 생산한 것을 이것저곳으로 가져오라는 명령을 전달하지 못하게 하자. 그 대신에 시골 주민에게 친절한 사절단을 보내서 우호적인 방식으로 그들에게 권유하도록 하자.

"여러분의 생산물을 우리에게 가져오시오. 그리고 우리의 창고와 가게에서 원하는 모든 제품을 가져가시오."

그러면 사방에서 식료품들이 쏟아져 들어올 것이다. 농민들은 자기에게 꼭 필요한 것만을 남겨놓고 나머지는 도시로 보낼 것이다. 그러면 역사상 처음으로 농민은, 도시에서 일하는 이 노동자들이 자기를 착취하는 자들이 아니라 자기의 동지이며 형제라고 느낄 것이다.

어쩌면 우리는 이렇게 하기 위해서 산업을 완전히 바꾸는 일이 불가피하다는 이야기를 들을 것이다. 아마도 어떤 분야에서는 이 말이 사실일 것이다. 하지만 지금은 도시가 농민들에게 터무니없이 비싸게 팔고 있는 옷, 시계, 가구, 간단한 도구들을 값싸게 제공하는 방식으로 신속하게 개혁할 수 있는 부분들도 있다. 직조공, 재봉사, 구두장이, 양철공, 목수 그리고 다른 특수한 기술을 가진 많은 사람은 유용하고 필요한 물품들을 만들어내는 일에 쉽게 자기 에너지를 쏟을 수 있으며, 순전한 사치품 생산은 삼갈 것이다. 그러기 위해서 유일하게 필요한 것은 대중의 마음이 이런 변환의 필요성을 충분히 확신해야 한다는 점이다. 그리고 이것을 정의롭고 진보적인 행동으로 여길 수 있어야 한다. 더 이상 대단하신 이론가들이 몽상하는 그런 꿈에 속아서는 안 된다. 그들이 꿈꾸는 혁명이란 산업에서 나오는 이익을 손에 넣는 것만으로 혁명을 제한하고, 생산과 유통은 현재와 똑같이 놔두는 것을 의미한다.

이것이 바로 전체 문제를 바라보는 우리의 견해이다. 더 이상 농민들을 크나큰 숫자를 적어 넣은 종잇조각으로 속이지 말라. 그 대신 농민의 생산물을 그들에게 필요한 것으로 바꾸게 하라. 그러면 땅의 수확물들이 도시로 쏟아져 들어올 것이다. 이렇게 하지 못하면 도시는 굶주리게 될 것이고, 반동과 절망이 뒤를 이어 나타날 것이다.

7

알다시피 모든 대도시는 필요한 곡물, 밀가루, 고기들을 국내에서뿐만 아니라 해외에서도 들여와야 한다. 다른 나라에서는 파리 시에 향신료, 어류, 다양한 진미들 뿐만 아니라 엄청난 양의 옥수수와 고기를 보내주고 있다. 그러나 혁명이 일어나면 이 대도시들은 그들에게 의존하지 못하게 될 것이다. 설령 러시아산 밀, 이탈리아나 인도산 쌀, 그리고 스페인과 헝가리산 와인들이 서유럽 시장에 넘쳐난다고 할지라도, 이것들은 남아돌 만큼 물자가 풍부하거나 저절로 쑥쑥 자라는 것이 아니기 때문이다.

가령, 러시아의 농민들은 하루에 16시간을 일하고 있는데도 매년 3개월에서 6개월 동안 절반의 농민이 굶주리고 있다. 그 이유는 농민이 지주나 국가에게 지불한 곡물이 해외로 수출되고 있기 때문이다. 오늘날 러시아 농촌 마을에는 수확을 끝내자마자 경찰이 나타난다. 그리고 어떤 희생자가 자발적으로 수출업자에게 자기 곡물을 팔아넘김으로써 스스로 희생하려고 하지 않으면, 경찰은 지주에게 지불하기로 한 세금이나 임대료를 못 냈다는 이유로 그 농민에게 남은 마지막 말과 암소를 강제로 팔아치운다.

대부분의 농민은 자기 가축을 그렇게 불리하게 팔아넘기기보다는 차라리 9달 동안 먹을 곡물만 남겨놓고 나머지 곡물을 시장에 내놓을 수밖에 없다. 그러고 나서 다음 수확 시기까지 목숨을 부지하기 위해 그는 운이 좋으면 3달 동안, 운이 나쁜 해에는 6달 동안 밀가루에 자작나무 껍질이나 살갈퀴 씨앗 등을 섞어 먹는다. 그러는 동안 런던 시민은 러시아 농민이 생산한 밀로 만든 비스킷을 먹고 있다.

하지만 혁명이 일어나자마자, 러시아 농민들은 자신과 아이들을 위해서 충분한 빵을 확보할 것이다. 이탈리아와 헝가리 농민들도 마찬가지이다. 미국은 농부들이 유럽이 겪고 있는 곡물 부족 전부를 해결하지는 못할 것이다. 따라서 그때까지 유럽에 부족한 모든 밀과 옥수수를 공급하던 다른 나라 농민들의 그동안의 공헌을, 유럽은 더 이상 기대할 수 없게 될 것이다.

우리의 중산계급 문명은 산업이 덜 발달한 나라와 열등한 민족을 착취하는 데 그 토대를 두고 있다. 그렇기 때문에 혁명은 맨 처음 시작부터 그러한 문명을 위협하고, 소위 열등하다고 불리는 민족이 스스로 해방되도록 함으로써 이익을 가져올 것이다. 그러나 이 커다란 이익은 서유럽의 대도시들로 쏟아져 들어왔던 식량 공급이 꾸준하고 두드러지게 감소되면서 그 모습을 드러낼 것이다.

시골 지역들에서 사태가 어떻게 전개될지를 예측하기란 어려운 일이다. 한편으로는 땅의 노예였던 사람들이 혁명에서 이익을 얻고서 자신의 구부린 등을 곧게 펼 수 있을 것이다. 농민들은 지금처럼 하루에 14시간이나 15시간씩 일하는 것 대신에 그 절반의 시간만 자유롭게 일할 것이다. 그렇게 되면 기초 생활 물품인 곡물과 고기의 생산이 감소하는 결과가 나타날 것이다. 하지만 다른 한편으로는 농민들이 더 이상 힘들게 일해서 게으른 부자들을 먹여 살릴 필요가 없다는 사실을 깨닫게 되자마자 생산은 증가하게 될 것이다. 새로운 지역의 땅들이 개간될 것이고, 보다 새롭고 개량된 기계들이 사용될 것이다.

"일찍이 1792년만큼 땅이 활발하게 경작된 적은 없었다. 그 해는 농민들이 그렇게나 오랫동안 갈망해온 땅을 지주로부터 되찾았던 때였다."

프랑스 역사학자인 미슐레(Michelet)[68]는 프랑스 대혁명에 관해 이렇게 이야기하고 있다. 물론 오래지 않아 집약영농이 모든 곳에서 그 범위를 넓혀갈 것이다. 개량된 기계, 화학 비료, 그리고 필요한 재료 모두가 코뮌에 의해서 곧 공급될 것이다. 하지만 모든 것을 고려해보면 처음에는 프랑스나 다른 곳들에서 농업 생산이 크게 감소할 것이다. 어느 경우든 시골에서 오던 식량 공급과 외국으로부터 들여오던 것들이 감소할 것이라는 점을 예상하는 것이 가장 현명한 태도일 것이다. 그렇다면 어떻게 이 감소를 벌충할 수 있을 것인가?

그야 물론, 우리 스스로 일을 하면 된다. 치료책이 바로 가까이에 있는데 무리하게 만병통치약을 찾느라고 머리를 쥐어짤 필요가 전혀 없다. 작은 마을들뿐만 아니라 대도시들도 농사를 짓기 시작해야 한다. 우리는 생물학에서 말하는 '기능들이 통합'되는 상태를 회복해야 한다. 다시 말해, 노동이 분화된 후에는 그것을 전체로서 다시 통합해서 받아들여야 하는 것이다. 이것이 바로 자연계 전체가 따르고 있는 과정이다. 게

---

68 미슐레(Jules Michelet 1798-1874): 자유주의 사상을 지닌 프랑스 역사가이자 문학가로 《프랑스 혁명사》 등의 저서가 있다.

다가 철학은 별도로 놔두고라도, 상황의 힘 때문이라도 이런 결과가 나타날 것이다. 혁명이 일어난 지 8개월이 지날 무렵이면 빵이 부족하게 된다는 사실을 파리 시민이 알게 하자. 그러면 파리 사람들도 밀을 기르기 시작할 것이다.

땅이 부족해지는 일은 없을 것이다. 왜냐하면 대도시 주변, 특히 파리 근교에 지주 계급이 소유했던 공원과 유원지를 찾아내서 경작할 수 있기 때문이다. 이들 수천 에이커의 땅들은 오직 숙련된 농부의 노동만을 기다리고 있다. 그렇게 되면 파리 시 인근은 비옥하고 생산적인 밭으로 틀림없이 둘러싸이게 될 것이다. 노동력도 부족하지 않을 것이다. 200만 파리 시민이 더 이상 러시아 공작들, 루마니아 귀족들, 베를린 금융업자 부인의 사치스런 유행과 유흥을 위한 것들을 제공하지 않아도 될 때, 그들이 어디에 관심을 돌리게 되겠는가?

지금 세기의 모든 기계적 발명품을 가지고, 복잡한 기계를 능숙하게 다루는 노동자들의 지식과 기술을 가지고, 발명가, 화학자, 식물학 교수, 그리고 시장에 내다 팔 채소를 재배하는 사람들(마켓가드너)처럼 실제적인 식물학자들과 함께, 기계를 늘리고 성능을 향상시키는 데 이용할 수 있는 모든 공장 설비를 가지고, 그리고 마지막으로는 파리 시민의 조직 정신과 용기와 에너지를 이용한다면, 이 모든 것을 자유자재로 활용하게 된 파리의 아나키스트 코뮌의 농업은 프랑스 북부 지역의 거칠고 엉성한 농업과는 아주 다른 것이 될 것이다.

머지않아서 증기, 전기, 태양력, 풍력이 사용될 것이다. 증기로 작동하는 쟁기와 써레가 땅을 미리 준비하는 거친 작업에 재빨리 쓰일 것이다. 그렇게 해서 정리가 되고 비옥해진 땅에 필요한 것은 오직 인간의 합리적인 보살핌뿐이다. 어떤 경우에는 남자보다 여성의 보살핌만으로도 땅이 풍성한 식물들로 뒤덮일 것이고, 1년에 서너 번씩 그럴 수 있을 것이다.

그러므로 전문가들로부터 재배 기술을 배우고, 실험을 목적으로 남겨놓은 작은 텃밭들에서 다양한 방식을 실험해보며, 가장 많은 수확을 얻기 위해 서로 겨뤄보기도 하고, 육체를 단련하는 길을 발견하고, 일에 지쳐 나가떨어지거나 과로하는 일 없이, 도시에서는 너무나 자주 쇠약해지던 건강과 힘을 되찾게 되면 남녀노소 모두가 논밭에서 즐겁게 농사일을 하게 될 것이다. 그렇게 되면 농사일은 더 이상 단조로운 노역이 아니라 즐거움이자 축제가 되고 건강과 기쁨을 새롭게 부활시키는 일이 될 것이다.

"불모의 땅이란 없다. 대지는 인간만큼이나 가치가 있다."

이것이 현대 농업의 결정적인 표어이다. 대지에게 뭔가를 구해보라. 그러면 대지는 빵을 줄 것이다. 올바르게 요청한다면 말이다. 비록 파리 근교의 센과 센에투아즈 같은 작은 지역이 파리 같은 대도시를 먹여 살려야 하는 경우라고 해도, 실제로 모든 식량을 공급할 수 있을 만큼 충분히 길러낼 수 있을 것이다. 만약 그러지 못하다면 식량 조달에 실패할지도 모른다. 농업과 산업의 결합, 한 개인이 농부이면서 기계공이 되는 것, 이것이 바로 아나키스트 코뮌주의가 필연적으로 우리를 이끌어가는 길이다. 재산 수용이 공정하게 시작될 경우에 말이다.

혁명이 그렇게 멀리까지 나아가게 해보자. 그러면 굶주림은 우리가 두려워해야 할 적이 아니다. 혁명을 위태롭게 할 위험은 굶주림이 아니라, 겁이 많은 소심함, 편견, 미봉책들 속에 있다. 그 위험은 당통이 프랑스 대혁명 때 보았던 그곳에 있다. 당통은 프랑스를 향해 이렇게 외쳤다.

"대담하게, 대담하게, 다시 한 번 대담하게."

대담한 생각이 먼저이다. 그러면 대담한 행동은 반드시 그 뒤를 따르게 될 것이다.

1

노동자들 사이에서 사회주의 사상이 자라나는 것을 가까이 지켜본 사람들은 분명히 알아차릴 것이다. 사람들이 살 주택이라는 한 가지 중대한 문제가 어느 틈엔가 분명한 결론에 다다르고 있다는 사실을 말이다. 프랑스의 대도시들과 다른 많은 소도시에서 노동자들은 주택들이 국가가 주인으로 인정하는 사람들의 재산이 아니라는 결론에 점차 이르고 있다. 이 생각은 민중의 마음속에서 자연스럽게 성장해왔으며, 민중은 '사유재산의 권리'가 주택들로까지 확대된다는 것을 다시는 믿지 않을 것이다.

집은 소유주가 지은 것이 아니다. 수많은 노동자가 제재소에서, 벽돌 공장에서, 작업장에서 최저 임금을 받으면서 열심히 노동해서 집을 짓고, 꾸미고, 설비한 것이다. 집주인이 집을 소유하기 위해 지불한 돈은 스스로 노동을 해서 얻는 것이 아니다. 다른 모든 재화와 마찬가지로 그 돈은 노동자들이 마땅히 받아야 할 몫의 3분의 2나 고작 2분의 1만 지불하면서 축적된 것이다.

게다가 집의 실질적 가치는 소유주가 그 집에서 얻을 수 있는 이익에 달려 있다. 전체 과정의 악랄함이 가장 분명하게 드러나는 곳도 바로 이 지점이다. 그런데 이 이익은 바로 그 집이 도시에 지어졌다는 사실에서 나온다. 즉, 포장된 도로와 다리, 부두가 있고 멋진 공공건물들이 있으며 환하게 불이 밝혀진 수많은 다른 집과 함께 모여 있다는 사실에서 집의 가치가 생긴다. 도시에 사는 주민은 시골에서는 찾아보기 어려운 수많은 안락과 편의를 누리고 있다. 도시는 다른 도시들과 정기적으로 통신을 주고받고 있으며 도시 자체가 산업, 상업, 과학, 예술의 중심지이다. 이처럼 도시는 20세대 혹은 30세대에 걸친 사람들의 노동으로 살기 좋고 위생적이며 아름다운 곳으로 만들어졌다. 이런 이유들 때문에 그 집이 가치가 있는 것이다.

파리의 어느 구역에 있는 집 한 채는 수천 파운드의 값이 나간다. 그 이유는 특정한 그 집에 그만한 가치의 노동이 들었기 때문이 아니라, 그 집이 파리 시에 있기 때문에 그런 것이다. 즉, 수 세기 동안 노동자들, 예술가들, 사상가들, 학자들, 문학인들이 산업, 상업, 정치, 예술, 과학의 중심이 된 오늘날의 파리를 만드는 데 공헌했기 때문이다. 또한 파리가 과거의 역사를 갖고 있기 때문이고, 문학 작품들 덕분에 파리에 있는 거리 이름들이 국내뿐만 아니라 외국에도 잘 알려져 있기 때문이다. 또한 파리가 18세기 동안 이어져 온 사람들의 고된 노동의 산물이고, 50여 세대에 걸친 전 프랑스 국민의 작품이기 때문이다.

그렇다면 파렴치한 부정을 저지르지 않는 이상, 도대체 누가 이 땅의 가장 작은 한 조각이라도 자기 것이라고 주장할 수 있단 말인가? 도대체 누가 이 도시에 있는 가장 초라한 건물 한 채라도 자기 것이라고 주장할 수 있단 말인가? 도대체 누가 공동으로 물려받은 유산의 가장 작은 한 부분이라도 비싼 값을 부르는 자에게 팔아넘길 수 있는 권리를 가지고 있단 말인가?

앞서 말했듯이, 노동자들은 이 점에 대해 의견이 일치하기 시작했다. 무료 주택이라는 아이디어는 파리가 봉쇄되어 있던 대혁명 기간 동안에 아주 분명하게 그 실체를 드러냈다. 당시 노동자들은 집주인들이 요구한 지불 조건을 전적으로 완화시켜달라고 거세게 요구했다. 이 아이디어는 1871년 파리 코뮌

기간에 다시 나타났다. 그때 파리의 노동자들은 코뮌 협의회가 집세의 폐지에 관해 과감한 결정을 내려주길 기대했다. 그리고 만약 새로운 혁명이 일어나게 되면, 주택 문제는 가난한 사람들이 제일 먼저 관심을 가지는 문제일 것이다.

혁명의 시기이든 평화의 시기이든 간에, 노동자들은 어떻게든 살 집이 있어야 한다. 어떤 종류이든 간에 그 아래 머리를 눕힐 지붕이 있어야 한다. 하지만 지금 사는 집이 금방 쓰러질 것 같은 누추한 곳일지라도, 거기에는 언제나 그를 내쫓을 수 있는 집주인이 있다. 사실상, 혁명 기간 동안에는 집주인이 노동자의 누더기 옷들과 세간들을 길바닥으로 내던질 주택 관리인이나 경찰들을 찾을 수 없을 것이다.

하지만 새로운 정부가 앞으로 무슨 일을 할지 누가 알겠는가? 새 정부가 강압적인 수단을 써서 다시 그런 짓을 하지 않으리라고 누가 말할 수 있을 것인가? 새 정부가 그를 오두막 집에서 쫓아내려고 경찰을 배치하지 않으리라고 누가 말할 수 있을 것인가? 파리 코뮌이 오직 4월 1일까지 지불할 집세만을 면제한다고 선언했음을 보지 않았던가!●

● 3월 30일 포고령: 이 포고령에 의해서 1870년 10월과 1871년 1월, 4월까지 지불하게 되어 있었던 집세는 무효가 되었다.

그 다음부터 노동자들은 다시 집세를 지불해야 했다. 당시 파리가 혼란 상태에 빠져서 산업이 정지한 상태였는데도 그러했다. 그래서 파리의 독립을 지키기 위해 무기를 들었던 '연합군' 사람들한테는 하루 15펜스의 수당 말고는 자신과 가족들이 의지할 만한 것이 아무것도 없었던 것이다!

이제는 노동자가 확실히 알 수 있도록 해야 한다. 집주인이나 소유주에게 집세의 지불을 거부함으로써 그가 얻는 것이 단순히 권위의 해체로 얻는 이익만이 아니라는 사실을 말이다. 임대료의 폐지는 그 정당성이 인정되고 승인을 받은 것으로, 말하자면 다수의 동의를 얻은 것이라는 사실을 노동자는 이해해야 한다. 임대료 없는 집에서 사는 것은 민중이 큰소리로 선언한 정당한 권리이다.

모든 정직한 사람의 정의감에 부합하는 이 방법이, 중산층들 사이에 흩어져 있는 몇몇 사회주의자에 의해 채택될 때까지 우리는 기다려야 할까? 혹은 임시 정부가 구성될 때까지 기다려야 할까? 만약 그때까지 기다려야 한다면, 민중은 오랫동안 기다려야 할 것이다. 사실상 반동 세력이 다시 복귀할 때까지 말이다. 바로 이런 이유 때문에 권위와 예속의 외적 표시인 제복과 배지들을 거부하고, 민중 사이에 민중으로 남아 있는 진정한 혁명가들이 민중과 함께 차츰차츰 집세의 폐지, 주택들을 공유화하는 일을 실제로 이루어나갈 것이다.

그들은 이런 일들을 위한 토대를 마련하고 생각들이 이 방향으로 성장하도록 격려할 것이다. 그리고 이들이 수행한 노동이 결실을 맺었을 때, 민중은 틀림없이 주택을 공유화하는 길로 나아갈 것이다. 그들은 자기들의 방식을 방해할 것이 분명한 이론들에 귀를 기울이지 않을 것이다. 즉, 집주인들에게 보상금을 지불하고 그걸 위해 필요한 기금을 마련하는 일을 최우선으로 여기는 이론들에는 귀를 기울이지 않을 것이다.

주택의 수용이 이루어지는 바로 그날이야말로 착취당해온 노동자들이 새로운 시대가 왔음을 깨닫는 날이다. 그날은 노동자들이 더 이상 부자들과 권력자들에게 속박당할 필요가 없어지는 날이다. 그날은 평등이 공개적으로 선언되는 날이며, 혁명이 예전에 빈번히 그랬던 것처럼 과장된 겉치레가 아니라 진정한 현실이 되는 날이다.

2

만약 주택 수용이라는 아이디어가 민중에 의해 채택된다면, 우리를 위협하고 있는 넘을 수 없는 모든 장애물에도 불구하고 그것은 실행될 것이다. 물론 새 제복을 입고서 시청 사무실의 팔걸이 의자에 앉아 있는 훌륭하신 분들은 분명히 장애물들을 쌓아 올리느라고 바쁠 것이다. 그들은 집주인들에게 지불할 보상금과 통계 자료 만드는 일에 대해 이야기하고 기다란 보고서를 작성하며 시간을 끌 것이다.

강제로 아무 일도 못한 채 기다리면서 굶주림을 겪고 있던 민중은 결국 아무 일도 안 일어난다는 사실을 알게 된다. 그들은 혁명에 대한 애정과 신뢰를 잃어버리고, 반동주의자들이 활약하게 내버려둘 것이다. 새로운 관료주의는 주택 수용을 모든 이의 눈에 역겨운 것으로 비치도록 만들면서 끝내버릴 것이다.

바로 여기에 실제로 우리의 희망을 좌초시킬지도 모르는 암초가 있다. 그러나 만약 민중이 과거에 자기들을 현혹시켰던, 겉으로만 그럴싸한 주장들을 무시하고 새로운 삶에는 새로운 조건들이 필요하다는 사실을 깨닫게 된다면, 그리고 그들이 직접 그 임무를 수행하게 된다면 주택 수용은 큰 어려움 없이 실행될 수 있을 것이다.

"하지만 어떻게? 어떻게 그 일을 할 수 있단 말인가?"

사람들이 우리에게 묻는다. 우리는 이 질문에 대답하려고 노력하겠지만 한 가지 유보 조건이 있다. 우리는 주택 수용 계획들을 아주 세세한 부분까지 설명하겠다는 의도가 전혀 없다. 어떤 사람이나 단체는 모두 지금 예상하는 것보다 앞으로 다가올 현실에서 훨씬 잘해낼 수 있으리라는 사실을 우리는 이미 알고 있다. 인간은 앞으로 더욱 위대한 일들을 성취해낼 것이다. 그리고 인간은 예전에 명령에 따라 행한 것보다 훨씬 간단한 방법으로 훨씬 잘해낼 것이다. 그래서 우리는 어떤 종류의 주택 수용이 정부의 개입 없이 이루어질 수 있을지에 대해서만 이야기하려고 한다.

우리는 그런 일은 불가능하다고 단언하는 사람들에게 대답하려고 우리의 방식에서 벗어날 생각이 전혀 없다. 다만, 우리

가 어떤 특정 조직 체계를 옹호하는 사람들이 아니라는 점만
은 말할 수 있다. 우리는 재산 수용이 민중의 주도에 의해 실
행될 수 있다는 사실을 증명하는 일에만 관심이 있다. 그리고
그것 말고는 다른 어떤 방법으로도 실행될 수 없음을 보여주
는 일에 관심이 있을 뿐이다.

주택 수용이 공정하게 시작되자마자 자원자 단체들이 모
든 지역과 거리, 주택가에서 생겨날 것이라는 점은 아주 분명
하다. 이 단체들은 비어 있는 아파트와 주택의 수를 조사하고,
지나치게 많은 사람이 밀집해서 살고 있는 집들의 수를 조사
할 것이다. 또 비위생적인 빈민가들, 거주하는 사람 수에 비해
지나치게 넓은 집들을 조사해서 비좁은 공동 거주지에서 우
글우글 모여 사느라 숨이 막힐 지경인 사람들이 넓은 집을 이
용할 수 있게 할 것이다. 오래지 않아 자원자들은 거리와 구역
에 있는 모든 아파트, 공동 거주지, 가정집과 시골 저택을 포
함하는 목록을 완성할 것이다. 그리고 그 목록에는 모든 방들
이 위생적인지 아닌지, 큰지 작은지, 악취 나는 오두막인지 호
화로운 저택인지까지가 전부 적혀 있을 것이다.

자원자들은 자유롭게 서로 의논하며 곧 통계 자료들을 완
성해낼 것이다. 회의실과 사무실들에서는 잘못된 통계가 만들
어질 수도 있겠지만, 올바르고 정확한 통계는 개별적으로 시

작해서 간단한 것에서부터 복잡한 것으로 자료를 쌓아가야만 만들어질 수 있다. 그런 뒤 시민은 누구의 허락도 기다리지 않고 밖으로 나가서 아마도 비참한 다락방이나 오두막에서 살고 있을 동지들을 찾아내서 간단하게 설명할 것이다.

"동지, 이번에는 진정한 혁명이고, 틀림없는 것 같소. 오늘 저녁에 이 장소로 오시오. 모든 이웃이 그곳에 와 있을 것이오. 우리는 주택들을 재분배할 것이오. 당신이 이 빈민굴 같은 다락방에서 사는 데 지쳤다면, 와서 준비된 집들 중 방이 다섯 개 딸린 아파트를 고르시오. 그리고 일단 그곳에 이사를 하게 되면, 당신은 계속 살 수 있고 전혀 두려워할 필요가 없소. 민중이 무기를 들고 있고, 감히 당신을 쫓아내려는 사람은 그들에게 허락을 받아야 할 것이오."

우리는 이런 이야기를 듣는다.

"하지만 모든 사람이 좋은 집과 넓은 아파트를 원할 것이다!"

아니다, 당신이 아주 잘못 생각하고 있다. 하늘에 떠 있는 달을 달라고 시끄럽게 요구하는 것은 민중의 방식이 아니다. 그와는 반대로 우리는 항상 그들이 잘못된 일을 바로잡으려 하는 모습을 보아왔으며, 민중을 활기차게 해주는 분별 있는 양식과 정의로운 천성에 깊은 인상을 받곤 했다. 민중이 불가능한 것을 요구했다는 이야기를 들어본 적이 있는가? 두 번의 도시 봉쇄 기간과 참혹했던 1792년부터 1794년까지의 시기 동안, 파리의 민중이 배급식량과 장작을 서로 달라고 맞붙어 싸우는 모습을 본 적이 있는가? 1871년에 그들 사이에 널리 퍼져 있던 참을성과 불평을 감내하는 태도는 외국 언론의 특파원들이 끊임없이 찬탄한 것이었다. 하지만 그들도 알고 있다. 맨 마지막으로 오는 사람은 음식이나 불 없이 그날을 보내야 한다는 사실을.

고립된 개인에게는 아주 많은 이기적인 본능이 있다는 사실을 부정하지는 않는다. 우리는 이 사실을 아주 잘 알고 있다. 이런 본능들을 되살리고 장려하는 방법은 바로, 민중이 살 집과 같은 문제들을 무슨 위원회나 이사회가 관할하도록 제한하는 것이다. 사실 이런 방법은 어떤 형식으로든지 그 문제를 관료주의의 허약한 자비심에 맡긴다는 뜻이다.

그렇게 되면 실제로 온갖 사악한 열망들이 나타나게 될 것이다. 그리고 이 일은 위원회에서 가장 영향력 있는 사람이 누구인가 하는 문제가 될 것이다. 아주 작은 불평등이 말다툼과 상호 비방을 불러일으킬 것이다. 만약 어느 한 사람에게 아주 작은 이익이라도 주어지게 되면, 엄청난 고함과 항의가 터져 나올 것이다. 그럴 만한 이유도 있고 말이다.

하지만 민중 스스로가 자기가 사는 거리들, 구역들, 지역들에서 자체적인 조직을 만들고, 빈민가의 주민을 반쯤 비어 있는 중산층이 살던 주택으로 이사하게 하는 일을 맡아서 하게 된다면, 사소한 불편들과 작은 불평등은 어렵잖게 극복할 수 있을 것이다. 대중의 선한 천성에 호소를 했던 적은 좀처럼 없었다. 이런 경우는 오직 혁명의 시기에 가라앉는 배를 구하기 위한 마지막 수단으로 쓰였을 뿐이다. 그렇지만 이런 호소가 헛되이 끝난 적은 한 번도 없었다. 노동자의 자기 헌신과 숭고한 행위가 이 호소에 응하지 않은 적이 한 번도 없기 때문이다. 그렇기 때문에 다가올 혁명에서도 그러할 것이다.

하지만 모든 것을 고려해봤을 때, 약간의 불평등과 피할 수 없는 부정행위는 틀림없이 남아 있을 것이다. 우리 사회에는 이기주의의 수렁에 너무나 깊이 빠져 있어서 끌어낼 수 없는 개인들이 있다. 그러나 문제는 앞으로 부정행위가 있을 것인가의 여부가 아니라, 어떻게 그런 부정행위의 수를 제한할 것인가이다.

그런데 인류의 모든 역사와 모든 경험, 그리고 모든 사회심리학은 일치단결해서 다음가 같은 사실을 보여주고 있다. 즉, 가장 훌륭하고 공정한 방법은 그 문제와 가장 관련이 깊은 사람들이 결정을 하도록 믿고 맡겨두는 일이라고 말이다. 오로지 당사자들만이 그 일을 할 수 있다. 직무상의 재분배 과정에서 어쩔 수 없이 빠트리게 되는 세부 사항들을 하나부터 열까지 검토하고 허가를 내릴 수 있는 사람들은 오직 당사자들뿐이다.

3

더욱이 단번에 모든 주택을 완전히 공평하게 재분배할 필요는 전혀 없다. 처음에는 약간의 불편이 있을 것이다. 하지만 재산 수용을 받아들인 사회에서는 머지않아 문제들이 바로잡힌다. 벽돌공들, 목수들, 그리고 주택 건축과 관련된 일을 하는 모든 사람이 매일 자기들이 먹을 빵이 보장되어 있다는 사실을 알게 되면 하루에 몇 시간씩 자기들이 예전에 해왔던 일에 종사하는 것 말고는 딱히 다른 것을 요구하지 않을 것이다.

그들은 과거에 노동자들의 시간을 빼앗아갔던 멋진 저택들을 개조해서, 대여섯 가구에게 보금자리를 만들어줄 것이다. 그리고 몇 달 안에 새로운 집들이 세워질 것이고, 틀림없이 이 집들은 오늘날 노동자가 사는 집들보다 더 위생적이고 편리한 설비가 갖춰져 있을 것이다. 그리고 아직 편안한 집을 얻지 못한 사람들에게 아나키스트 코뮌은 이렇게 말할 것이다.

"동지들, 조금만 기다리시오! 우리의 해방된 도시에는 자본가들이 자기를 위해 지었던 그 어떤 것보다 더 멋있고 훌륭한 집들이 건설될 것이오. 그 집들은 가장 필요한 사람들이 갖게 될 것이오. 아나키스트 코뮌은 이익을 보려고 건물을 짓지는 않는다오. 시민을 위해 세워지는 이 건축물들은 집단 정신의 산물로 온 인류에게 모범이 될 것이오. 그것들이 바로 여러분의 것이 될 것이라는 모범 말이오."

만일 혁명을 일으킨 민중이 주택들을 수용하고 임대료 없이 살 수 있음을 선언한다면, 주택들을 공유화하고 모든 가정이 버젓한 집에서 살 권리를 선언한다면, 혁명은 처음부터 코뮌주의적인 특성을 띠게 될 것이다. 그리고 앞으로 나아가는 과정에서도 그 특성에서 결코 크게 벗어나지는 않을 것이다. 혁명은 사유재산에 치명적인 타격을 가하게 될 것이다.

그렇기 때문에 주택 수용은 완전한 사회 혁명의 싹을 품고 있다. 주택 수용을 실행하는 방식이 어떠한가에 따라서, 뒤따라오는 모든 일의 특성이 결정된다. 우리는 아나키스트 코뮌주의를 향해 곧게 뻗은 탄탄한 길을 따라갈 수도 있고, 횡포한 개인주의의 진흙탕 속에 그대로 남아 있을 수도 있다.

우리가 한편에서는 이론적이고 다른 편에서는 실제적인 수많은 반론을 틀림없이 맞닥뜨리게 되리라는 점은 쉽게 알 수 있다. 어떤 대가를 치르더라도 부정행위를 유지하려고 하는 문제가 있을 것이기 때문에, 우리의 반대자들은 당연히 정의의 이름으로 저항할 것이다. 그들은 이렇게 외칠 것이다.

"파리에 사는 시민만이 이 모든 좋은 집을 차지하고, 반면 시골 농민들은 쓰러져가는 오두막에서 살라고 하는 것은 너무나 부끄러운 일이 아닌가?"

그러나 오해는 하지 말도록 하자. 이런 정의 열광자들은 기억력 상실에 빠지는 경향이 있어서, 정작 자신들이 암묵적으로 옹호하고 있는 '너무나 부끄러운 일들'을 잊어버리고 있다. 즉, 그들은 자기들이 살고 있는 바로 그 도시에서는 아내와 아이들이 있는 노동자가 악취 나는 다락방에서 숨이 막힐 듯이 비좁게 살고 있고, 다락방 창밖으로는 부자들이 사는 대저택들이 보인다는 사실을 잊고 있는 것이다. 그들은 또한 혼잡한 빈민가에서 노동자 가족 세대 전부가 공기와 햇빛을 갈망하면서 죽어가고 있다는 사실을 잊고 있다. 이러한 불공평을 바로잡는 일이야말로 혁명의 최우선 과제가 되어야 한다는 사실을 그들은 '망각'하고 있는 것이다.

이러한 불성실한 저항들이 우리를 가로막지 못하게 하자. 혁명의 초기에는 도시와 시골 사이에 어느 정도의 불평등이 존재할 수 있다. 이 불평등은 전환의 시기에 자연히 일어나는 일이기 때문에 시간이 지나면서 저절로 바로잡아질 것이다. 왜냐하면 시골 마을에 사는 농민들이 지주, 상인, 고리대금업자, 국가가 지웠던 짐을 끄는 짐승의 신세에서 벗어나자마자 그들이 사는 집들도 분명히 개선될 것이기 때문이다. 우발적이고 일시적인 불평등을 피하기 위해서 케케묵은 잘못을 바로잡는 일을 우리가 멈추어야 할까?

소위 말하는 실제적인 반론들 역시 그렇게 대단한 것은 결코 아니다. 우리가 어떤 가난한 사람의 힘겨운 상황을 한번 고려해보라는 지시를 받았다고 해보자. 이 사람은 갖은 고난을 겪으면서 어찌어찌 자기 가족들과 살기에 딱 알맞은 집을 사게 되었다. 그런데 그가 어렵게 얻은 행복을 우리가 빼앗으려 하고 거리로 내몰려고 하고 있다! 분명히 그렇지 않다. 만일 그 집이 그의 가족이 살기에 딱 알맞은 집이라면, 그는 반드시 그곳에서 살게 될 것이다. 또 그는 자신의 작은 텃밭에서 맘대로 일할 수 있을 것이다. 우리의 젊은이들은 그를 방해하기는커녕 그를 거들어 줄 것이다.

하지만 그의 집에 빈방들이 있어서 그가 방을 세놓고 있다고 가정해보자. 그러면 사람들은 세입자에게 이제 더 이상 집주인에게 방세를 낼 필요가 없다는 사실을 알려줄 것이다. 지금 살고 있는 곳에서 계속 살아도 된다. 하지만 집세는 무료이다. 더 이상 빚 독촉을 하는 사람도 수금인도 없다. 사회주의가 그 모든 것을 폐지했다.

이번에는 이런 가정을 해보자. 어느 집주인은 많은 방을 전부 독차지하며 살고 있는데, 근처의 가난한 부인은 다섯 아이들과 비좁은 방 하나에서 살고 있다. 이런 경우라면 사람들은 이 집주인의 빈 방들을 적당히 개조해서 가난한 부인과 다섯 아이들이 살기에 알맞게 바꿀 수 있는지 알아볼 것이다. 그렇게 하는 것이 다락방 하나에서 쇠약해가는 어머니와 다섯 아이들을 그대로 두는 것보다 훨씬 정의롭고 공정하지 않겠는가? 호화롭게 사는 부자 나리는 텅 빈 저택에 편안히 살고 있는데 말이다. 게다가 어쩌면 이 선량한 부자 나리가 자진해서 그렇게 하려고 서두를지도 모른다. 어쩌면 그의 부인도 그렇게 큰 집을 유지해줄 하인들이 더 이상 없게 되었을 때는 이 큰 집의 절반으로부터 해방된 것을 기뻐할 지도 모른다.

"그래서 당신들은 모든 것을 다 뒤집어놓으려고 한다."

법과 질서의 옹호자들은 말한다.

"퇴거와 이사들이 끝없이 이어질 것이다. 방향을 완전히 전환해서 새롭게 시작하려면, 차라리 모든 사람을 집밖으로 나오게 한 다음에, 제비뽑기로 집들을 재분배하는 것이 낫지 않을까?"

비판자들은 이런 식으로도 말할 것이다. 하지만 우리는 굳게 확신하고 있다. 만일 어떤 정부도 이 문제에 간섭하지 않는다면, 그리고 이 일을 맡기 위해 생겨난 자유로운 단체들에게 모든 변화를 맡겨 둔다면, 퇴거와 이사들은 훨씬 적을 것이라고 말이다.

모든 대도시에는 많은 빈집과 아파트가 있어서 빈민가에 살고 있는 사람들이 들어가 살기에 거의 충분할 정도이다. 궁전 같은 호화 저택들과 방이 많이 딸린 고급 아파트의 경우에는, 많은 노동자가 할 수만 있다면 그곳에서 살지 않으려고 할 것이다. 수많은 하인이 없는 상태에서는 그런 저택들을 유지할 수가 없기 때문이다.

그런 저택들에 살던 사람들도 머지않아 덜 사치스러운 집을 찾아봐야겠다고 생각할 것이다. 귀부인들도 부엌에서 손수 요리를 하기에는 그런 저택이 별로 적당하지 않다는 것을 알게 될 것이다. 사람들은 점차 차분히 자리를 잡아갈 것이다. 총검으로 위협을 하면서 부자들을 다락방으로 보낼 필요가 전혀 없을 것이다. 혹은 무장한 호위대와 함께 가난한 사람들을 부자의 대저택으로 데려갈 필요도 없을 것이다. 민중은 가능한 최소한의 혼란과 소동을 겪으면서, 쓸모 있는 집들을 찾아내서 우호적으로 자리를 잡아갈 것이다.

우리에게는 시골의 공동체적 코뮌들이 농지를 재분배했던 실례들이 이미 있지 않은가? 그때 그 코뮌들은 할당된 농지의 주인들을 거의 방해하지 않았기 때문에, 누구나 그들이 사용한 방법이 아주 합리적이고 양식 있는 방법이라고 칭찬할 수밖에 없다. 러시아에서 코뮌이 농지를 관리하던 시절에는 농지의 주인이 거의 바뀌지 않았다. 사유재산이 지배하고 서로 간의 분쟁들을 끊임없이 법정으로 가져가던 때보다 말이다. 그렇다면 유럽의 대도시 주민이 러시아나 인도의 농민들보다 지성이 모자라고 조직화하는 능력이 부족하다고 생각해야 할까?

더욱이 우리는 다음과 같은 사실을 못 본 척해서는 안 된다. 모든 혁명은 어느 정도 일상적인 삶에 혼란이 일어남을 의미한다는 사실을 말이다. 의심할 여지없이 혼란이 있을 것이다. 하지만 오로지 손실만을 가져오는 혼란이 되어서는 안 된다. 혼란은 최소화되어야 한다. 우리 스스로가 직접 이해관계가 있는 모임들에 참여해서 일을 시작해야 하고, 이사회나 위원회에 맡겨서는 안 된다. 그렇게 하면 우리는 모든 사람이 느끼는 불편의 정도를 줄여가는 일에 제대로 성공할 수 있을 것이다.

민중을 대표하는 명예를 달라고 졸라대는 어느 경박한 후보자를 투표로 선출해야 하는 상황을 만든다면, 그들은 어리석은 실수를 무심코 또 저지르는 것이다. 이런 후보는 자신이 모든 것을 알고 있고, 모든 것을 할 수 있고, 모든 것을 조직화할 수 있다고 여기는 사람이다. 그러나 민중 스스로가 자기들이 알고 있는 것, 그리고 자기들과 직접 관련이 있는 일을 조직하는 일을 맡게 되면, '입씨름만 하는 의회'를 모두 합친 것보다 훨씬 더 잘 해낼 것이다. 파리 코뮌이 그 적절한 사례가 아니던가? 영국의 부두노동자 총파업[69]은 어떤가? 또 온갖 농촌 공동체가 끊임없이 이 사실을 증명하고 있지 않은가?

69　영국 런던에서 1889년에 행해진 부두노동자 총파업을 말한다.

의복

1

주택들이 시민의 공공 자산이 되고, 모든 사람이 매일의 음식을 공급받게 되면, 또 다른 단계로 한 발 더 나아가야 할 것이다. 의복에 관한 문제가 당연히 그 다음으로 고려 대상이 될 것이다. 그리고 이번에도 유일하게 해결책은, 옷을 판매하거나 보관하는 모든 가게와 창고를 민중의 이름으로 손에 넣고, 그 문을 활짝 열어서 각자가 필요한 옷을 가져갈 수 있게 하는 것이다. 의복을 공유화하는 일, 즉 각자가 필요한 옷을 공동 창고에서 가져갈 권리를 가지며, 재단사나 양복점에 맡겨서 옷을 맞출 수 있는 권리를 갖는 것은, 주택과 식량의 공유화로부터 쉽게 추론할 수 있는 필연적인 귀결이다.

분명 우리가 모든 시민의 외투를 강제로 빼앗아서 산더미처럼 쌓아놓은 다음에 제비뽑기를 할 필요는 전혀 없을 것이다. 위트와 재간을 적절히 갖고 있는 우리의 비판자들은 그렇게 말했지만 말이다. 외투 한 벌을 갖고 있는 사람은 그대로 갖고 있게 하자. 오히려 어떤 사람이 외투 열 벌을 갖고 있다고 해도, 어느 누구도 그걸 빼앗고 싶어 하지 않을 가능성이 훨씬 높다. 왜냐하면 대부분의 사람은 뚱뚱한 부르주아의 어깨를 거친 것보다는 새 외투를 더 좋아할 것이기 때문이다. 또한 새 외투가 남아돌 만큼 충분히 있을 것이라서, 굳이 헌 옷들을 입을 필요가 없을 것이다.

대도시에 있는 가게들과 창고들을 조사해 보면 파리, 리용, 보르도, 마르세유 같은 도시에는 남녀노소 모든 시민에게 공급하기에 충분한 옷이 있다는 사실을 알게 될 것이다. 모든 사람이 자기에게 맞는 옷을 즉시 찾아내지 못할 경우에는, 얼마 안 있어 공동 양복점이 부족한 부분을 채울 것이다. 대규모 생산을 위해 특별히 고안된 기계를 갖추게 되었을 때, 오늘날 양복과 드레스를 만드는 큰 작업장이 얼마나 빠르게 일하는지 우리는 잘 알고 있다.

"하지만 모든 사람이 검은담비 가죽으로 안감을 댄 코트나 벨벳 야회복을 원할 것이다!"

우리의 반대자들은 이렇게 외친다.

솔직히 말해서 우리는 그렇게 생각하지 않는다. 모든 여성이 벨벳 드레스를 맹목적으로 좋아하지도 않거니와, 모든 남성이 검은담비 가죽으로 안감을 댄 옷을 꿈꾸지도 않는다. 지금이라도 각각의 여성에게 옷을 고르라고 한다면, 최신 유행의 온갖 기이한 장식들을 붙인 옷들보다 간소하고 실용적인 옷을 더 좋아하는 여성들을 찾을 수 있을 것이다.

취향은 시대에 따라 변하기 마련이고, 혁명의 시대에 유행하는 패션은 틀림없이 간소한 것이다. 개인들과 마찬가지로 사회 역시 소심한 시기도 있지만 대담한 순간도 있다. 비록 오늘날의 사회는 개인의 편협한 이해관계를 추구하고 보잘것없는 사상에 빠져 있는 초라한 모습일지라도, 중대한 위기가 닥치면 전혀 다른 분위기가 나타날 것이다.

그때는 위대함과 열정의 시기가 될 것이다. 관대한 성품을 지닌 사람들이 오늘날 사익을 챙기는 자들이 쥐고 있는 권력을 얻을 것이다. 헌신적인 행동들이 분출할 것이고, 고결한 행위들은 또 다른 고결한 행위들을 낳을 것이다. 이기주의자조차 참여하지 않고 망설이는 것을 부끄러워할 것이고, 비록 그가 본받지는 않을 지라도 관대하고 용감한 사람들에게 자기도 모르게 감탄하게 될 것이다.

1793년의 대혁명 시기에는 이런 종류의 실례들이 아주 많았다. 인류를 순식간에 향상시키는 이 열정의 급류가 일어나는 시기는, 개인과 마찬가지로 사회에서도 언제나 이런 정신적인 부활의 시기 동안이다.

우리는 이러한 고귀한 열정이 하는 역할을 과장하고 싶지도 않고, 그런 열정들에서 우리가 꿈꾸는 이상적 사회를 발견하리라고 희망하지도 않는다. 하지만 이런 열정의 힘으로 최초의 가장 힘든 시기들을 극복할 수 있기를 바라는 것이 그리무리한 요구는 아니다. 우리는 나날의 일상이 그런 고조된 열광 상태에 끊임없이 영향 받기를 바라지 않는다. 하지만 처음에는 그런 감정들의 도움을 기대할 수 있을 것이고, 그것이 우리가 필요로 하는 전부이다.

새로운 아나키스트 사회가 이런 우애의 물결을 필요로 하는 것은 바로 세상을 깨끗이 청소하기 위해서이다. 그리고 수세기에 걸친 노예 상태와 억압 때문에 축적된 파편들과 쓰레기들을 깨끗이 쓸어버리기 위해서이다. 나중에 이 우애는 굳이 헌신적인 정신에 호소하지 않아도 존속할 수 있을 것이다. 왜냐하면 모든 압제가 사라지고, 연대감이 넘치는 새로운 세상이 만들어졌을 것이기 때문이다.

게다가 혁명의 특성이 우리가 여기에서 개략적으로 묘사해 본 것과 같다면 개인의 자유로운 창의성이 광범위한 활동 영역을 찾아낼 것이기 때문에, 이기주의자의 시도들은 좌절될 것이다. 모든 거리와 구역마다 단체들이 생겨나서 의복을 담당하는 일을 맡을 것이다. 그들은 도시가 갖고 있는 모든 의료의 재고 목록을 작성할 것이고, 즉시 이용할 수 있는 물품들은 대략 어떤 것들인지를 밝혀낼 것이다. 의복의 문제에서도 시민이 식량 문제와 똑같은 원리를 적용할 것임은 거의 확실하다. 다시 말해서, 그들은 공동 창고에 풍부하게 있는 것들은 무료로 제공할 것이고, 양이 부족한 것은 무엇이든지 조금씩 배급할 것이다.

모든 남자에게 검은담비 가죽 안감을 댄 외투를 주거나 모든 여자에게 벨벳 야회복을 제공할 수는 없다. 그렇기 때문에, 사회는 아마도 꼭 필요하지 않은 것과 생활필수품들을 구분하게 될 것이다. 그리고 검은담비 모피와 벨벳은 잠정적으로 삶에 꼭 필요한 물품은 아닌 것으로 분류될 것이다.

오늘 사치품인 것이 미래에는 모두가 흔히 쓰는 것이 될지 어떨지는 시간이 증명하도록 놔두자. 반면 필수품인 의복은 아나키스트 도시의 모든 주민에게 보장될 것이다. 잠정적으로 사치품으로 간주된 물품들을 아픈 사람들과 허약한 사람들에게 제공하는 일과, 평범한 시민의 일상적인 소비재가 아닌 특별한 물품들을 덜 건강한 사람들에게 가져다주는 일은 민간의 사적인 활동으로 남게 될 것이다.

"하지만 그것은 회색빛 획일화를 뜻하고, 인생과 예술에서 모든 아름다운 것의 끝을 의미한다"라고 주장하는 사람이 있을 수 있다. 우리는 대답한다. "분명히 그렇지 않다"라고. 그리고 이미 존재하고 있는 것들을 증거로 삼아 추론한 것에 기초해서, 우리는 어떻게 아나키스트 사회가 재산을 축적하는 백만장자를 허락하지 않고서도 시민의 가장 예술적인 취향을 만족시킬 수 있는지를 보여줄 것이다.

방법과 수단

1

어느 한 사회, 한 도시, 한 지역이 주민에게 생활필수품을 보장해주려면(그리고 우리는 어떻게 생활필수품이란 개념이 확장되어서 사치스럽다는 것들까지 포함할 수 있는지를 보여줄 것이다), 그 사회는 생산에 절대적으로 필요한 것들을 부득이하게 손에 넣어야 할 것이다. 다시 말해서 토지, 기계, 공장, 운송수단 등을 손에 넣어야 한다. 사적 소유자들이 손에 쥐고 있는 자본도 몰수해서 공동체에 돌려줄 것이다.

이미 이야기했듯이 부르주아 사회가 저지른 커다란 해악은, 각각의 산업적이고 상업적인 기업들이 내는 이익의 상당 부분을 자본가가 차지하고 그들 자신은 일하지 않으면서 살아간다는 점이다. 뿐만 아니라 생산이 전부 잘못된 방향으로 가고 있기 때문에, 모든 사람의 행복을 보장하려는 목적으로 수행되지 않는다는 점도 있다. 바로 이런 이유 때문에 그것은 비난받아야 한다.

상업적인 생산이 모든 사람을 위해 운영된다는 것은 절대적으로 불가능하다. 그렇게 되기를 바라는 것은 자본가들이 자신의 활동 영역을 넘어서서 어떤 의무를 수행하기를 기대하는 일이다. 이 의무는 자본가들이 지금의 자신이기를 그만두지 않고서는 수행할 수 없는 것들이다. 즉, 자신의 부유함을 추구하는 사적인 공장주이기를 그만두어야 하는 것이다.

고용주 개인의 사적인 이익에 기반을 둔 자본가 조직은 사회가 그들에게서 기대할 수 있는 모든 것을 사회에게 제공하고 있는데, 바로 노동 생산력을 증가시키는 일이다. 증기, 화학의 갑작스런 발전, 우리 세기에 이루어진 다른 발명들 덕분에 일어난 산업혁명으로 이득을 얻은 자본가들은 스스로를 위해 인간의 노동에서 나오는 이익을 증가시키는 일을 하고 있다. 그리고 지금까지는 아주 크게 성공했다. 하지만 자본가에게 그것 말고 다른 의무들을 부과한다는 것은 터무니없는 일이다. 예를 들어 자본가가 이 막대한 노동 이익을 사회 전체를 위해서 쓰기를 기대한다는 것은 그에게 박애주의와 자비심을 요구하는 격이지만, 자본주의 기업은 자비심에 기초할 수 없다.

이제 사회가 해야 하는 일은, 첫째로 지금은 특정 산업에만 한정되어 있는 이 생산성을 더욱 크게 확대해서 공공의 이익을 위해 쓰는 것이다. 그러나 이런 노동 생산성을 모두의 좋은 삶을 보장하는 데 쓰려면 사회는 모든 생산 수단을 손에 넣어야 한다.

늘 그렇듯이 경제학자들은 특정 부류의 젊고 건장한 노동자들, 현 체제 아래의 특수 산업 분야에 맞게 숙련된 기술을 가진 노동자들이 비교적 좋은 삶을 산다는 것을 우리에게 상기시켜줄 것이다. 경제학자들이 자랑스럽게 가리켜 보여주는 것은 언제나 그런 소수의 사람이다. 하지만 이런 소수 노동자들의 예외적인 권리인 이 행복조차 과연 안전한 것일까? 아마도 내일이 되면, 부주의함, 장래에 대한 준비 부족, 고용주들의 탐욕이 그들의 일자리를 빼앗을지도 모른다. 그리고 몇 달 혹은 몇 년 동안 누렸던 편한 세월을 이제는 가난과 결핍으로 갚아야 할지도 모른다.

얼마나 많은 직물업, 철강업, 제당업 같은 중요한 산업들이 쇠퇴하거나 조업을 중단하는 모습을 보아왔던가! 투기 때문에, 또는 작업의 자연스러운 대체 때문에, 혹은 자본가들 사이의 경쟁의 결과 때문에 말이다. 주요한 직물업이나 기계공업조차 1866년을 지나오면서 그러한 위기를 겪어야 했다면, 소규모 기업 모두가 조업 중단의 기간을 보내야만 했다는 사실은 말할 필요조차 없다.

게다가 특정 부류의 노동자들이 누리는 상대적인 행복을 위해 치러야 하는 대가는 어떤 것일까? 불행히도 농업의 몰락, 농민들에 대한 파렴치한 착취, 다수 민중의 빈곤으로 그 대가를 치르고 있다. 어느 정도의 안락을 즐기는 소수의 힘없는 노동자들과 비교해서, 얼마나 많은 사람이 안정된 임금도 없이, 부르는 곳이라면 어디든 갈 준비가 된 채로, 하루 벌어서 하루를 근근이 살아가고 있는지 모른다. 얼마나 많은 농민이 쥐꼬리만 한 수입을 얻으려고 하루에 14시간씩 일하고 있는지 모른다. 자본은 시골의 인구를 줄어들게 하고, 산업발달이 거의 안 된 식민지와 다른 나라들을 착취하고, 엄청나게 많은 노동자가 기술교육도 받지 못한 채 자기 직업에서조차 열등한 사람으로 남아 있게 만든다.

이런 상황은 그저 우연히 일어난 것이 아니라 자본주의 체제에서 필연적으로 생기는 일이다. 특정 부류의 노동자들에게 좋은 보수를 주기 위해서, 농민들은 사회의 짐을 끄는 짐승이 되어야 한다. 시골은 도시를 위해서 황폐해져야 한다. 소규모 산업들은 대도시의 불결한 외각에 모여서, 수많은 잡화 물품을 거의 공짜나 다름없이 만들어야 한다. 그래야 적은 월급을 받는 구매자들이 대기업의 상품들을 구매할 수 있을 것이기 때문이다. 그렇게 만들어진 질 나쁜 천은 월급이 보잘것없는 노동자들에게 팔릴 것이고, 기아 임금에 만족하는 재단사들이 그 천으로 옷을 만들 것이다. 동양의 후진국들은 서양에 의해 착취당하고 있다. 자본주의 체제에서 몇 가지 특권적인 산업에 종사하는 노동자들이 제한된 안락을 얻도록 하기 위해서 말이다.

그러므로 현 체제의 해악은 로트베르투스[70]와 마르크스가 말한 것처럼 생산물의 '잉여 가치'가 자본가들에게 돌아간다는 점에 있는 것이 아니다. 이런 생각은 사회주의적 개념과 자본주의 체제에 대한 일반적인 견해를 협소하게 제한하는 것이다. 잉여 가치 자체는 더 깊은 원인들이 낳은 하나의 결과에 불과하다. 해악은 각각의 세대들이 소비하지 않고 남겨둔 단순한 잉여에 있는 것이 아니라 잉여 가치가 존재할 것이라는 사실에 있다. 왜냐하면 잉여 가치가 존재해야 한다는 것은 남자와 여자, 아이들 모두가 강요된 배고픔에 못 이겨서 자기들의 노동이 생산할 수 있는 것보다 훨씬 적은 몫만을 받고 노

70　　로트베르투스(Johann Karl Rodbertus 1805-1875): 독일의 경제학자이자 사회주의자. 임대료와 이윤이 노동의 잉여 가치에서 발생한다고 주장했다.

동력을 팔아야 한다는 뜻이기 때문이다.

그러나 이 해악은 생산 수단들을 소수의 몇 사람이 소유하고 있는 한 계속될 것이다. 사람들이 땅을 경작할 권리와 기계를 쓸 권리를 얻으려고 그것을 소유한 사람들에게 무거운 임대료를 강제로 납부하는 한, 그리고 땅과 기계를 소유한 자들이 자기들에게 가장 많은 이익을 가져다줄 유망제품들을 자유롭게 생산할 수 있는 한, 행복은 아주 소수의 사람에게만 일시적으로 보장될 뿐이다.

그리고 그런 행복은 오직 사회의 다수를 차지하는 가난한 사람들이 가져다준 것일 뿐이다. 만약 수많은 다른 노동자가 동시에 착취당하고 있다면, 거래에서 실현된 이익을 균등하게 분배하는 것만으로는 충분하지 않다. 문제는 가능한 인간의 에너지를 최소한으로 써서 모든 사람의 행복에 필요한 재화들을 최대한 많이 생산하는 것이다.

이런 보편적인 목표는 사적 소유자의 목표가 될 수 없다. 전체로서의 사회, 생산에 관한 이런 견해를 이상적으로 여기는 사회가 강제로 모든 것을 수용해야 하는 것은 바로 이런 이유 때문이다. 그래야 부를 생산해서 모두의 행복을 증진시킬 수 있기 때문이다. 사회는 토지, 공장, 광산, 통신수단 등을 손에 넣어야 할 것이다. 그 밖에도 적절한 생산 방법과 수단을 연구해야 한다. 뿐만 아니라 어떤 생산이 보편적인 행복을 증진시킬 수 있는지에 대해서도 연구해야 할 것이다.

2

사람이 하루에 몇 시간 동안 일해야만 자신과 가족을 위한 영양가 있는 음식, 안락한 집, 필요한 옷을 생산할 수 있을까? 이 질문은 사회주의자들이 흔히 몰두하는 문제이다. 대체로 그들은 하루 네다섯 시간이면 충분할 거라는 결론에 다다르곤 했다. 모든 사람이 일을 한다는 암묵적인 조건 아래에서 그렇다는 것이다. 지난 세기 말(18세기 말)에 벤저민 프랭클린[71]은 그 한계를 하루 5시간으로 정했다. 지금은 안락에 대한 요구가 훨씬 늘어났지만, 생산력 역시 늘어났고, 아주 빠르게 증가하고 있다.

---

[71] 벤저민 프랭클린(Benjamin Franklin 1706-1790): 미국의 정치가, 과학자, 저술가. 미국 독립선언서를 작성한 기초위원들 중의 한 사람이었다.

농업에 대해서 좀 더 이야기하자면, 우리는 대지가 인간에게 얼마나 많은 것을 생산해줄 수 있는지를 알게 될 것이다. 땅을 경작하는 사람이 오늘날처럼 제대로 갈지 않은 땅에 되는대로 씨앗을 뿌리는 대신, 합리적인 방식으로 경작할 경우에 말이다. 미국 서부의 대농장들 중 어떤 것은 30평방마일이나 되는 것도 있지만 문명화된 국가의 비옥한 땅들보다 척박하기 때문에, 에이커 당 고작 15부셸밖에 수확하지 못한다. 다시 말해 수확량이 유럽의 농장이나 미국 동부에 있는 농장의 절반밖에 안 된다는 뜻이다. 그럼에도 두 사람이 하루에 4에이커의 땅을 갈 수 있게 해주는 기계 덕분에, 100명의 농부는 1만 명이 1년 내내 먹을 빵을 만드는 데 필요한 밀을 한 해에 생산해낼 수 있다.

따라서 한 사람이 그런 조건에서 주당 30시간, 즉 6일 동안 반나절인 5시간씩 일하면 그는 1년 내내 먹을 빵을 충분히 얻을 것이다. 또한 30일 동안 반나절씩 일하면, 5인 가족에게 같은 조건을 보장해줄 수 있다. 우리는 오늘날 얻을 수 있는 결과에 근거해서 다음과 같은 사실을 증명할 수 있다. 즉, 집약 영농 방법을 쓸 경우 반나절씩 6일 이하로 일해서 온 가족이 먹을 빵, 고기, 채소, 심지어는 사치스러운 과일까지도 얻을 수 있다는 사실을 말이다.

게다가 오늘날 대도시에 세워지는 노동자 주택의 가격을 조사해보면 이런 사실을 확인할 수 있다. 즉, 영국 대도시의 경우 노동자들에게 250파운드로 제공되는 작은 연립주택은 매일 5시간씩 1천 800일 정도 일하면 충분히 구입할 수 있다. 그리고 그런 종류의 집은 최소한 50년 정도는 유지될 것이기 때문에, 노동자가 1년에 약 36일 동안 반나절 노동을 한다면 한 가정에 필요한 편의시설을 갖춘, 가구가 딸리고 위생적인 집을 제공받을 수 있다. 이와 달리 똑같은 집을 소유주로부터 임대할 경우 노동자는 1년에 100일 동안 온종일 일해야 그 임대료를 지불할 수 있다.

이 숫자들은 우리의 불완전한 사회체제를 전제로 하고서 오늘날 영국에서 집을 짓는 데 드는 비용의 최고치로 추정한 것임을 주목해야 한다. 벨기에에서는 노동자 주택이 훨씬 더 적은 비용으로 지어지고 있다. 그러므로 모든 상황을 고려해보면 잘 조직된 사회에서는 1년에 40일간의 반나절 노동으로 완벽하게 편안한 집을 충분히 얻을 수 있을 것이라는 사실을 확실하게 말할 수 있다.

이제 옷 문제가 남아 있는데 옷의 정확한 가격을 정하는 일은 거의 불가능하다. 왜냐하면 중간 상인 무리가 가져가는 이익이 얼마인지 추정할 수가 없기 때문이다. 옷감을 예로 들어보자. 그 천에는 지주들, 양 주인들, 양모 상인들, 모든 중개업자가 부과한 세금이 매겨져 있으며 그 다음에는 철도 회사들, 공장 소유주들, 방직공들, 기성품판매 도매상들, 소매상들, 위탁 판매인들이 부과한 세금도 더해야 한다. 그렇게 해야만 각각의 옷 제품을 구입할 때 자본가 무리 전체에게 지불하는 돈이 얼마나 되는지를 대충 알게 될 것이다.

그러나 이 일은 불가능하다. 그렇기 때문에 런던의 큰 가게에 진열된 외투 한 벌에 4파운드의 가격표가 붙어 있을 경우, 노동자가 며칠의 노동을 해야 그걸 구입할 수 있는지 절대로 말할 수 없는 것이다. 확실한 것은 지금의 기계를 이용하면 믿을 수 없을 만큼 많은 양의 의복들을 값싸고 빠르게 만들어내는 일이 가능하다는 사실이다.

몇 가지 실례만으로 이 사실을 충분히 증명할 수 있을 것이다. 가령 미국에서는 751개의 면방직 공장(실을 잣고 천을 짜는 공장)에서 17만 5천 명의 남녀가 2억 3천 300만 야드의 면제품과 그밖에 막대한 양의 실을 생산하고 있다. 평균을 내보면 300일 동안 매일 9시간 30분씩 일하면 1만 2천 야드가 넘는 면제품을 만들 수 있다. 즉, 10시간마다 40야드의 면제품을 생산할 수 있다는 뜻이다. 한 가족이 1년 동안 필요로 하는 면제품이 최대 200야드라고 한다면, 총 50시간 동안 일하면 된다.

즉, 매일 5시간씩 10일간 일하면 된다. 그 밖에도 필요한 실을 얻을 수 있을 것이다. 다시 말해서 바느질할 수 있는 면, 천으로 짤 수 있는 실 등을 얻을 수 있기 때문에 면을 섞어 넣은 양모 제품도 만들어낼 수 있을 것이다.

직물 제조업에서 얻어진 결과만 보더라도 1870년 미국의 공식 통계는 다음 사실을 말해주고 있다. 즉, 노동자들이 하루에 14시간 동안 일할 경우, 그들은 1년에 흰 면직물 1만 야드를 만들어낸다는 사실이다. 16년 뒤인 1886년에는 노동자들이 일주일에 55시간 정도 일해서 3만 야드의 흰 면직물을 생산할 수 있었다.

심지어 직물로 짜서 염색한 면직물의 경우에도, 그들은 1년에 2천 670시간을 일해서 3만 2천 야드를 생산했다. 시간당 12야드 정도를 얻은 셈이다. 그러므로 한 가족이 1년 동안 필요한 200야드의 흰 면직물과 염색한 면직물을 얻기 위해서는, 1년에 17시간만 일해도 충분할 것이다. 여기서 주목할 필요가 있는 것은 이 원재료들은 대개 밭에서 수확한 상태 그대로 공장에 도착하는 것이라서 상품으로 만들기 전에 재료를 공정하는 일이 필요한데, 이 과정도 여기 17시간 속에 포함된다. 그러나 이 200야드를 상인에게서 구입하기 위해서는, 보수가 좋은 노동자라도 최소한 하루에 10시간씩 15일 동안을 일해야 한다. 다시 말해 약 150시간을 일해야 한다는 뜻이다. 영국 농민의 경우, 이 비싼 제품을 구입하기 위해서는 한 달이나 그보다 약간 적은 기간 동안 노동해야 한다.

이 예를 통해 우리는 이미 알고 있다. 잘 조직된 사회에서는 1년에 50일 동안 반나절 노동을 하면, 오늘날 중하류 계층이 입는 것보다 더 잘 입을 수 있다는 사실을 말이다. 이 모든 사실에 따르면 농산물을 얻기 위해서는 하루 반나절씩 60일 만 일하면 되고, 집을 얻기 위해서는 40일, 옷을 위해서는 50일이 든다. 1년 중에 휴일을 빼고 일하는 날을 300일이라고 친다면, 이 날들을 다 합해 봐야 고작 1년의 절반밖에 되지 않는다. 아직 하루 반나절씩 일하는 날이 150일 남아 있다. 이 날들은 생활에 필요한 다른 것들, 가령 와인, 설탕, 커피, 차, 가구, 교통비 등을 얻는 일에 사용할 수 있다.

이러한 계산들은 단지 대략적으로만 계산한 것임이 분명하지만 다른 방법으로도 위의 계산을 증명할 수 있다. 다음과 같은 사실을 고려할 경우에, 각각의 나라에서 진짜 필요한 생산물들의 양을 두 배로 늘릴 수 있다. 즉, 얼마나 많은 소위 문명화된 나라가 아무것도 생산하고 있지 않은지를 고려하고, 얼마나 많은 노동이 곧 사라져버릴지 모르는 직업들에 쓰이고 있는지를 고려하고, 쓸모없는 중간상인들이 얼마나 많은지를 고려할 경우에 말이다.

만약 필수품을 생산하는 일에 10명이 아니라 20명의 사람들이 종사한다면, 또 사회가 인간의 에너지를 절약하기 위해 애쓴다면, 이 20명의 사람들은 하루에 5시간만 일을 해도 생산량은 감소하지 않을 것이다. 그리고 낭비되고 있는 인간 에너지를 줄여서 이 힘들을 활용한다면 충분히 그 나라의 생산력을 크게 증가시킬 수 있다. 실제로 그렇게 한다면 지금 생산되는 모든 제품을 생산하는 데 필요한 노동 시간을 하루에 4시간까지 줄일 수 있을 것이다.

이러한 사실들을 다 연구하고 나면 우리는 다음과 같은 결론에 이르게 될지도 모른다. 농업과 다양한 산업에 종사하는 몇 백만 명의 주민이 살고 있는 사회를 상상해보자. 가령, 근교인 센에뚜아즈 지역을 포함한 파리를 예로 들 수 있다. 이 사회에서는 모든 아이들이 머리와 함께 손을 써서 일하는 법을 배운다. 아이들 교육을 맡고 있는 여성들을 제외한 모든 어른이, 20~50살까지 하루에 5시간씩 일을 할 의무가 있다. 일자리는 그 도시가 필요하다고 여기는 다양한 분야의 직업 중에서 한 가지를 고를 수 있다. 그에 대한 보답으로 사회는 모든 구성원에게 좋은 삶을 제공해줄 것이고, 그 행복은 오늘날 중산층이 즐기는 것보다 훨씬 실질적이고 내용이 있을 것이다.

　더 나아가, 이 사회에 속한 노동자들은 각자 하루에 적어도 5시간을 자기 마음대로 쓸 수 있다. 그들은 그 시간 동안 학문이나 예술에 전념할 수 있으며, 개인적인 일을 하는 데 그 시간을 쓸 수도 있다. 아마도 인간의 생산성이 증가하게 되면, 학문이나 예술 같은 것들이 더 이상 사치스럽거나 접근하기 어려운 일로 보이지 않을 것이다.

사치스러운 취미에 대한 욕구

1

인간이란 먹고, 마시고, 집을 마련하는 일만을 삶의 유일한 목적으로 삼는 존재가 아니다. 물질적인 결핍이 충족되자마자 다른 욕구들, 일반적으로 말해서 예술적 특성이라고 할 수 있는 욕구들이 앞으로 튀어나온다. 이 욕구들은 아주 다양하고 각 개인마다 모두 다르다. 그리고 사회가 점점 더 문명화될수록 개인성은 더욱 발달하게 되고, 이 욕구들도 더욱 다양해질 것이다.

심지어 오늘날에도 어떤 남녀들은 아주 사소한 것들을 얻기 위해서, 또 뭔가 특별한 만족 혹은 어떤 지적이거나 물질적인 즐거움을 얻기 위해서 필수품 소비를 자제하는 모습을 볼 수 있다. 기독교인이나 금욕주의자는 이런 사치스러운 욕구들에 대해서 비난할지도 모른다. 하지만 실존의 단조로움을 깨트리고 삶을 유쾌하게 만드는 것은 바로 이 사소한 것들이다. 나날의 노동 외에 자신에 취미에 맞는 단 하나의 즐거움조차 얻을 수 없다면, 피할 수 없는 갖가지 고된 노동과 슬픔으로 가득한 인생이 살아갈 만한 가치가 있겠는가?

만일 우리가 사회 혁명을 바란다면 무엇보다 먼저 모두에게 빵을 제공해야 한다는 점은 의심할 여지가 없다. 즉, 이런 저주스런 사회를 바꾸어야 하는 것이다. 매일 우리는 유능한 노동자들이 자신을 착취할 고용주에게 자기를 고용해달라고 매달리는 모습을 보고 있다. 여자들과 아이들이 밤에 잘 곳이 없어서 떠돌고 있으며, 온 가족이 마른 빵만 먹으며 근근이 살아가야 한다. 남자들, 여자들, 아이들이 제대로 보살핌을 받지 못하거나 먹을 것이 없어서 죽어가고 있다. 우리가 반란을 일으키는 것은 이런 부정의를 끝장내기 위해서다.

하지만 우리는 혁명에서 더 많은 것을 기대한다. 우리는 알고 있다. 가까스로 생존하기 위해서 강제로 고통스럽게 일해야 하는 노동자는 보다 고상한 즐거움, 인간이 도달할 수 있는 보다 수준 높은 것들을 외면할 수밖에 없는 처지임을 말이다. 가령, 학문의 즐거움, 특히 과학적 발견의 즐거움, 예술적 창조의 즐거움 같은 것들 말이다. 사회 혁명이 모두에게 매일의 빵을 보장해주어야 하는 이유는, 지금은 소수만 누리는 이런 즐거움들을 모두가 누릴 수 있도록 하기 위해서이다. 모든 사람이 여가를 누리도록 해서 자신의 지적 능력을 계발할 가능성을 제공하기 위해서이다. 빵이 보장된 다음에는 여가가 가장 중요한 목표가 될 것이다.

오늘날 수백 수천만 명의 사람이 빵, 석탄, 옷, 집을 필요로 하고 있는 상황에서 사치스런 욕구가 범죄라는 사실에는 의심할 나위가 없다. 그런 사치스런 욕구를 채우기 위해서 노동자의 아이는 빵 없이 지내야 한다. 하지만 모든 사람이 필요한 음식과 집을 가지고 있는 사회에서는 오늘날 우리가 사치스런 것으로 여기는 욕구들이 더욱 강하게 느껴질 것이다. 그리고 모든 사람은 서로 다르고, 또 같을 수도 없는 존재이기 때문에(취미와 욕구의 다양성은 인류의 진보를 확증해주는 주요한 것들이다), 특정 방면에서 평범한 개인들의 취미를 넘어서는 욕구를 가진 남자와 여자들이 항상 있을 것이다. 이것은 바람직한 일이다.

모든 사람이 망원경을 필요로 하지는 않는다. 심지어 배움이 보편화된다고 할지라도, 별이 가득한 하늘을 탐구하기보다는 현미경을 통해 뭔가 조사하기를 더 좋아하는 사람들이 있다. 어떤 사람은 조각을 좋아하고, 어떤 사람은 그림을 좋아한다. 어떤 사람은 좋은 피아노를 갖는 것이 가장 큰 열망이지만, 누군가는 아코디언으로 충분히 즐거워한다. 취미는 다양하겠지만, 예술적 욕구는 모든 사람이 다 가지고 있다.

현재 우리가 사는 비열한 자본주의 사회에서 예술적 욕구를 가진 사람은 운이 좋아서 많은 재산을 상속받지 않는 한, 이 욕구들을 충족시킬 수 없다. 아니면 열심히 공부해서 지적인 자산을 얻는 경우가 있는데 그러면 그 사람은 이것으로 나중에 좀 더 자유로운 직업을 얻을 수 있을 것이다. 그리고 언젠가는 자신의 취미를 약간이나마 충족시킬 수 있으리라는 희망을 품는다. 아마도 이런 이유 때문에 그는 이상적인 코뮌주의 사회를 비난할지도 모른다. 코뮌주의 사회에서는 개인들의 유일한 목표가 물질적인 생활이 아니냐고 하면서 말이다. 그는 우리에게 이렇게 말한다.

"아마도 당신들의 공공 상점에는 모두를 위한 빵이 있을지도 모른다. 하지만 그곳에는 아름다운 그림, 광학 기계, 화려한 가구, 예술적으로 세공한 보석은 없을 것이다. 간단히 말해서 무한히 다양한 인간의 취향을 만족시켜줄 수 있는 많은 것이 없을 것이란 뜻이다. 그리고 당신들은 코뮌이 모두에게 제공할 수 있는 빵과 고기, 그리고 여성 모두가 입게 될 단조롭고 우중충한 린넨 옷을 제외한 다른 것들을 갖지 못하게 억압할 것이다."

이것들은 모든 코뮌주의 체제가 생각해봐야 할 반대 의견들이다. 또한 미국의 황무지에 정착해서 새로운 공동체 사회들을 건설했던 사람들이 결코 이해하지 못했던 반론이기도 하다. 그들은 공동체가 모든 구성원이 입을 만큼 충분한 천을 조달할 수 있고, '형제들'이 서투르게 음악을 연주할 수 있는 음악실이 있으며, 때때로 연극 한 편을 공연한다면 그걸로 충분하다고 믿었다.

그들은 도시민들과 마찬가지로 농민에게도 예술적 감수성이 존재한다는 사실을 잊고 있었다. 그리고 예술적 감수성을 표현하는 방식은 문화의 차이에 따라 다를 수 있지만 핵심은 똑같다는 사실을 잊고 있었다.

공동체는 생활에 필요한 일반적인 필수품들을 보장했지만 그것만으로는 소용이 없었다. 개성을 발달시키는 모든 교육을 억압했으나 소용이 없었다. 성경을 제외한 모든 읽을거리는 없앴지만 허사였다. 개인적인 취미들이 터져 나왔고 불만이 널리 퍼졌다. 누군가 피아노나 과학 기구들을 사려고 하면 싸움이 일어났다. 그리고 진보를 위한 요인들이 시들어갔다. 그런 사회는 모든 개인적인 감정, 갖가지 예술적 성향, 그리고 모든 발전의 싹을 짓밟아버렸던 조건에서만 존재할 수 있었다.

아나키스트 코뮌도 어쩔 수 없이 이와 같은 방향으로 가게 될 것인가? 분명히 그렇지 않다. 이 코뮌이 물질적 삶에 필요한 모든 것을 생산하고, 다른 한편으로 인간 정신이 표현하려는 모든 것을 열심히 충족시키려고 애써야 한다는 사실을 이해한다면 말이다.

2

솔직히 고백하자면 우리를 둘러싼 헤아릴 수 없는 가난과 고통에 대해 생각하고 있을 때, 거리에서 일자리를 구걸하는 노동자들의 비통한 외침을 듣고 있을 때, 다음과 같은 질문을 논의하고픈 마음이 썩 내키지는 않는다. '모든 구성원이 충분한 음식을 공급받게 된 사회에서 세브르 산 도자기나 벨벳 드레스를 가지고 싶어 하는 특정 개인의 욕구를 충족시키려면 어떻게 해야 할까?' 같은 질문들 말이다. 이 질문에 우리는 이렇게 대답하고 싶다. 제일 먼저 빵을 확실하게 확보하도록 하자고, 도자기나 벨벳은 그 다음에 알아보자고 말이다.

그러나 우리는 사람은 음식 말고도 다른 욕구들을 가진다는 점을 인정해야 한다. 또한 아나키스트 사회의 힘은 분명 인간의 모든 재능과 열정을 이해하고, 그 어떤 것도 무시하지 않는다는 것에서 나오기 때문에 우리는 간단하게 설명할 것이다. 어떻게 해야 인간이 자신의 온갖 지적이고 예술적인 욕구를 충족시킬 수 있는지를 말이다. 우리가 이미 이야기한 바와 같이 사람들이 45세나 50세가 될 때까지 하루에 4~5시간씩 일하면, 사회의 안락을 보장하는 데 필요한 모든 것을 쉽게 생산할 수 있다.

그러나 노동하는 데 익숙해진 사람에게 하루의 노동은 5시간으로 끝나지 않는다. 그런 사람에게 일은 1년에 300일 동안 하루 10시간씩 노동하는 것이며, 평생 동안 그렇게 한다. 물론 사람이 기계에 매인 존재가 되면 얼마 지나지 않아 그의 건강은 점점 나빠지고 지력도 고갈될 것이다. 하지만 그 사람이 작업을 바꿀 수 있는 가능성을 갖게 된다면, 특히 육체노동과 정신노동을 번갈아 할 수 있다면 그는 피로하지 않고 심지어는 즐겁게 하루 10시간이나 12시간 동안 일에 전념할 수 있다. 따라서 육체노동을 4~5시간 하고 난 사람은 생존에 필요한 일을 마친 셈이기 때문에, 하루 중 남은 5~6시간은 자신의 취미에 따라 할 일을 찾을 것이다. 그리고 그 시간을 온전히 자기자신에게 필요한 것을 얻는 데 쓸 수 있다. 만약 그가 다른 사람들과 협력해서 일한다면, 모두에게 보장된 필수품들뿐만이 아니라 그가 원하는 모든 것을 구할 수 있다.

그는 먼저 논밭과 공장 등에서 사회의 총 생산에 기여하는 자신의 의무를 수행할 것이다. 그런 다음에는 하루, 한 주, 일년의 나머지 반을 자신의 예술적이거나 학문적인 욕구를 충족시키기 위해 혹은 자신의 취미를 위해 사용할 수 있을 것이다. 갖가지 취미와 모든 가능한 흥미를 만족시키기 위해 수많은 협회와 단체가 생겨날 것이다. 예를 들어 어떤 사람들은 여가시간을 문학에 쏟을 것이다. 그래서 그들은 자신에게 귀중한 사상을 널리 퍼트린다는 공통의 목적을 추구하는 모든 사람과 함께 단체를 만들 것이다. 작가, 식자공, 인쇄업자, 조판공, 제도사를 포함하는 단체를 말이다.

오늘날 어떤 작가는 하루에 몇 실링을 받고 짐 나르는 짐승처럼 일하는 노동자가 있다는 것을 알고 있다. 그는 인쇄소에 자기 작품을 책으로 만들어달라고 맡길 수 있다. 하지만 그는 그 인쇄소가 어떤 곳인지에 대해서는 아무런 관심이 없다. 식자공이 납 중독으로 고통받고, 기계를 지키는 아이가 빈혈로 죽어간다고 해도, 그들을 대신할 가난한 사람들이 얼마든지 있지 않은가? 그러나 자기의 노동을 몇 푼의 돈에 팔 준비가 된 굶주린 사람들이 더 이상 없게 되는 날, 오늘날 착취당하고 있는 노동자가 교육받게 되는 날, 그리하여 자기의 생각을 글로 적어서 다른 사람들과 소통할 수 있게 되면 작가들과 학자들은 자신의 시와 산문을 출판하기 위해서 어쩔 수 없이 서로 협력해서 인쇄 일을 할 수밖에 없을 것이다.

작업복과 육체노동을 열등함의 표시로 여기는 한, 작가가 스스로 인쇄소에서 자기 책의 활자를 조판하는 모습을 보면 사람들은 놀랍게 생각할 것이다. 기분전환을 위해서라면 체육관에 가거나 게임을 할 수도 있지 않은가? 그러나 육체노동에서 연상되는 불명예가 사라지고 모든 사람이 자기 손으로 일해야 할 때가 되면 어느 누구도 대신 일해주지 않을 것이다.

그렇게 때문에 그들의 숭배자들과 마찬가지로 작가들도 곧 활자를 조판하는 법을 배우게 될 것이다. 그들은 활자를 조판하고, 페이지를 매기고, 인쇄기에서 나오는 책을 받아보는 그 순결한 즐거움을 알게 될 것이다. 이 멋진 기계들, 아침부터 밤까지 그것을 지켜봐야 하는 어린 노동자를 고문하는 도구로 쓰였던 이 기계들은, 자기들이 좋아하는 작가의 사상을 널리 알리려고 그걸 사용하는 사람에게는 즐거움의 원천이 될 것이다.

그 때문에 문학이 손해 볼 일이 있을까? 시인이 바깥에서 일을 하거나, 인쇄소에서 자기 작품을 인쇄하도록 도움을 준 후에는 덜 시인다워지는 걸까? 소설가가 숲이나 공장에서 다른 사람들과 어깨를 맞대고 일하거나, 도로나 철로를 만드는 일을 하고 난 다음에는 인간의 본성에 대한 이해를 잃어버리게 될까? 이 질문들에 답을 할 수 있겠는가?

어떤 책들은 부피가 줄어들 수도 있지만 줄어든 페이지에 더 많은 것들을 담을 수 있을 것이다. 아마도 쓰레기 같은 인쇄물들은 거의 출판되지 않을 것이다. 하지만 인쇄된 것들은 보다 주의 깊게 읽혀질 것이고, 그 진가를 더욱 인정받을 것이다. 책은 잘 교육받은 광범위한 독자들의 관심을 받을 것이고, 그들에게는 책을 평가할 만한 충분한 역량이 있을 것이다.

게다가 인쇄 기술은 구텐베르크 시대 이후로 거의 진보하지 않았고, 여전히 초기단계에 머물러 있다. 손으로 10분 동안 쓴 것을 활자로 조판하는 데는 2시간이 걸린다. 하지만 증가하고 있는 사상을 보다 신속하게 전달하는 방법들이 연구되고 있으며, 언젠가는 발견하게 될 것이다.●.[72]

모든 작가가 자기 작품을 인쇄하는 일에서 자기 몫의 일을 하지 않는다는 것은 얼마나 안타까운 사실인가! 만약 그렇게 했더라면 인쇄업이 벌써 얼마나 진보했겠는가. 그랬더라면 우리는 17세기와 똑같은 활자를 더 이상 사용하지 않았을 것이다.

●   이 글을 쓴 뒤로 그것들이 이미 발견되었다.

[72]   이 글을 쓸 당시는 타자기가 발명되지 않았을 때였다. 그 뒤로 곧 미국에서 타자기가 발명되었고, 크로포트킨도 나중에는 이 타자기를 알게 되었다.

3

이런 사회를 생각하는 것은 꿈일까? 모든 사람이 생산자가 되고 모든 사람이 학문과 예술을 계발할 수 있도록 교육받고, 모든 사람이 그렇게 할 수 있는 여가를 갖는 사회를 생각하는 게 꿈일까? 그런 사회에서 사람들은 자신이 선택한 작품들을 출간하기 위해 협력해서 일할 것이고, 각자가 자기 몫의 육체노동을 하면서 그 일들에 기여할 것이다.

우리에게는 이미 수많은 학문단체와 문학단체, 다른 많은 단체들이 있다. 그리고 이 단체들은 특정한 학문분야에 관심이 있거나, 자기들의 작품을 출판할 목적으로 연합한 자원자들의 단체나 마찬가지이다. 이런 단체들이 발행하는 정기간행물에 글을 쓰는 저자들은 고료를 받지 않으며, 한정된 부수를 제외하고 이 간행물들은 대개 비매품이다.

이런 간행물들은 같은 학문 분야를 연구하고 있는 전 세계의 다른 단체들에 무료로 보내진다. 협회의 어떤 구성원은 자신의 견해를 한 쪽으로 요약해서 간행물에 게재할 것이고, 어떤 사람은 여러 해에 걸친 연구 결과를 광범위한 작품으로 발표할 수도 있다. 반면에 다른 사람들은 보다 발전된 연구를 위한 출발점으로 그 간행물을 참고하는 데 만족할 것이다. 어떻게 해도 아무런 문제가 없다. 저자와 독자 모두가 관심을 가지고 있는 작품을 생산하는 일에 협력하고 있는 것이다.

개인 저자들과 마찬가지로 학계도 노동자들이 인쇄 일을 하는 인쇄소로 가서 함께 일할 것이다. 오늘날 학계에 소속된 사람들은, 실제로 악조건 아래서 행해지고 있는 육체노동을 경멸하고 있다. 하지만 모든 구성원에게 풍부한 철학 교육과 과학 교육을 제공하고 있는 공동체는, 어떻게 해야 육체노동을 인간의 자부심이 되게끔 조직할 수 있는지를 알 것이다. 이런 공동체의 학문 단체들은 탐험가들, 과학 애호가들, 노동자들이 함께 연합하는 곳이 될 것이다. 이 단체의 모든 사람이 육체노동을 알고 있고, 모두가 학문에 관심을 가지고 있을 것이다.

예를 들어 지리학을 연구하는 단체가 있다면 모든 회원이 지구의 지층을 조사하는 일에 기여할 것이다. 각 회원은 자기

뭇의 연구를 분담할 것이고, 지금은 100명 정도밖에 없는 조사자들이 만 명으로 늘어나서, 우리가 20년 동안 할 수 있는 조사보다 더 많은 일을 1년 안에 해낼 것이다. 그리고 그들의 연구들이 출판된다면 서로 다른 분야에 기술을 가지고 있는 만 명의 남녀가 지도를 그리고, 도안을 작성하고, 활자를 조판하고, 책자를 인쇄할 것이다. 그들은 기쁜 마음으로 자신의 여가시간을 할애해서 여름에는 탐사를 나가고 겨울에는 실내에서 작업을 할 것이다. 그리고 그들의 연구물들이 출판되면, 100명이 아니라 만 명의 독자들이 그들이 공동으로 해낸 연구에 관심을 보일 것이다.

진보는 이미 이런 방향으로 이루어지고 있다. 심지어 오늘날에도 영국에 영어 대사전이 필요하다고 사람들이 생각했을 때, 자신의 전 생애를 사전 편찬에 바친 리트레[73] 같은 사람의 탄생을 기다리지 않아도 되었다. 왜냐하면 그 일에 흥미를 느끼는 1천여 명의 자원자들이 자발적인 무료 봉사를 제공했기 때문이다. 그들은 도서관들을 샅샅이 뒤지고, 주석을 달면서, 한 사람이 일생에 걸쳐 해도 완성하지 못했을 일을 몇 년 안

---

73   리트레(Emile Littré1801-1881): 프랑스의 언어학자이자 철학자. 표준 불어사전의 편찬자이다.

에 해내었던 것이다. 인간 지성과 관련된 모든 분야에서 이와 똑같은 정신이 나타나고 있다. 그러니 다음과 같은 사실을 예상하지 못한다면, 우리는 인간성에 대해서 아주 제한된 지식만을 갖고 있는 셈이다. 즉, 미래에는 이러한 일시적인 협력이 더욱 많아져서, 점차 개인적인 연구 작업을 대신하게 될 거라는 사실 말이다.

이 사전 작업이 실제로 집단적인 작업이 되기 위해서는 많은 자원자 저자들, 인쇄공들, 독자들이 공동으로 작업할 필요가 있다. 그런데 사회주의 출판사는 이미 이런 방식으로 일하고 있다. 그곳은 우리에게 육체노동과 정신노동이 결합된 실례들을 보여주고 있다. 사회주의자인 어느 저자는 자신이 쓴 기사를 직접 조판해서 신문을 만들어내고 있다. 이런 시도들이 드물기는 하지만 실제로 있다. 그리고 이 시도들은 진보가 어떤 방향으로 나아가고 있는지를 보여주고 있다.

이 시도들은 자유로 향하는 길을 보여주고 있다. 미래에는 어떤 사람이 자기 시대의 사상을 넘어서는 뭔가 쓸모 있는 이야기를 갖고 있다면, 그는 필요한 자금을 선불해줄 만한 편집자를 굳이 찾을 필요가 없을 것이다. 그는 인쇄 일을 잘 알고 있는 사람들과 그의 새로운 연구 결과 속에 있는 아이디어를 인정하는 사람들 속에서 협력할 사람들을 찾을 것이다. 그들은 함께 이 새로운 책이나 잡지를 출판할 것이다.

문학과 저널리즘은 더 이상 돈벌이의 수단으로 쓰이거나 다른 사람들을 희생시키면서 유지되는 일을 그만둘 것이다. 하지만 앞으로 그렇게 되었을 때, 문학과 저널리즘을 내부에서 잘 아는 사람이 있을까? 과거에 문학을 후견했던 사람들로부터 마침내 문학이 자유로워지기를 열렬히 바라지 않는 사람도 있지 않을까? 또 지금 문학을 이용하고 있는 사람들이 그때에도 있지 않을까? 드물게 예외는 있겠지만, 문학의 저속함에 비례해서 대중으로부터 돈을 받아내려 하거나, 다수의 저급한 취향에 쉽게 영합하려는 사람이 있지나 않을까?

문학과 학문은 오직 인류의 발전을 위한 연구 작업들 속에서만 자신의 적절한 자리를 찾을 수 있을 것이다. 이처럼 돈벌이라는 속박에서 해방된 문학과 학문은, 오직 그것들을 사랑하는 사람들에 의해서만, 그리고 그 사람들을 위해서만 육성되고 발전해나갈 것이다.

4

문학, 과학, 그리고 예술은 자유로운 사람들에 의해서 육성되고 계발되어야 한다. 오직 이런 조건에서만 그것들은 국가와 자본의 멍에로부터 해방되는 데 성공할 것이고, 그것들을 질식시키고 있는 부르주아의 저속함으로부터 해방될 것이다.

오늘날의 학자들은 자신이 관심 있는 주제들을 연구하기 위해 어떤 수단을 쓸 수 있는가? 국가에게 도움을 요청해야 할까? 국가는 100명 중에 오직 한 사람의 후보자에게만 도움을 주고 있고, 그것도 그 후보자가 정해진 길만을 따르겠다고 표면상으로나마 약속해야만 얻을 수 있다. 프랑스 과학 아카데미가 어떤 식으로 다윈을 거부했는지를 기억하도록 하자. 러시아 상트페테르부르크 과학 아카데미가 멘델레예프[74]를 얼마나 모욕적으로 대했는지 기억하자. 어떻게 런던 왕립 학

회가 열과 일의 비례관계를 측정한 줄[75]의 논문을 '비과학적'
이라는 이유로 거절했는지를● 기억하도록 하자.

모든 위대한 연구, 과학에 변혁을 가져오는 모든 발견이 아
카데미나 대학 외부에서 이루어진 것은 바로 이런 이유 때문
이다. 또 이런 연구들이 다윈이나 라이얼[76]처럼 독립적으로
연구할 수 있을 만큼 충분히 부유한 사람들에 의해서 이루어
진 것도 이런 이유 때문이다. 또는 엄청난 궁핍 속에서 연구하
면서 건강을 해친 사람들이나, 실험실을 구하러 다니느라 하
염없이 시간을 허비한 사람들, 연구를 계속하는 데 필요한 도
구들이나 책들을 얻을 수 없는데도 굴하지 않고 희망을 가졌
던 사람들, 그리고 때로 계획한 목표에 도달하기도 전에 죽어
간 사람들에 의해 이루어졌는지의 이유이다. 그런 이들은 무
수히 많다.

---

74 멘델레예프(1834-1907): 러시아의 화학자. 당시 알려진 63종의 원소의 특징에서
일정한 주기를 발견했으며, 이를 토대로 주기율표를 만들었다.

75 줄(James Prescott Joule1818-1875): 영국의 실험물리학자. '줄의 법칙'을 발견했고,
열과 일의 관계를 탐구하는 실험으로 에너지 보존 법칙을 확립시키는 데 크게 기
여했다.

● 우리는 이 사실을 플레이페어를 통해 알게 되었는데, 그는 줄이 사망한 후에 이
이야기를 해주었다.

76 라이얼(1797-1875): 스코틀랜드의 지질학자.

대체로 국가가 지원하는 연구 보조금 제도는 너무나 형편 없고 불쾌한 것이라서, 과학은 언제나 그런 지원으로부터 벗어나려고 애를 써왔다. 이런 이유 때문에 유럽과 미국에 자원자들에 의해 조직되고 유지되는 수많은 학문단체가 있는 것이다. 어떤 단체들은 굉장한 발전을 이루어서, 정부 보조금을 받는 단체들의 모든 재산과 백만장자의 부를 가지고도 그들이 소유한 보물을 살 수 없을 정도이다. 어떤 정부 산하 연구소도 자원자들의 자발적인 후원을 받고 있는 '런던 동물학 협회'만큼 부유하지 않다.

이 협회의 동물원에 있는 수천 마리의 동물은 사들인 것이 아니다. 그것들은 전 세계에 있는 다른 단체들과 수집가들이 보내준 것이다. '봄베이 동물학 협회'는 선물로 코끼리 한 마리를 보냈다. 다른 날에는 이집트의 박물학자들이 하마와 코뿔소를 보내왔다. 또한 새들, 파충류, 수집한 곤충들처럼 대단히 훌륭한 선물들이 매일 세계의 온갖 지역에서 도착하고 있다. 이렇게 보내진 것들 중에는 종종 이 세상의 모든 황금을 주고도 살 수 없는 동물들도 포함되어 있다. 이를테면, 생명의 위협을 무릅쓰고 어떤 동물을 사로잡았던 여행가가 있었다. 그는 이제 아이를 사랑하는 것처럼 그 동물을 아끼지만, 협회에 그 동물을 선물했다. 왜냐하면 그 동물이 틀림없이 좋은 보살핌을 받을 것이라고 확신하기 때문이다. 무수히 많은 방문객이 내는 입장료는 그 거대한 시설을 유지하기에 충분하다.

'런던 동물학 협회'나 다른 유사한 단체들의 결점은 그곳에서 일하는 것으로 협회의 회비를 지불할 수가 없다는 점이다. 즉, 이 거대한 시설을 유지하는 사람들과 수많은 고용인은 협회의 회원으로 인정받지 못하고 있는 것이다. 한편 많은 사람이 자기들의 명함에 'F. Z. S(동물학 협회 회원)'이라는 신비로운 글자를 쓰는 것 말고는 협회에 참여할 만한 다른 동기가 전혀 없다는 점도 결점이다. 한 마디로 말해, 이런 곳들에 필요한 것은 보다 완전한 협력이다.

과학자들에 대해 했던 것과 똑같은 이야기를 발명가들에 대해서도 할 수 있을 것이다. 모든 위대한 발명 대부분이 어떤 고통의 대가를 치러왔는지 모르는 사람이 있을까? 잠 못 이루던 밤들, 먹을 게 없어서 고통받는 가족들, 실험 도구와 재료의 부족. 이것들은 우리 문명의 진정으로 합당한 긍지인 발명들을 이루어서 산업을 풍요롭게 해준 거의 모든 사람이 거친 역사이다.

그렇다면 모든 사람이 불쾌하고 해롭다고 여기는 조건들을 바꾸기 위해서 우리는 무엇을 할 수 있을까? 특허제도가 시도되고 있지만, 그 결과가 무엇인지 우리는 알고 있다. 발명가는 몇 파운드의 돈을 받고 자신의 특허권을 판다. 그리고 자본금을 제공하기만 한 사람은 종종 그 발명 덕분에 생긴 엄청난 이익을 자기 것으로 챙긴다.

게다가 특허제도는 발명가를 고립시킨다. 발명가들은 어쩔 수 없이 자기 연구를 비밀로 유지하게 되고, 그리하여 연구는 종종 실패로 끝난다. 반면에 근본적인 문제에 그다지 몰두해 있지 않은 머리에서 나온 가장 간단한 제안이 때로는 그 발명을 풍부하게 만들어서 실용화시키도록 도와주기도 한다. 국가의 모든 통제와 마찬가지로 특허제도 역시 산업의 발전을 가로막는다. 생각은 특허를 받을 수 없는 것이다. 그렇기 때문에 특허제도는 이론상으로도 심각하게 부당하며, 실제로도 발명이 빠르게 발전하는 데 큰 걸림돌이 되는 결과를 가져왔다.

발명 정신을 장려하기 위해서는 무엇보다도 깨어 있는 사고와 대담한 생각이 필요하다. 그런데 우리의 전반적인 교육 체계는 이런 것을 모두 시들게 하는 원인이 되고 있다. 발명 정신에 필요한 것은 과학 교육을 널리 보급시키는 일이다. 그래야 탐구자의 수가 수백 배로 늘어나기 때문이다. 또 인류가 앞으로 나아가리라는 믿음을 갖는 것도 중요하다. 왜냐하면 모든 위대한 발명가에게 영감을 불어넣은 것은, 열정 그리고 선을 행하고자 하는 소망이기 때문이다. 오직 사회 혁명만

이 이러한 사고하려는 충동, 대담성, 과학적 지식, 모두를 위해 연구하고 있다는 확신을 줄 수 있다.

그렇게 되면 우리는 동력과 온갖 종류의 도구가 구비된 거대한 연구소들을 갖게 될 것이다. 많은 산업 실험실이 모든 탐구자에게 개방될 것이다. 사람들은 사회에 대한 자신들의 의무를 수행한 다음에는 그곳에서 자신들의 꿈을 실험해볼 수 있을 것이다. 그들은 기계로 가득한 훌륭한 연구실들에서 하루 6시간 정도의 시간시간을 보낼 것이다. 그곳에서 그들은 실험을 하고, 다른 동지들, 다른 산업 분야의 전문가들을 만날 것이다. 이 사람들 역시 어떤 어려운 문제를 연구하기 위해서 그곳을 찾은 사람들이다. 그리하여 그들은 서로서로 도움과 가르침을 주고받을 것이다. 그들의 아디이어와 경험의 만남은 그토록 고대하던 해답을 찾아내게 해줄 것이다.

다시 말하지만 이것은· 꿈이 아니다. 러시아의 상트페테르부르크에 있는 솔라노이 고로독(Solanóy Gorodók)이라는 연구소는 기술적인 문제에 한해서는 이미 부분적으로 이 꿈을 실현하고 있다. 이곳은 설비가 잘 갖춰져 있고 모든 사람이 무료로 이용할 수 있는 작업 공장이다. 도구들과 동력 기관들은 무료로 제공되고, 오직 금속 재료나 목재를 쓸 때만 원가를 받는다. 그렇지만 불행하게도 노동자들은 직장에서 10시간의 노동을 다 끝내서 녹초가 된 밤에나 그곳에 갈 수 있다. 게다가 그들은 자기의 발명들을 서로가 보지 못하도록 주의 깊게 감추곤 한다. 왜냐하면 현 사회의 해악이자 방해물인 특허제도와 자본주의가 지적이고 도덕적인 진보로 가는 길을 가로막고 있기 때문이다.

5

그렇다면 예술은 어떠한가? 우리는 사방에서 예술의 타락에 대한 탄식을 듣고 있다. 정말로 우리는 르네상스 시기의 위대한 거장들보다 한참 뒤떨어져 있다. 예술적인 기교들은 최근에 커다란 진보를 이루고 있다. 어느 정도의 재능을 타고난 수많은 사람이 제각기 다양한 분야에서 예술을 하고 있지만, 예술은 문명으로부터 달아나고 있는 것처럼 보인다. 기교들은 발전하고 있지만 영감은 예전만큼 예술가의 작업실에 찾아오고 있지 않다.

　실제로 예술적 영감은 어디에서 오는 것일까? 오직 위대한 사상만이 예술에 영감을 불어넣을 수 있다. 우리의 이상으로는 예술은 창조와 동의어이다. 그리고 예술은 앞을 내다보아야 한다. 하지만 몇몇 아주 드문 경우를 제외하면, 전문 예술가들은 너무나 속물적이어서 새로운 지평을 감지하지 못하고 있다. 게다가 이런 영감은 책에서 나올 수 있는 것이 아니다. 이 영감은 삶으로부터 나와야 한다. 그런데 지금 사회는 그것을 불러일으킬 수 없다.

라파엘로[77]와 무리요[78]는 낡은 종교적 관습들이 그대로 유지되고는 있지만 동시에 새로운 이상에 대한 탐구를 추구할 수 있었던 시대에 그림을 그렸다. 그들은 어떤 도시에 있는 성당들을 장식하는 그림을 그렸는데, 그 성당들은 그 자체로 여러 세대에 걸친 종교적인 작품들을 대표하는 것들이었다. 신비로운 모습의 장엄한 바실리카[79] 형식의 성당은 도시의 삶자체와 관련이 있었기 때문에 예술가에게 영감을 줄 수 있었다. 그들은 일반인에게 기념이 될 만한 작품을 만들려고 일을 했다. 그들은 동료 시민에게 말을 걸었고, 그 보답으로 예술적 영감을 얻을 수 있었다.

그들은 성당의 본당, 기둥들, 채색된 창문들, 조각상들, 세

---

77 라파엘로(Raffaello Sanzio1483-1520): 이탈리아 르네상스 시대의 화가이자 조각가. 대표작으로 〈아테네 학당〉, 〈성모〉 등이 있다.

78 무리요(Bartolomé Esteban Murillo1617-1682): 17세기 스페인의 화가. 종교화 외에도 평민들을 그린 풍속화를 많이 남겼다.

79 바실리카: 집회 등에 쓰이던 장방형의 고대 로마 건축물로, 초기 기독교 교회를 말하기도 한다.

공한 문들을 만들어낼 때도 같은 방식으로 대중의 마음에 호소했다. 오늘날에는 화가가 바라는 가장 큰 영광이란 것이 고작 자기 그림이 금도금 된 액자에 넣어져서, 일종의 낡은 골동품점이라고 할 수 있는 미술관에 걸리는 것이다. 스페인에 있는 프라도 미술관 같은 곳에 가면, 무리요가 그린 '그리스도의 승천' 그림이 벨라스케스[80]가 그린 거지나 펠리페 2세의 개 그림 옆에 나란히 걸려 있는 것을 볼 수 있다. 불쌍한 벨라스케스, 불쌍한 무리요! 자기네 도시에 있는 아크로폴리스[81]에서 살았지만, 지금은 루브르 박물관의 붉은 커튼 아래에서 숨 막혀 하고 있는 불쌍한 그리스 조각상들!

그리스 조각가는 대리석을 조각할 때, 그 도시의 정신과 영혼을 표현하려고 애를 썼다. 도시의 모든 감정과 영광스러운 전통이 작품 속에서 되살아나도록 한 것이다. 하지만 오늘날에 그런 도시는 더 이상 존재하지 않으며, 공동으로 추구하는 이상도 더는 없다. 도시는 서로 알지 못하는 사람들의 우연한 집단이고, 이들은 상대방을 희생시켜서 자기의 부를 쌓으려는

---

80 벨라스케스(Diego Velazquez1599-1660): 스페인 바로크 시대의 화가. 대표작으로 〈시녀들〉 등이 있다.

81 아크로폴리스: 고대 그리스나 로마에서 집회 등에 쓰이던 장방형의 고대 건축물이나 장소.

것 말고는 어떤 공통의 관심사도 없다. 조국이란 게 존재하지 않는 것이다. 국제 금융가와 넝마를 줍는 이가 어떤 조국을 공유할 수 있겠는가?

오직 공통의 이상이 있는 도시, 지역들, 나라, 나라들의 연합들이 자신의 조화로운 삶을 회복해야만 예술은 이런 공동의 이상들에서 영감을 얻을 수 있을 것이다. 그러면 건축가는 더 이상 사원, 감옥, 요새가 될 건축물이 아니라 도시의 기념물이 될 만한 건축물들을 고안할 것이다. 화가, 조각가, 공예가는 자신의 그림, 조각상, 장식품을 어디에 놓아야 할지를 알게 될 것이다. 그들은 모두 동일한 활력의 원천으로부터 예술적인 힘을 끌어올 것이고, 모두 함께 미래를 향해서 영광스럽게 행진할 것이다.

그렇지만 그때까지 예술은 그저 무기력한 상태일 것이다. 현대 화가들이 캔버스에 그린 가장 훌륭한 작품들은 자연, 마을, 계곡, 위험한 바다, 장엄한 산을 묘사한 것들이다. 그런데 화가가 단지 주의 깊게 바라만 보거나 상상만 하고, 한 번도 직접 그 일에 참여해서 즐거워해본 적이 없다면, 들판에서 일하는 시적인 정경을 어떻게 표현할 수 있겠는가? 고작 철새들이 날아가던 중에 높은 하늘에서 보는 정도밖에 그 시골을 알지 못한다면, 어떻게 그것을 표현하겠는가? 만일 젊은 청춘의 활기로 새벽에 쟁기를 끌고, 주위를 가득 채우는 활기찬 소녀들의 노랫소리에 맞춰 일하는 건장한 사람들 곁에서 긴 낫으로 건초를 베는 즐거움을 모른다면, 어떻게 그것을 표현할 수 있겠는가?

땅과 그 위에서 자라는 것들에 대한 사랑은 붓으로 그린다고 해서 얻어질 수 있는 것이 아니다. 오직 그 땅에 봉사를 할 때에만 얻을 수 있다. 그리고 땅에 대한 사랑이 없이 어떻게 그것을 그릴 수 있겠는가? 이런 식으로 그림을 그렸던 훌륭한 화가들의 작품이 여전히 그토록 불완전하고, 삶에 진실하지 못하며, 대부분 감상적인 것은 바로 이런 이유 때문이다. 그들의 작품 속에는 '힘찬' 기운이 없는 것이다.

화가인 당신은 일을 마치고 돌아오는 길에 석양을 바라본 적이 있어야 한다. 농부의 훌륭한 모습을 제대로 파악하려면, 당신이 농부들 사이에서 함께 농부가 되어본 일이 있어야 한다. 당신이 고기잡이에 관한 시를 이해할 수 있으려면, 어부들과 함께 밤낮으로 바다에서 지내면서 고기를 잡아본 적이 있어야 한다. 파도와 싸우고, 폭풍우와 맞서고, 거친 노동 끝에 무거운 그물을 끌어올리는 기쁨을 경험하고, 텅 빈 그물을 보고 실망하는 경험을 해보아야 한다. 또 당신이 인간의 힘을 이해하고 그것을 작품으로 표현하려고 한다면, 공장에서 시간을 보내본 적이 있어야 한다. 생산적인 노동의 피로와 기쁨을 알고, 활활 타는 용광로의 불꽃으로 금속을 연마하며, 기계 장치 속에 들어 있는 활력을 느껴본 적이 있어야 한다. 실제로 당신이 사람들의 감정을 묘사하려면 그 감정 속에 푹 빠져보아야 하는 것이다.

더욱이 과거의 위대한 예술가들처럼, 민중의 삶을 살아본 적이 있을 예술가들의 작품들은 미래에도 잘 팔릴 운명은 아닐 것이다. 그렇지만 그 작품들은 살아 있는 전체를 구성하는 데 없어서는 안 될 중요한 부분이 될 것이다. 그 작품들이 없으면 전체도 완전해지지 않을 것이고, 전체가 없으면 그 작품들도 더 이상 완전해지지 않을 것이다. 사람들은 예술가들의 작품을 감상하러 그들이 활동한 도시로 갈 것이다. 그리고 이런 창작품들이 지닌 영적이고 고요한 아름다움은 사람들의 마음과 정신에 유익한 영향을 미치게 될 것이다.

러스킨[82]과 위대한 사회주의자 시인인 모리스[83]가 그렇게나 여러 번 훌륭하게 증명했듯이, 예술이 발전하기 위해서는 수많은 중간 단계를 거치면서 산업과 밀접한 관계를 맺어야

---

[82] 러스킨(John Ruskin1819-1900): 영국의 저술가, 미술 비평가, 사회 사상가.

[83] 모리스(William Morris1834-1896): 영국의 화가이자 공예가, 시인, 저술가, 사회운동가.

한다. 말하자면 산업과 뒤섞여야 하는 것이다. 거리에서, 공공 기념물의 안팎에서, 인간을 둘러싼 모든 것이 순수하게 예술적인 형태를 띠고 있어야 한다.

그러나 이것은 오로지 모든 사람이 안락과 여가를 즐길 수 있는 사회에서만 실현될 수 있다. 그런 사회가 되어야만 비로소 각자가 자신의 능력을 발견할 여지가 있는 예술협회들이 나타날 것이다. 왜냐하면 그런 예술은 엄청나게 많은 육체노동과 기계적인 보완 작업이 없이는 행해질 수 없기 때문이다. 이러한 예술협회들은 회원들의 집을 아름답게 장식하는 일을 시작할 것이다. 스코틀랜드 에든버러 시의 선량한 자원봉사자들인 젊은 화가들이 그 도시의 가난한 사람들을 위한 큰 병원의 벽과 천장을 장식했던 것처럼 말이다.

개인적인 감정을 작품으로 표현하는 화가나 조각가는 그것을 사랑하는 사람이나 친구에게 선물할 것이다. 사랑을 위해서 작품을 만들어내는 것이다. 이렇듯 사랑으로부터 영감을 받은 그의 작품이, 오늘날 무척이나 비싸다는 이유로 속물들의 허영심을 만족시키는 예술보다 더 못한 것으로 여겨지게 될까?

생활에 꼭 필요한 것들에 포함되지 않는 온갖 즐거움에 관해서도 이와 똑같은 원리가 적용될 것이다. 그랜드 피아노를 원하는 사람은 악기 제작 협회에 들어갈 것이다. 그리고 자기의 반나절 여가시간의 일부를 그 협회 일을 하는 데 제공함으로써, 그는 곧 꿈꾸던 피아노를 갖게 될 것이다. 천문학 연구를 좋아하는 사람은 천문학자 협회에 가입해서 그 협회의 이론가들, 관찰자들, 계산가들, 천문 기구를 만들어내는 기술자들, 과학자들과 아마추어들과 함께 협회 일을 하게 될 것이다.

그리고 그는 협동 작업에서 자기 몫의 일을 함으로써 바라던 망원경을 얻을 것이다. 천문 관측소에서 필요로 하는 작업들은 특히 거친 일로써, 벽돌공, 목수, 주물공, 기계공의 일이 많기 때문에 그곳에 있는 정밀한 도구들에 마지막 손질을 가하는 것은 주로 기술자가 맡아서 하게 될 것이다.

간단히 말해서, 하루 중 대여섯 시간 동안 필수품을 생산하는 일에 전념한 다음에는 모든 사람이 5~7시간 정도를 각자 바라던 사치스러운 취미에 대한 모든 열망을 충분히 만족시키는 데 쓸 수 있을 것이다. 수많은 협회가 그런 일들을 지원할 것이다. 지금은 하찮은 소수만의 특권으로 여겨지는 것을 모든 사람이 이용할 수 있게 될 것이다. 사치스러운 취미는 부르주아 계급의 어리석고 허영에 찬 과시가 아니라 예술적인 즐거움이 될 것이다. 그로 인해 모든 사람이 보다 행복해질 것이다. 각자는 가벼운 마음으로 공동 작업을 수행해서 책, 예술

작품, 사치품 등 원하는 것들을 얻을 것이다. 그리고 그런 작업을 통해서 삶을 즐겁게 만들어주는 자극과 여유를 찾을 수 있을 것이다. 주인과 노예 사이의 구분을 없애기 위해 일을 할 때, 우리는 주인과 노예 양쪽 모두의 행복을 위해서, 인류의 행복을 위해서 일하는 것이다.

유쾌한 노동

1

사회주의자들이 자본주의자들의 지배로부터 해방된 사회는 노동을 유쾌한 것으로 만들고, 모든 불쾌하고 불건강한 노역을 없앤 사회라고 말하면, 그들은 비웃음을 당한다. 그렇지만 심지어 오늘날에도 이런 방향으로 놀랄 만한 진보가 이루어지고 있음을 볼 수 있다. 그리고 이런 진보가 이루어지는 곳이라면 어디에서든, 고용주들 스스로가 이런 진보 덕분에 얻게 된 에너지 절약을 축하하고 있다.

공장을 과학 실험실만큼이나 위생적이고 쾌적한 곳으로 만들 수 있다는 점은 분명하다. 또한 그렇게 만드는 것이 유리하다는 점도 확실하다. 공간이 넓고 환기가 잘 되는 공장에서는 일을 더욱 잘할 수 있기 때문이다. 수많은 작은 개선을 도입하는 일은 쉽게 시도해볼 수 있고, 이런 개선들은 시간과 노동력을 절약해줄 것이다. 우리가 아는 대부분의 일터가 불결하고 비위생적인 이유는 공장 경영진이 그곳에서 일하는 노동자들을 전혀 고려하지 않기 때문이다. 그리고 인간 에너지의 가장 어리석은 낭비가 현재 산업체제의 특징이기 때문이다.

그럼에도 때때로 우리는 지금 시대도, 그곳에서 일하는 것이 정말로 즐거울 만큼 훌륭하게 운영되고 있는 공장들을 이미 찾을 수 있다. 만약 그곳에서의 노동이 하루에 4~5시간을 넘지 않는다면, 그리고 모든 사람이 자신의 적성에 따라서 그 일을 바꿀 수 있는 가능성이 있다면 더욱 좋겠지만 말이다.

아주 굉장한 공장들도 있는데, 그중에서 내가 알고 있는 곳이 하나 있다. 영국 중부의 시골에 있는 그 공장은 불행히도 전쟁용 무기를 생산하는 곳이다. 그러나 그곳은 위생과 합리적인 조직 면에서 보면 완벽한 공장이다. 그 공장은 50에이커의 부지에 세워졌고, 그중 15에이커는 유리로 된 천장으로 덮여 있다. 내화벽돌로 포장된 바닥은 광부의 오두막집 바닥만큼이나 깨끗하고, 유리천장은 그 일만 전담하는 한 무리의 노동자들이 늘 깨끗이 청소하고 있다. 이 공장에서는 20톤이 넘는 강철 주괴나 강철 빔이 만들어지고 있다. 불꽃의 온도가 섭씨 천 도가 넘는 엄청난 용광로에서 30피트 떨어진 곳에 서 있다면, 여러분은 용광로의 커다란 문이 열리면서 강철 괴물이 튀어나오는 모습 말고는 그것이 대체 어떤 모습인지 제대로 볼 수가 없을 것이다. 그런데 그 괴물을 조종하는 사람은 고작 서너 명의 노동자들이다. 그들은 이곳저곳에 있는 꼭지를 열어서 거대한 크레인이 물의 압력에 의해 여기저기로 움직이게 만들고 있다.

이런 곳에 들어서면서 여러분은 귀가 멀 정도로 큰 소리를 내는 커다란 압인기[84]의 소음을 예상하겠지만, 거기에 그런 것은 없다. 수백 톤의 거대한 대포와 대서양 횡단 증기선의 크랭크가 증기 엔진에서 나오는 물의 압력에 의해 벼려지고 있다. 그리고 노동자들은 엄청난 양의 강철 덩어리를 성형하기 위해서 그저 꼭지를 돌리기만 하면 된다. 그러면 두께가 아무리 두툼해도 흠이나 갈라짐이 없는 균질의 금속이 만들어진다.

나 역시 지옥 같은 소음을 예상했지만, 내가 본 것은 치즈를 자르는 데 필요한 정도의 소음으로 30피트 길이의 강철 주괴를 자르고 있는 기계였다. 나를 안내해주고 있던 엔지니어에게 감탄을 표하자 그는 이렇게 대답했다.

"순전히 경제문제일 뿐입니다! 강철을 평평하게 만드는 이

---

[84]   압인기: 열이나 압력을 가해서 금속을 만들어내는 기계.

기계는 42년째 사용되고 있습니다. 만일 이 기계의 부품들이 잘못 맞춰져 있어서, 서로 '충돌하고', 철을 누르는 판이 움직일 때마다 삐걱거렸다면, 이 기계는 10년도 가지 못했을 겁니다!"

"용광로요? 그곳의 열을 사용하지 않고 새어나오게 하는 것은 낭비가 될 것입니다. 몇 톤의 석탄을 태운 열이 방사열로 빠져나오게 해서 주물공을 그슬릴 이유가 있을까요?"

"5리그(약 15마일) 떨어진 건물들도 진동시키는 압인기 역시 낭비입니다. 충돌보다 압력으로 철을 벼리는 것이 더 낫지는 않지만, 비용이 적게 듭니다. 손실이 덜한 것이지요."

"이 공장에서 조명, 청결함, 각 작업대에 할당된 공간도 단순히 경제적 절약의 문제일 뿐입니다. 자신이 하는 일을 잘 볼 수 있고 팔꿈치를 자유롭게 움직일 수 있을 때 노동자가 일을 더 효율적으로 할 수 있으니까요."

그가 말했다.

"사실입니다. 이곳으로 오기 전까지는 우리도 아주 비좁은 공간에서 일했습니다. 대도시 근방의 땅은 너무나 비싸고 땅 주인들은 아주 탐욕스러우니까요!"

광산에서도 상황은 마찬가지이다. 우리는 오늘날의 광산이 어떤 모습인지 졸라[85]의 묘사와 신문 기사를 통해서 잘 알고 있다. 그러나 미래의 광산은 통풍 시설이 잘 갖춰지고 도서관에서처럼 쉽게 온도를 조절할 수 있는 곳이 될 것이다. 그곳에는 지하에서 죽어갈 운명에 처한 말(馬)들도 더 이상 없을 것이다. 지하 견인차는 탄광 입구에서 자동으로 조절할 수 있는 케이블에 의해 움직여질 것이다. 환풍기가 항상 돌아갈 것이고 탄갱 폭발도 결코 없을 것이다. 이것은 꿈이 아니다. 영국에서는 이미 이런 광산을 볼 수 있고, 나도 그런 광산에 직접 내려가 본 적이 있다.

여기에서도 훌륭한 조직은 순전히 경제 문제이다. 내가 말하는 광산은 엄청난 깊이(466야드)를 가진 곳인데도 불구하고, 고작 200명의 광부가 하루에 1천 톤 가량의 석탄을 캐내고 있었다. 한 사람의 광부가 하루에 5톤의 석탄을 캐내는 셈이다. 반면 내가 이 광산을 방문했던 1890년대 초, 영국에 있는 2천여 개 광산의 평균 채굴량은 한 사람당 1년에 300톤도 안됐다. 필요하다면 물질적인 조직과 관련된 푸리에의 꿈이 유토피아가 아니라는 것을 증명하는 수많은 예를 쉽게 들 수 있다.

---

85   졸라(Émile Zola 1840-1902): 프랑스 자연주의 문학을 대표하는 작가. 사회주의자.
     대표작 《목로주점》 등.

하여간 광산의 열악한 환경 문제는 사회주의 신문들에서 워낙 자주 이야기하고 있기 때문에 여론은 이미 이런 관점으로 교육되어 있는 상태이다. 철을 주조하고 석탄을 캐는 공장들도 현대적 대학들에 있는 가장 좋은 실험실만큼이나 위생적이고 훌륭한 것이 될 수 있다. 그리고 조직이 더 훌륭할수록 인간의 노동 생산성도 더 늘어날 것이다.

만약 그렇게 된다면 평등한 사회에서는 일이 기쁨이고 위안이 될 거라는 사실을 우리가 의심할 수 있을까? 그런 사회에서는 '일꾼들'이 어떤 조건이든 받아들이면서 강제로 자기 노동을 팔지 않을 것이다. 불쾌한 노역들은 사라질 것이다. 왜냐하면 그런 불건강한 노동 조건들은 사회 전체에 해가 될 것이 분명하기 때문이다. 노예들은 그런 조건들에 복종할지도 모르지만, 자유인들은 새로운 노동 조건을 만들어낼 것이다. 그리하여 그들의 노동은 즐겁고 분명히 훨씬 생산적일 것이다. 오늘날에는 예외적인 것이 앞으로는 통례가 될 것이다.

이와 똑같은 일이 가사노동에서도 일어날 것이다. 오늘날의 사회는 여성들의 어깨 위에 가사노동이라는 힘겨운 노역을 부과하고 있다.

2

혁명에 의해 다시 태어난 사회는 아마도 가정에서 노예처럼 일하는 것을 사라지게 만들 것이다. 가사노동은 마지막 남은 노예 형태인데, 아마도 가장 끈질긴 것일 것이다. 왜냐하면 고대로부터 내려와 가장 오래되었기 때문이다. 그렇지만 팔랑스테르주의자들이 꿈꾼 방식으로 사라지지는 않을 것이고, 또한 권위주의적 공산주의자들이 흔히 상상하는 방식으로 사라지지도 않을 것이다.

푸리에가 주창한 팔랑스테르 공동체는 많은 사람의 비위에 거슬리는 것이다. 가장 내성적인 사람일지라도 공동 작업의 목적을 위해서 동료들과 만나야 할 필요성을 틀림없이 느낄 것이다. 그가 자신을 커다란 전체의 일부라고 느낄수록 공동 작업은 매력적인 일이 될 것이다. 하지만 휴식과 친교를 위해 남겨놓은 여가시간의 경우에는 그렇지가 않다. 팔랑스테르 공동체와 가족 스타일 공동체는 이것을 제대로 고려하지 않았다. 아니면 그들은 인위적인 그룹 활동을 통해 이 욕구를 채우려고 애쓰고 있다.

사실상 거대한 호텔에 불과한 팔랑스테르 공동체는 어떤 사람들을 만족시켜줄 수 있을 것이다. 심지어 인생의 특정한 시기에는 모든 사람을 기쁘게 해줄 수도 있을 것이다. 하지만 많은 대중은 가족생활(미래의 가족생활을 뜻한다)을 더 좋아한다. 그들은 각자의 아파트를 더 좋아하고, 심지어 앵글로색슨 사람들은 할 수 있는 한 6~8개의 방이 딸린 집을 더 좋아할 것이다. 그런 집에서는 가족이나 친구들과 좀 떨어져서 지낼 수 있기 때문이다. 때로는 팔랑스테르 공동체처럼 함께 사는 게 필요하지만, 그것이 일반 규칙이 되면 혐오스러운 것이 될 것이다. 사회 속에서 서로 교류하며 시간을 보낸 다음에는 혼자 지내는 시간을 원하는 것이 인간 본성의 자연스런 욕구이다. 혼자 지내는 고독이 불가능한 감옥이 가장 큰 고문이 되는 것은 바로 이런 이유 때문이다. 반대로 고독을 보완해줄 수 있는 몇 시간의 사회적 교류가 전혀 없는 독방 감옥 역시 그만큼 심한 고문이 된다.

경제 문제를 고려해서 때로 팔랑스테르 공동체의 좋은 점을 강조하는 사람들이 있는데 이들은 하찮은 장사꾼에 불과하다. 가장 중요한 경제, 유일하게 합리적인 경제는 모든 사람의 삶을 즐겁게 만드는 것이다. 왜냐하면 자기 삶에 만족하는 사람은 주변 상황을 저주하는 사람보다 분명히 훨씬 많이 생산할 것이기 때문이다.●

다른 사회주의자들은 팔랑스테르 공동체를 거부한다. 그렇지만 가사노동을 어떻게 꾸려야 하는지 물어보면 그들은 이렇게 대답한다.

"각자가 '자신의 일'을 할 수 있습니다. 내 아내는 살림을 하지요. 부르주아의 아내들도 앞으로는 그렇게 할 것입니다."

그런데 만일 심심풀이로 사회주의 놀이를 하고 있는 부르주아가 있다면, 그는 관대한 미소를 지으며 자기 아내에게 이렇게 말할 것이다.

"여보, 당신이 사회주의 사회에서 하인도 없이 그런 일을

───

● 젊고 저돌적인 코뮌주의자들은 일터 바깥에서의 일상적인 관계를 자유롭게 고르는 것의 중요성을 이해했던 듯하다. 종교적인 코뮌주의자들의 한결같은 이상은 공동으로 식사를 하는 것이었다. 초기 기독교도들이 기독교에 대한 자신의 충실한 믿음을 분명하게 드러내 보였던 것도 공동으로 식사를 하면서였다. 그때의 흔적으로 기독교의 성찬식이 아직도 남아 있다. 하지만 저돌적인 젊은이들은 이런 신성한 전통을 포기했다. 그들은 공동 식당에서 식사를 하지만, 그때마다 마음 가는 대로 골라잡은 작은 개별 식탁에 앉아서 식사를 한다. 또 아나마의 코뮌주의자들은 각자가 집을 가지고 있어서 공동 상점에서 원하는 식품을 구입하기는 하지만 식사는 가정에서 한다.

한다는 게 사실은 아니겠지? 당신이 우리의 선량한 동지인 폴의 아내나 목수 존의 아내처럼 일을 할 수가 있겠소?"

하녀이든 혹은 아내이든 간에 남자들은 언제나 집안일은 여성이 해야 하는 일이라고 생각한다. 그러나 여성들 역시, 결국은 인간 해방에 자기도 참여하기를 요구한다. 여성들은 더 이상 가정에서 소처럼 일하고 싶어 하지 않는다. 그녀는 아이들을 기르면서 인생의 많은 세월을 보냈으니까 이제는 충분하다고 생각한다. 그녀는 가정의 요리사, 수선공, 청소부이기를 더 이상 원하지 않는다.

그리고 미국 여성들은 자신이 요구하는 권리를 얻기 위해서 지금 앞장서 나아가고 있다. 미국에서는 으스대지 않고 기꺼이 가사노동을 할 여성들이 부족하게 될 것이라는 불평이 널리 퍼져 있다. 우리의 숙녀분도 예술, 정치, 문학, 혹은 게임 테이블을 더 좋아하는 것이다. 앞치마를 두른 노예가 되어 순순히 따르겠다고 동의하는 처녀들도 거의 없다. 하녀들을 찾아내는 일도 아주 어렵다. 따라서 이 문제에 대한 해결책은 아주 간단한 것으로서 지금의 삶 자체가 보여주고 있다. 즉, 가사일의 4분의 3을 기계가 하도록 하는 것이다.

여러분은 구두약을 칠해서 직접 구두를 닦는다. 그리고 이 일이 얼마나 어리석은 일인지를 안다. 구두 솔 하나로 구두 한

짝을 이삼십 번씩 문지르는 것보다 더 바보 같은 일이 있을까? 유럽 인구의 10분의 1은 비참한 거주지와 불충분한 음식이라도 구하기 위해서 강제로 이런 일에 자신을 팔아야 한다. 또 수백만 명의 여성은 매일 아침마다 이런 행위를 해낼 수 있도록 자신을 노예로 생각해야 한다.

하지만 미용사들은 이미 반짝거리는 머리나 곱슬머리를 빗질해주는 기계를 가지고 있다. 그렇다면 똑같은 원리를 왜 다른 쪽 끝에는 적용할 수 없단 말인가? 이미 그렇게 하고 있다. 오늘날 구두를 닦아주는 기계는 미국과 유럽의 큰 호텔에서 널리 사용되고 있다. 호텔이 아닌 곳에서도 이 기계를 쓰는 일이 늘어나고 있다. 학생들이 교사의 집에서 하숙하고 있는 영국의 큰 학교에서는, 매일 아침마다 천 켤레의 구두를 닦아줄 수 있는 기계 한 대를 보유하는 게 더 편하다는 사실을 알고 있다.

설거지 하는 일도 마찬가지다. 보통 시간이 오래 걸리고 지저분한 이 일을 대부분의 가정주부가 싫어한다. 이 일을 싫어하지 않는 가정주부가 있다면 그녀가 단지 가사 노예가 하는 이 일을 전혀 중요하게 생각하지 않기 때문이다.

미국에서는 더 잘하고 있다. 이미 미국의 많은 도시에서는 유럽에서 찬물이 공급되듯이 뜨거운 물이 각 가정마다 공급되고 있다. 이런 조건에서 설거지는 보다 간단한 문제가 되고 있으며, 코크레인(Cochrane) 부인이 이 문제를 해결했다. 그녀가 고안한 기계는 열두 다스나 되는 그릇과 접시들을 3분 만에 닦아서 말려준다.

일리노이에 있는 한 공장은 이 기계들을 제작해서 평균적인 중산층 사람들이 살 수 있을 만한 가격으로 판매하고 있다. 그렇다면 작은 가정들이 구두뿐만이 아니라 설거지 그릇들도 그런 기계가 갖춰진 시설에 보내면 되지 않겠는가? 심지어는 구두를 닦고 설거지를 해주는 기계를 갖춘 단체가 두 가지 일을 맡는 것도 가능할 것이다.

피부가 벗겨질 만큼 린넨 옷들을 빨래하고 비틀어 짜내는 일, 마루를 쓸고 카펫을 터는 일, 그리하여 먼지 구름이 가득 일어나고 나중에 먼지들이 내려앉은 곳을 다시 털어내느라 고생하는 일 모두가 여전히 행해지고 있다. 왜냐하면 여성들이 여전히 노예로 남아 있기 때문이다. 하지만 기계가 훨씬 잘 해낼 수 있다는 사실이 분명해지면서 이 일들은 점차 사라지고 있는 추세이다. 미래에는 각종 기계들이 가정에 도입될 것이다. 그리고 각 가정에 동력 모터가 보급되면, 사람들은 몸을 쓰며 애쓰지 않아도 그런 일들을 쉽게 해낼 수 있을 것이다.

이런 기계들은 제작하는 데 많은 돈이 들지 않는다. 우리가 그것들을 여전히 아주 비싸게 사야 하는 이유는 아직 일반적으로 쓰이지 않기 때문이다. 그리고 무엇보다 주요한 이유는 신사 양반들이 모든 기계 각각에 터무니없는 세금을 부과했기 때문이다. 이 신사들은 호화로운 삶을 살고 싶어 하고, 땅, 원재료, 제조업, 판매업, 특허제도, 관세 등을 두고서 시세를 예측하고 투기를 해온 사람들이다. 가사노동으로부터의 해방은 소형 가전제품들만으로 이뤄지지는 않을 것이다. 가정들은 지금의 고립 상태에서 벗어나고 있다. 가정은 다른 가정들과 협력해서 이전에는 제각기 해왔던 일들을 공동으로 하기 시작했다.

실제로 미래에는 구두 닦는 기계뿐만이 아니라 설거지 기계, 세탁기 등을 각 가정마다 갖고 있을 필요가 없을 것이다. 그와는 반대로 미래에는 공동 난방 장치가 있어서 한 구역 전체의 각 가정마다 열을 보낼 것이기 때문에 불 피우는 일을 제각기 안 해도 될 것이다. 미국의 어떤 도시들은 이미 그렇게 하고 있다. 커다란 중앙 난로가 파이프를 통해 모든 가정과 방으로 뜨거운 물을 보내고 있으며, 온도를 조절하려면 마개를 돌리기만 하면 된다. 그리고 어떤 특정한 방에 활활 타는 불을 갖고 싶다면, 중앙 저장소에서 난방 목적으로 특별히 공급해주는 가스에 불을 붙일 수도 있을 것이다. 굴뚝을 청소하고 불을 꺼트리지 않기 위해 하는 끝없는 일들, 얼마나 많은 시간이 걸리는지를 여성들이 잘 아는 이런 일들은 사라질 것이다.

촛불, 등불, 심지어 가스마저도 과거의 것이 되고 있다. 버튼 하나만 누르면 도시 전체에 환하게 불을 밝힐 수 있는 도시들이 있다. 실제로, 전기불이라는 사치를 자신에게 선물하는 일은 단순히 경제 문제이고 지식의 문제다. 그리고 최근에 역시 미국에서는, 사람들이 가사노동을 거의 완전히 없애도록 사회를 구성하는 것에 대해 이야기하고 있다. 그런 사회를 구성하기 위해 필요한 것은 모든 주택가마다 이런 일들을 담당하는 부서 하나를 설치하는 것뿐이다. 수레가 각 집의 현관 앞까지 올 것이고, 그러면 닦아야 할 구두와 설거지할 사기그릇들, 세탁해야 할 의류, 수선해야 할 잡화들(그럴 가치가 있을 경우), 먼지를 털어야 하는 카펫을 내주면 된다. 그리고 다음 날 아침이면 이 모든 것을 깨끗한 상태로 돌려받을 것이다.

조금 시간이 지나면 뜨거운 커피와 요리된 달걀이 알맞게 준비되어서 여러분의 식탁에 놓일 것이다. 낮 12시에서 2시 사이에 2천만 명 이상의 미국인과 많은 영국인이 구운 쇠고기나 양고기, 삶은 돼지고기, 감자와 계절 채소를 먹는다. 그러면 가장 낮게 잡아도 800만 개의 불이 두세 시간 동안 지펴져서 고기를 굽고 채소들을 요리한다. 그리고 800만 명의 여성들이 각자의 가정에서 많아 봐야 열두어 개 정도 되는 서로 다른 요리들을 준비하느라 자기 시간을 쓰고 있다.

언젠가 어느 미국 여성은 이런 글을 썼다.

"한 개의 불이면 충분한데도, 50개의 화로가 타오르고 있다!"

원한다면 여러분의 식탁에서 아이들과 함께 식사를 하라. 하지만 한번 스스로 생각을 해보라. 왜 이 50명의 사람들이 몇 잔의 커피와 간단한 음식을 준비하는 일에 아침 시간을 통째로 허비해야 하는가! 두 명의 사람과 화로 하나만 있으면 그 정도 양의 고기와 채소를 요리할 수 있는데, 어째서 50개의 화로에 불을 피워야 할까? 여러분이 선호하는 것이 있다면 쇠고기로 할 것인지 양고기로 할 것인지 직접 고르도록 하라. 특별한 양념을 더 좋아한다면 입맛에 맞게 야채에 특별한 소스나 양념을 뿌려라! 하지만 하나의 화로가 있는 하나의 부엌만으로도 충분하다. 그리고 할 수 있는 한 그곳을 기분 좋게 정리해 놓도록 하라.

왜 여성들의 노동은 한 번도 중요하게 여겨진 적이 없을까? 어째서 모든 가정에서 어머니나 서너 명의 하인들이 요리와 관련된 일에 그렇게나 많은 시간을 써야만 할까? 왜냐하면 인류 해방을 원했던 사람들이 해방이라는 자기들의 꿈속에 여성은 포함시키지 않았기 때문이다. 그리고 그들은 힘든 노동을 견뎌야 하는 여성의 어깨 위에 자기들이 올려놓은 '그런 부엌일 따위'를 생각하는 것은, 자신들의 우월한 남성적인 위엄에 어울리지 않는다고 생각했기 때문이다.

여성을 해방시킨다는 것이 대학, 법정, 혹은 의회의 문을 그녀들에게 개방한다는 것만을 뜻하지는 않는다. 왜냐하면 그렇게 '해방된' 여성은 항상 자기 집의 가사노동을 다른 여성에게 떠넘길 것이기 때문이다. 그러므로 여성 해방이란 부엌과 세탁실에서의 고된 노동으로부터 여성을 해방시킨다는 뜻이기도 하다. 그녀가 정말로 원한다면, 스스로 자기 아이들을 기를 수 있는 방식으로 가정을 꾸리면 된다. 그러면서도 그녀가 자기 몫의 사회적인 생활을 할 수 있도록 충분한 여가시간을 확보해놓아야 한다.

그런 해방은 이루어질 것이다. 이미 말했듯이 상황은 벌써 개선되고 있다. 다만 제대로 이해하도록 하자. 자유, 평등, 연대 같은 아름다운 말에 도취된 혁명이, 가정에서 노예 제도를 그대로 유지하고 있다면 그것은 제대로 된 혁명이 아니라는 사실을 말이다. 가정에서 노예제의 지배를 받고 있는 절반의 인류는 여전히 나머지 절반에 대항해야 할 것이다.

자유로운 협약

1

우리는 대대로 내려온 편견, 그리고 잘못된 교육과 훈련으로 인해 모든 곳에서 정부, 법률의 제정, 행정관들의 유익한 지배를 받고 있다는 식으로 우리 자신을 설명하는 일에 익숙해져 있다. 그렇기 때문에 경찰의 감시가 없어지는 순간 사람들이 야수처럼 서로를 갈가리 찢어버릴 것이라고 믿게 되었다. 만약 혁명 일어나는 동안 권력 조직이 붕괴되면 그런 절대적인 대혼란이 일어날 것이라고 말이다. 그래서 수많은 사람이 법의 어떤 개입이 없이도 스스로 자유롭게 단체들을 만들어낼 것이고, 정보의 보호 아래서보다 훨씬 나은 결과를 얻을 것이라는 사실에는 눈을 감고 지나쳐버린다.

일간신문을 펼쳐보면, 모든 지면마다 정부가 수행하는 업무들과 정치적인 부정행위에 관련된 기사들로 가득 차 있는 것을 볼 것이다. 다른 세상에서 온 사람이 그걸 읽는다면 그는 주식거래 행위들은 예외로 치더라도, 유럽에서는 몇몇 거물의 명령에 의한 것 말고는 아무 일도 일어나지 않는다고 믿게 될 것이다. 신문에서는 행정법규가 없이도 협회들이나 학회들이 생겨나고, 자라나며, 발전해나간다는 소식은 전혀 찾을 수 없다. 거의 아무것도 말이다. 심지어 '이런저런 사건들'(프랑스 신문들에서 가장 인기 있는 칼럼)이라는 표제가 붙은 것이 있어도, 그 사건들이 경찰과 관련이 있기 때문에 실린 것이다. 가정에서 벌어지는 극적인 사건, 반란 행동 같은 것들은 오직 경찰이 그 장면에 등장할 때만 언급될 것이다.

3억 5천만 명의 유럽인들이 서로 사랑하거나 미워하고, 일을 하거나 자신의 정기적인 수입으로 살아가고 있다. 하지만 문학, 연극, 혹은 스포츠를 제외하면 그들의 삶은 신문에서 계속해서 무시된다. 어떤 식으로든 정부가 개입하지 않는다면 말이다. 심지어 역사의 경우에도 마찬가지다. 우리는 왕의 생애나 의회의 역사에 대해서는 아주 세세한 것들까지 알고 있다. 정치가들이 했던 연설은 좋거나 나쁘거나 상관없이 전부 보존되어 있다. 의회 법규에 정통한 어느 나이든 의원이 말했듯이 '단 한 사람의 표조차 얻지 못할 정도로 영향력이 없었던 연설들'까지 보존되어 있다. 국왕의 방문들, 정치가들의 좋고 나쁜 기분, 그들의 농담과 술책들은 모두 후세대를 위해서 정성 들여 기록되었다.

하지만 중세시대에 도시를 재건축했던 일, 한자동맹을 맺었던 도시들 사이에 오고간 엄청난 상업 거래의 메커니즘을 이해하는 일, 루앙 시가 어떻게 대성당을 건축했는지를 알아보는 일은 거의 기록이 없어서 조사하기가 너무나 어려운 실정이다. 어떤 학자가 일생을 바쳐서 이런 주제들을 연구한다고 할지라도, 그의 작업은 잘 알려지지 않은 채 잊혀버린다. 그런데 의회의 역사는 계속해서 늘어나고 있다. 이 역사는 단지 사회생활의 한 단면만 다루기 때문에 불완전한 것인데도 말이다. 그런 의회의 역사는 계속 유포되고, 학교에서도 가르쳐진다.

이런 식으로는 매일 자발적으로 모인 단체들이 성취해내는 비범한 작업들에 대해서 우리는 조금도 알아차리지 못할 것이다. 그것들이 우리 세기의 주요한 업적들을 구성할 터인데도 말이다. 그러므로 우리는 이런 업적들 중 몇몇 가장 놀라운 것들을 주목해보자고 제안한다. 그리고 서로의 이해가 절대적으로 대립하지 않는 한, 어떻게 사람들이 조화롭게 협력하는지, 그리고 아주 복잡한 특성이 있는 일을 어떻게 협동해서 수행해내는지를 보여주고자 한다.

사유재산에 토대를 둔 현재 사회, 말하자면 약탈과 편협함에 근거를 두었기 때문에 어리석은 개인주의가 팽배한 사회에서는, 이런 종류의 일들이 어쩔 수 없이 제한된다는 사실은 아주 분명하다. 이런 사회에서는 합의들이 항상 완전히 자유롭게 이루어지지도 않는 데다가 종종 비열한 목적을 가지곤 한다.

그러나 우리가 관심을 갖는 일은 맹목적으로 따라야 할 본보기를 제공하는 것이 아니다. 더욱이 그런 본보기들을 지금 사회가 제공해줄 수 있는 것도 아니다. 우리가 해야 할 일은 권위주의에 근거한 숨 막히는 개인주의에도 불구하고, 우리의 전체 삶 속에는 오직 자유로운 협약에 의해 행동할 수 있는 부분들이 아주 많이 남아 있다는 사실을 보여주는 것이다. 그리고 정부 없이 살아가는 것이 생각보다 훨씬 쉽다는 점을 알게 하는 것이다.

우리의 견해를 뒷받침하면서 이미 철도에 대한 이야기를 한 적이 있는데, 지금 그 이야기로 다시 돌아가려고 한다. 유럽에는 이미 17만 5천 마일의 철도 시스템이 있다. 오늘날에는 이 철도망을 이용해서 북에서 남으로, 동에서 서로, 스페인 마드리드에서 러시아의 페테르부르크까지, 프랑스의 칼레에서 터키의 콘스탄티노플까지 지체 없이, 심지어 열차를 갈

아탈 필요도 없이(급행열차일 경우) 여행을 할 수 있다. 그뿐이 아니다. 어느 역에서 부친 짐 꾸러미는 터키든 중앙아시아든 간에 상관없이 주소가 쓰인 어느 곳에서나 받아볼 수 있다. 그것을 보내는 데는 종이 한 장에다 목적지를 적는 것 말고는 다른 어떤 절차도 필요하지 않다.

이런 결과는 아마 두 가지 방식으로 얻어질 수 있었을 것이다. 나폴레옹이나 비스마르크 혹은 유럽을 정복했던 어떤 군주라면, 파리, 베를린, 로마에서부터 철도선을 그려서 철도 지도를 만들고 기차들의 운행 시간을 조절했을 것이다. 러시아의 황제 니콜라이 1세는 이러한 권력을 꿈꾸었다. 그에게 모스크바와 상트페테르부르크 사이를 잇는 철도의 개략적인 설계도를 보여주자, 그는 러시아 지도에 있는 두 도시 사이에 직선을 긋고는 이렇게 말했다.

"이것이 설계도이다."

그리하여 직선으로 철로가 건설되었다. 깊은 계곡들을 메우고 까마득한 높이에다 다리들을 세웠지만, 몇 년 후에는 공사를 중단할 수밖에 없었다. 그 철로가 마일 당 대략 12만 파운드에서 15만 파운드의 비용이 들었기 때문이다.

이것이 한 가지 방식이다. 하지만 다행히도 일은 아주 다르게 진행되었다. 철도들이 한 구간씩 건설되었고, 각 구간들이 나중에 함께 연결되었던 것이다. 그리고 이 구간들을 소유하고 있던 수백 개의 서로 다른 철도회사는, 자기네 역으로 오는 기차의 도착과 출발과 관련해서 점차 상호 이해에 도달하게 되었다. 그리고 온갖 나라에서 오는 열차들이 자기네 철로 위를 달리고 있어도, 화물을 내리지 않고 하나의 철도망에서 다른 철도망으로 통과할 수 있도록 만들었다.

이 모든 일이 자유로운 협약에 의해 이루어졌다. 서로 편지와 제안을 교환하고, 대표자들이 만나 회의를 하면서 이루어진 것이다. 이런 회의에서 대표자들은 아주 전문적이고 특정한 점들을 논의했고, 그것들에 대한 합의에 도달하더라도 법률을 만들지는 않았다. 회의가 끝나면 대표자들은 각자가 대표하는 회사로 돌아갔지만, 법률을 갖고 간 것이 아니라 승인되었거나 거부된 계약서 초안을 갖고 갔다.

물론 그 과정에서 어려움을 겪기도 했다. 설득시키기 어려운 고집 센 사람들이 있었기 때문이다. 하지만 공통의 이해 때문에 그들도 어쩔 수 없이 결국에는 합의했다. 함께 연결된 이런 광대한 철도망과 그것이 불러일으킨 엄청난 교통과 수송은 의심의 여지없이 19세기의 가장 놀랄만한 특징이다. 그리고 이것은 자유로운 협약의 결과이다. 만약 누군가가 80년 전에 이런 상황을 예언했다면, 우리의 조상들은 그가 바보이거나 미쳤다고 생각했을 것이다. 그들은 이렇게 말했을 것이다.

"수백 개 회사의 주주들을 도리에 따르도록 만드는 일은 절대 불가능하다! 그런 일은 공상이고 동화일 뿐이야. 오직 '철의 통치자'가 있는 중앙정부만이 강제로 그렇게 할 수 있다."

그런데 이 조직에서 가장 흥미로운 점은, 철도에는 '유럽 중앙정부'가 전혀 없다는 점이다. 철도부 장관도 없고, 독재자도 없고, 심지어 대륙 의회나 관리 위원회조차 없다. 모든 것은 자유로운 합의에 의해서 행해졌다. 그래서 "교통을 조정하는 문제만 봐도, 중앙정부가 없이는 절대 해나갈 수 없다"라고 주장하는 국가 신봉자들에게 우리는 묻는다.

"그렇다면 유럽의 철도들은 중앙정부 없이 어떻게 운영되고 있는 것일까? 어떻게 대륙을 가로질러서 수백만 명의 여행자들과 산더미 같은 화물을 계속해서 수송하고 있을까? 철도를 소유하고 있는 회사들이 합의를 할 수 있었다면, 앞으로 철도를 손에 넣을 철도 노동자들이 왜 합의에 도달하지 못하겠는가? 상트페테르부르크-바르샤바 구간 회사와 파리-벨포트 구간의 회사가 공동 지휘관이라는 사치스런 직책이 없어도 서로 조화롭게 일할 수 있다면, 자유로운 노동자 단체들로 구성된 우리 사회에 왜 정부가 필요할까?"

2

오늘날 사회 전체를 구성하고 있는 부정한 조직에도 불구하고, 사람들은 자신의 이해관계가 완전히 부정당하지 않을 경우에는 권위의 개입이 없어도 서로 합의를 하고 있다. 이런 실례들을 입증하려고 노력할 때, 우리는 제기되는 반대들을 무시하지 말아야 한다.

이런 모든 실례에는 제각기 불충분한 면이 있다. 왜냐하면 강자에 의한 약자의 착취, 부자에 의한 가난한 이들의 착취에서 벗어난 단 하나의 조직이라도 예로 들기가 불가능하기 때문이다. 국가주의자들이 늘 하던 논리대로 우리를 향해 다음과 같이 말하는 것은 바로 이런 이유 때문이다.

"이런 착취를 끝내기 위해서라도 국가의 개입이 필요하다는 걸 당신들은 알 것이다!"

그들은 단지 역사의 교훈을 잊고 있을 뿐이다. 그들은 국가 자체가 프롤레타리아들을 만들어내고, 착취자들의 손에 그들을 넘김으로써 현 질서를 유지하는 일에 어느 정도로 기여했는지 말하지 않는다. 그들은 사적 자본과 빈곤이라는 일차적 원인들의 3분의 2는 국가에 의해 인위적으로 만들어진 것인데, 그것들이 계속 존재하는 가운데 어떻게 착취를 끝내는 일이 가능하다는 건지를 우리에게 증명하는 것을 잊은 것이다.

우리가 철도 회사들 간에 성립된 협정에 대해 이야기하면, 부르주아 국가의 숭배자들은 아마도 이렇게 말할 것이다.

"철도 회사들이 직원들과 여행자들을 얼마나 억압하고 학대하는지를 보지 않는가? 유일한 해결책은 노동자들과 국민을 보호하기 위해 국가가 개입하는 것이다!"

하지만 우리가 여러 번 반복해서 말하지 않았던가? 자본가들이 존재하는 한, 이런 권력의 남용은 영원히 지속되리란 사실을 말이다. 기업들에게 오늘날 그들이 소유하고 있는 독점권과 다른 권리들을 부여한 것은 정확히 국가, 자기 딴에는 후원자인 척하는 국가이다. 국가가 허가 제도와 보증 계약을 만들어내지 않았던가? 국가가 파업 중인 철도 노동자들을 해산시키려고 군대를 보내지 않았던가? 그리고 철도가 처음으로 시운전을 할 때(아주 최근에 러시아에서도 있었다), 국가는 자신이 보증한 주식의 하락을 막기 위해서, 철도 사고들을 신지 말라고 언론에 압력을 가할 정도로 철도 거물들의 특권을 확대하지 않았던가? 국가는 P.L.M(파리-리용-지중해 철도), C.P.R(캐나다 태평양 철도), 세인트 고트하르트 터널 철도의 중역인 반더빌트와 폴리야코프스(Polyakoffs) 같은 소위 '우리 시대의 왕들'이라는 실업계 거물들에게 독점권이라는 특혜를 베풀지 않았던가?

그러므로 우리가 철도 회사들 사이에 이루어진 합의를 하나의 예로 드는 경우에, 그것은 결코 경제적인 경영 관리에 관한 하나의 이상으로 예를 드는 것이 아니다. 또한 기술적인 조직의 이상으로 예를 드는 것도 아니다. 이 예를 드는 이유는 다음과 같은 사실을 보여주기 위해서이다. 즉, 다른 사람들을 희생시켜서 자기들의 이익 배당금을 축적하는 것 말고는 다른 목적이 없는 자본가들이 '국제 외무성' 같은 것을 만들지 않고도 철도를 성공적으로 개발할 수 있다면, 노동자들의 협회들은 유럽 철도 장관 같은 것을 임명하지 않아도 그런 일들을 그만큼 잘 할 수 있고, 심지어 더 잘 해낼 것이라는 사실을 보여주기 위해서이다.

언뜻 보기에 또 다른 반론은 좀 더 심각해 보인다. 우리는 이런 이야기를 들을 것이다. 우리가 말한 합의는 완전히 자유로운 것이 아니고, 큰 회사들은 작은 회사들에게 강압적으로 명령할 것이라고 말이다. 예를 들어서 이렇게 이야기할 수도 있다. 국가의 지원을 받는 어느 부유한 독일 회사는 베를린에서 바젤까지 가는 승객들이 라이프치히를 지나가는 노선 대신 쾰른과 프랑크푸르트를 경유하도록 만든다. 혹은 이러한 회사는 영향력 있는 주주들에게 이익을 주기 위해서 화물의 운송을 130마일이나 멀리 돌아가게(장거리로) 만들고, 그리하여 간선 철도 노선을 황폐하게 한다. 또 미국에서는 때로 승객들과 화물들이 도무지 있을 수 없을 만큼 먼 우회로를 어쩔 수 없이 돌아가야 하는데, 이것은 철도 거물의 호주머니에 달러를 쏟아붓기 위해서라는 예를 들 것이다.

우리의 대답은 달라지지 않을 것이다. 즉, 자본이 존재하는 한 더 큰 자본은 소자본을 억압할 것이다. 하지만 억압이 오직 자본으로부터만 나오는 것은 아니다. 억압은 또한 국가의 지원 때문에 생겨난다. 국가가 만들어낸 독점권이라는 특혜를 입은 큰 회사들이 작은 회사들을 억압하는 것이다.

영국과 프랑스의 사회주의자들은 오래전부터 보여주었다. 어떻게 영국의 법이 온갖 방법을 다 써서 중소기업들을 파괴하고, 농민들을 빈곤으로 몰아넣는 권력을 갖고 있는지를 말이다. 그리고 어떻게 법이 그렇게 빈민이 된 수많은 사람을 산업계의 부유한 고용주들에게 넘겨주어서, 임금이 얼마나 되든 상관없이 일할 수밖에 없도록 만들었는지를 말이다. 철도에 관련된 법률 제정도 똑같다. 군사 전략에 중요한 노선들, 보조금을 받는 노선들, 국제우편을 독점할 수 있는 권리를 받은 회사들 등, 부유한 금융가의 이익을 증진시키기 위한 온갖 법률이 만들어져서 적용되었다. 모든 유럽 국가가 돈을 빌리고 있는 로스차일드가 철도에 자본을 투자하면, 그의 충실한 심복인 유럽의 각료들은 그가 더 많은 돈을 벌 수 있도록 최선을 다할 것이다.

미국의 경우, 권위주의자들이 이상적으로 여기는 민주주의 나라에서 가장 수치스러운 부정행위들이 철도와 관련된 모든 일에 달라붙어 있다. 그래서 한 회사가 값싼 운임으로 다른 경쟁 회사들을 무너트린다면, 대개는 뇌물을 받은 국가가 그 회사에게 준 땅 덕분에 손해를 보상할 수 있기 때문이다. 미국의 밀 관련 거래에 관해 최근에 출간된 자료들은, 강자들이 약자들을 착취하는 일에서 국가가 어떤 역할을 하는지 아주 잘 보여주고 있다. 여기서도 역시 축적된 자본을 가진 권력자들은 국가의 도움을 받아서 재산을 10배, 100배로 증가시켰다.

그렇기 때문에 대기업에 맞서서 자신들의 소기업들을 보호하는 데 성공하고 있는 철도 회사 동업조합들(자유로운 협약으로 만들어진 신디케이트[86])을 보게 되면, 우리는 놀라는 것이다. 즉, 국가의 특혜를 받는 모든 강력한 자본에 스스로 맞설 수 있는, 자유로운 합의에 내재되어 있는 고유한 힘에 놀라게 되는 것이다.

국가의 이런 편파성에도 불구하고 작은 회사들이 존재한다는 것은 사실이다. 중앙 집권화된 나라인 프랑스에서는 철도 산업에서 고작 대여섯 개의 대기업만을 볼 수 있지만, 놀랄 만큼 협약을 잘 맺은 영국에서는 110여 개가 넘는 회사가 활동하고 있다. 그리고 이 회사들은 분명 프랑스와 독일 회사들보다 더 잘 운영되어서 승객과 화물을 빠르게 수송하고 있다.

더군다나 우리가 논의하고 있는 문제가 그것만이 아니다. 국가의 특혜를 받는 대자본은 이익이 있을 경우에는 언제나 소자본을 무너뜨릴 수 있다. 우리에게 중요한 것은 이 점이다. 즉, 유럽의 철도들을 소유하고 있는 수백 개의 자본주의 회사 사이에서 맺어진 합의는, 몇몇 회사에게 강압적으로 명령을 내릴 수 있는 중앙정부의 개입 없이 이루어졌다는 사실이다. 이 합의는 대표자들로 구성된 회의를 통해서 유지되어 왔다.

---

86 신디케이트: 동일한 시장 내에서 몇 개의 기업이 연합한 기업조합. 생산은 개별적으로 하지만, 판매를 공동으로 함으로써 경쟁을 줄이고 시장을 독점한다.

대표자들은 이 회의에서 서로 토의하고, 자기네 회사에게 법률이 아닌 제안서를 제출한다. 이것은 정부와 관련된 모든 원칙, 군주제 혹은 공화제, 전제 군주제나 대의제 등과는 완전히 다른 새로운 원칙이다. 이 원칙은 유럽의 관습 속에 소심하게 도입된 혁신이지만 계속 유지되고 있다.

3

우리는 국가를 옹호하는 사회주의자들의 글에서 얼마나 자주 이런 이야기를 읽었는지 모른다.

"그렇다면, 미래 사회에서는 누가 운하 수송 관련 일을 조정할 것인가? 당신네 아나키스트 '동지들' 중 한 사람의 마음 속에 이런 생각이 떠오른다면, 즉 자기 거룻배로 운하를 가로 막고서 수천 척의 다른 배들을 방해할 생각이 떠오른다면, 누가 그더러 분별 있게 행동하라고 강제할 수 있겠는가?"

이런 가정 자체가 다소 공상의 산물이라는 점을 인정하도록 하자. 그래도 그들은 여전히 이렇게 말할지도 모른다.

"어떤 코뮌 혹은 코뮌들 단체가 운하에서 자기네 배가 다른 배들보다 먼저 가게 만들고 싶어 하는데, 그들은 아마 돌을 나르기 위해서 운하를 가로막을 것이다. 그러는 동안 다른 코뮌에서 필요한 밀을 수송하는 배는 기다려야 한다. 이럴 경우, 정부가 아니라면 누가 이 수송 문제를 조정할 수 있을 것인 가?"

그러나 현실의 삶은 다시 한 번 보여주었다. 다른 모든 곳과 마찬가지로 이곳에서도 정부 없이 잘 해나갈 수 있다는 사실을 말이다. 자유로운 협약과 자유로운 조직이 해롭고 비용이 많이 드는 제도를 대신해서 더 잘 해나갈 수 있다.

우리는 네덜란드에서 운하들이 어떤 의미를 갖는지 잘 알고 있다. 운하들은 이 나라의 주요 도로나 마찬가지이다. 또한 그 운하들을 통해서 얼마나 많은 수송이 이루어지는지도 알고 있다. 우리가 도로나 철도를 통해 수송하는 것을 네덜란드에서는 운하를 운항하는 배들이 수송한다. 그곳에서도 다른 배보다 앞서가려고 하면서 싸움이 일어날지도 모른다. 그러면 수송 질서를 유지하기 위해서 정부가 실제로 개입해야 할 것이다.

그런데 그렇지가 않다. 네덜란드인들은 오래전에 뱃사람들의 길드나 신디케이트(동업조합)를 통해서 보다 실용적인 방식으로 문제를 해결했다. 이것은 항해의 필요에 의해 생겨난 자유로운 연합들이었다. 배들의 운항 방식에 관한 권리는 항해 등록부에 적힌 순서에 따라 조정되었다. 배들은 서로 순서에 따라야 했다. 길드에서 제명당하는 고통을 감수할 각오를 하지 않는 한 누구도 다른 배들을 앞질러 갈 수 없었다. 누구도 정해진 날보다 더 오래 부두에 머물러 있을 수 없었다. 만약 배 주인이 부두에 머무는 동안 싣고 갈 화물을 찾지 못하면 아주 불리한 일이었다. 그는 새로 오는 배들에게 자리를 내주기 위해서 빈 배로라도 출항해야 했다. 이런 식으로 서로의 항해를 방해하는 일을 피했다. 비록 배를 소유한 주인들 간에 끊임없는 경쟁이 존재했지만 말이다. 경쟁이 폐지되었더라면, 협약은 훨씬 더 진심 어린 것이 되었을 것이다.

물론 선주들은 동업조합에 자유롭게 가입하거나 안 하거나 할 수 있었다는 점은 두말할 나위가 없다. 가입 여부는 그들이 알아서 할 일이었지만, 그들 대부분은 가입하는 쪽을 선택했다. 게다가 이 동업조합들이 워낙 많은 이익을 제공했기 때문에 라인 강, 베저 강, 오데르 강을 따라서 널리 퍼졌고, 베를린까지 퍼져나갔다. 선원들은 비스마르크[87] 대제가 네덜란드를 독일에 합병시키고, '국가 운하 운항 참모부 최고 고문관'이라는 기다란 직위만큼이나 많은 금박 견장을 단 사람을 임명할

87　비스마르크(Otto von Bismarck 1815-1898): 프로이센의 정치인이자 외교관. 독일 통일을 완성해서 독일 제국을 건설했고 재상을 지냈다.

때까지 기다리지 않았다. 그들은 국제적인 상호 합의를 이루는 편을 더 좋아했다. 러시아뿐만이 아니라 독일과 스칸디나비아 반도 사이를 운항하는 범선을 소유한 많은 선주 역시 이 동업조합에 가입했다. 발트 해에서의 운항을 조정하고, 범선들이 서로 교차할 때 조화롭게 뱃길을 변경할 수 있도록 하기 위해서였다. 이러한 연합들은 자유롭게 나타나서 조합을 지지하는 자발적인 회원들을 모집했으며, 정부와는 보통 아무런 관계도 갖지 않았다.

그렇지만 여기서도 더 큰 자본이 소자본을 억압하는 일이 충분히 일어날 법하다. 아마도 동업조합 역시 독점 단체가 되려는 경향이 있을 수 있는데, 특히 어떻게든 개입하곤 하는 국가로부터 엄청난 보조금을 받았을 경우에 그러했다. 그래도 우리는 다음 두 가지 점을 잊지 말도록 하자. 이런 동업조합들은 오직 회원들의 사적인 이해관계에만 관련을 갖는 단체들을 대표한다는 점이다. 그리고 만약 생산, 소비, 교환이 공동으로 이루어지는 사회화로 인해 각 선주들이 어쩔 수 없이 코뮌 연합에 가입하게 된다면, 혹은 자신의 필요를 충족시키기 위해 수많은 다른 조합에도 가입하게 된다면, 상황은 아주 다른 양상으로 전개될 것이라는 점이다. 바다에서는 강력한 선주들 단체가 육지에서는 약하다고 느낄 수 있기 때문에, 그들은 철도, 공장, 그밖에 다른 단체들과 타협을 보기 위해서 어쩔 수 없이 자신들의 주장을 줄일 것이다.

하여간 미래를 논의하지 않더라도 정부 없이 잘 해나가고 있는 또 다른 자발적인 협회가 있다. 그 예들을 더 인용해 보자. 지금 선박들과 배들에 관해 이야기하고 있는 중이므로, 19세기에 나타난 가장 훌륭한 조직들 중의 하나를 이야기해보자. 이것은 우리가 자부심을 가질 권리가 있는 협회들 중의 하나인 '영국 구명정 협회'이다.

매년 1천 척 이상의 배가 영국 해안가에서 좌초된다고 알려져 있다. 튼튼하게 만들어진 범선은 바다에서 폭풍우를 두려워할 일이 좀처럼 없다. 위험이 나타나는 곳은 해안 근처이다. 배의 선미에 있는 기둥을 산산이 부수는 거친 물결, 돛과 돛대를 쓸고 가버리는 광풍, 키를 잡기 어렵게 만드는 격류, 배를 좌초시키는 암초와 모래톱들이 해안 근처에 있기 때문이다.

심지어 아주 먼 옛날, 해안가 주민이 배를 암초로 유인하고, 배에 실린 화물을 약탈하기 위해서 불을 피우는 관습이 있었던 시절에도, 그들은 조난당한 선원들의 목숨을 구하는 일에는 항상 최선을 다했다. 난파된 배를 보게 되면 그들은 자기들의 배를 띄워서 선원들을 구하러 가곤 했다. 그러다가 그들 자신도 목숨을 잃는 일이 흔하게 있었다. 모든 해안가 마을에는 조난당한 선원들을 구했던 남자들뿐만이 아니라 여자들에 대한 이야기가 영웅담으로 전해져 내려오고 있다.

국가와 과학자들이 바다에서 죽는 사람들의 수를 줄이기 위해서 중요한 일들을 한다는 점은 의심할 여지가 없다. 등대, 신호 체계, 해상 지도, 기상 경보 등은 사상자 수를 크게 줄였다. 하지만 여전히 수천 척의 배와 수천 명의 사람이 해마다 구조를 필요로 한다.

이를 위해서 선의를 가진 몇 사람이 발 벗고 나섰다. 스스로가 훌륭한 선원이자 항해자인 그들은 폭풍우에도 부서지지 않고 전복되지 않는 구명정을 발명해냈다. 그리고 그들은 이 구명정들을 만들고 어디서나 이용될 수 있도록 해안가를 따라서 비치하는 데 필요한 자금을 모으기 위해, 자신들의 모험적 사업에 대중의 관심을 불러일으키는 일에 착수했다.

자코뱅주의자가 아니었던 이 사람들은 정부에게 의지하지 않았다. 그들은 자신의 계획이 성공하기 위해서는 협동, 열정, 지역에 대한 지식, 그리고 특히 그 지역 선원들의 헌신이 필요하다는 사실을 이해하고 있었다. 또한 처음 조난 신호를 발견한 후에 밤바다의 격심한 파도 속으로 배를 띄우는 사람들, 어둠과 성난 파도에 대한 공포로 고민하지 않고, 조난당한 배에 닿을 때까지 10시간씩 파도와 싸울 수 있는 사람들, 다른 사람들의 생명을 구하기 위해서 자기 생명의 위험을 무릅쓸 사람들을 찾아내기 위해서는 그 무엇으로도 살 수 없는 연대감과 희생정신이 꼭 필요하다는 것을 그들은 이해하고 있었다.

이렇듯 이 운동은 완벽하게 자발적인 운동이었고 협약과 개인의 진취 정신으로부터 생겨난 것이었다. 해안가를 따라서 수백 개의 지역 단체가 생겨났다. 이 운동을 처음 시작한 사람들은 지도자인 양 굴지 않는 분별력을 갖고 있었다. 그들은 어부들이 사는 마을에서 경험으로부터 나온 지혜를 구했다. 어느 부자가 어떤 마을에 구명정 선착장을 지으라고 천 파운드를 기부했을 때도, 그 제안은 받아들여졌지만 장소를 선택하는 일은 부자가 아닌 그 지역 어부들과 선원들에게 맡겨졌다. 새로운 구명정의 설계도들 역시 해군 본부의 감수를 받지 않았다. 이 협회의 보고서에는 이렇게 쓰여 있다.

"구명정을 타는 사람들은 자기가 타고 있는 보트에 완전한 신뢰를 가지는 것이 중요하다. 따라서 위원회는 반드시 구명정을 타는 사람들의 바람대로 배를 만들고 설비를 갖추도록 할 것을 강조한다."

그 결과, 해마다 새로운 개선이 이루어지고 있다. 이런 일들은 모두 자원자들이 조직한 위원회들과 지역 단체들에 의해서 행해지고 있다. 상호 부조와 협약에 의해서 말이다! 오,

아나키스트들! 게다가 그들은 지방세 납세자들에게 아무것도 요구하지 않았는데도 해마다 4만 파운드에 이르는 자발적인 기부금을 받는다.

그 결과가 여기 있다. 1891년 이 협회에는 293척의 구명정이 있었다. 같은 해에 협회는 601명의 조난당한 선원들과 33척의 배를 구했다. 설립 때부터 합하면 32,671명의 생명을 구했다. 1886년에는 세 척의 구명정이 파손되었고, 거기에 탄 사람 모두가 바다에서 목숨을 잃었다. 그러자 수백 명의 새로운 자원자들이 협회에 가입하고 스스로 지역 단체들을 조직했다. 그리고 이 열띤 운동은 20척의 구명정이 새로 만들어지는 결과를 가져왔다. 이야기를 계속 진행시켜서 다음 사실도 주목해보자. 협회는 매년 어부들과 선원들에게 상점에서 팔리는 가격보다 세 배나 싼 가격으로 품질 좋은 기압계를 보내주고 있다. 또한 협회는 기상학적 지식을 널리 보급하고 있고, 과학자들이 예측하는 갑작스러운 기상 변화를 관계자들에게 경고해주고 있다.

반복해서 말하자면, 이들 수백 개의 위원회와 지역 단체는 권위적인 위계질서로 조직되지 않았다. 오로지 자원자들, 구명정 구조원, 그리고 이 일에 관심이 있는 사람들로만 이루어져 있다. 중앙 위원회는 어떤 식으로든 간섭하는 법이 없으며 단지 통신 연락센터일 뿐이다. 어느 지역에서 교육이나 지방세에 관한 어떤 문제로 투표를 하는 경우에도, '전국 구명정협회'의 위원들은 위원 자격으로는 토의에 참여하지 않는다. 그것은 불행히도 선거로 선출된 사람들이 흉내조차 낼 수 없는 겸손함이다.

그러나 다른 한편으로 이 용감한 사람들은, 한 번도 폭풍우에 맞서 싸워본 적이 없는 사람들이 생명을 구하는 일에 자기들을 대신해서 나가도록 허락하지 않는다. 조난의 첫 신호를 접하자마자 그들은 구명정으로 달려가 바다로 나아간다. 여기에는 수놓은 어떤 제복도 없지만 선량한 의지는 아주 많다. 이와 같은 종류의 다른 협회인 '적십자'를 예로 들어 보자. '십자가'라는 이름은 별로 중요하지 않다. 협회에 대해 설명해보도록 하자.

50년 전에 어떤 사람이 이렇게 말하는 것을 상상해보라.

"국가는 하루에 2만 명을 학살하고, 5만 명이 넘는 부상자를 만들어낼 수 있지만, 이 전쟁으로 인한 희생자들을 도와줄 능력은 없다. 따라서 전쟁이 계속 일어나는 한, 개인적인 진취정신이 개입해야 하고 선의를 가진 사람들이 이 인도적인 사업을 위해서 국제적인 조직을 만들어야 한다!"

감히 이런 주장을 한 사람이 당시에 얼마나 비웃음을 받았을까! 처음에 그는 유토피아를 꿈꾸는 공상가라는 소리를 들었을 것이다. 그래도 그가 가만히 있지 않으면 이런 말을 들었을 것이다.

"무슨 헛소리! 당신이 말하는 자원자들은 도움이 가장 필요한 바로 그곳에서는 전혀 찾을 수 없을 것이고, 자원 병원들은 안전한 장소에 한데 몰려 있을 것이오. 반면에 야전병원들에서는 모든 게 부족할 거요! 당신 같은 공상가들은, 국가들 사이의 대항이란 불쌍한 병사들이 어떤 도움도 못 받고 죽어가도록 내버려두는 것임을 잊고 있소."

말하는 사람이 많을수록 이런 기운 빠지는 말들도 늘어났을 것이다. 우리 중에 어느 누가 사람들이 이와 같은 어조로 말하는 것을 들어보지 않은 사람이 있겠는가? 그러나 우리는 이제 어떤 일이 일어났는지 알고 있다. 적십자 협회는 모든 나라, 모든 곳에서, 수천 개의 현장에서, 자유롭게 스스로 조직되었다. 그리고 1870-1871년에 전쟁[88]이 터지자 자원자들이 일을 시작했다. 남자들과 여자들이 스스로 봉사에 나섰다. 수천 개의 병원과 야전병원이 조직되었다. 기차들이 부상자

---

[88] 비스마르크 대제 시절의 프로이센이 나폴레옹 1세 시절의 프랑스와 벌인 전쟁을 말한다.

를 위한 야전병원, 식량, 붕대, 의약품들을 나르기 시작했다. '영국 적십자 위원회'는 음식, 의복, 농기구들, 곡물 씨앗, 땅을 갈아줄 가축들, 심지어는 운전해줄 사람과 함께 증기 경운기까지 갖춘 전체 호송대를 보내어, 전쟁으로 황폐해진 지역의 농사를 도와주었다! 구스타프 무와니에(Gustave Moyneir)가 쓴 《적십자》란 책을 참고해보라. 그러면 얼마나 많은 일이 수행되었는지를 보고 정말로 감동받을 것이다.

다른 사람들의 용기, 양심, 지성을 줄곧 부인하려 들면서, 오로지 자기만이 세계를 판결할 수 있다고 믿었던 예언자들의 어떤 예측도 실현된 적이 없다. 적십자 자원자들의 헌신에 대해서는 칭찬할 말이 모자랄 정도이다. 그들은 가장 위험한 곳에 배치되기만을 간절히 바랄 정도로 아주 열심이었다. 프로이센 군대가 진격해왔을 때, 나폴레옹 1세가 다스리는 국가로부터 월급을 받는 군의관들은 부하들과 함께 도망쳤지만, 적십자 자원자들은 포화 아래에서 비스마르크 군대와 나폴레옹 군대 장교들의 잔학 행위들을 참고 견디면서, 국적과 상관없이 모든 부상자들을 아낌없이 돌보는 일을 계속했다.

네덜란드인, 이탈리아인, 스웨덴인, 벨기에인, 심지어 일본인과 중국인도 놀라우리만큼 합의를 잘 이루어냈다. 그들은 현장의 필요에 따라서 병원들과 야전병원들을 배치했다. 그들은 특히 병원들의 위생 상태를 두고 서로 겨루었다. 그리고 많은 프랑스인은 적십자 야전 병원에서 네덜란드나 독일에서 온 자원자로부터 받은 상냥한 보살핌에 깊이 감사하며 지금까지도 이야기하고 있다. 그러나 권위주의자들에게 이런 것이 무슨 소용이겠는가? 그의 이상은 국가로부터 봉급을 받는 연대 배속 군의관이다. 적십자 간호사들이 그곳의 직원이 아니라면, 그들이 적십자나 그곳의 위생적인 병원에 무슨 관심이 있겠는가!

바로 얼마 전에 막 생겨났는데 회원이 수십만이나 되는 조직이 여기 있다. 야전 병원들과 병원 열차들을 가지고 있으며, 부상자를 돌보는 새로운 치료법을 고심해서 만들어내는 조직이다. 그리고 이 조직은 처음에 몇몇 헌신적인 사람이 자발적으로 주도해서 생겨난 조직이다. 아마도 우리는 국가가 이 조직과 어떤 관계가 있을 것이라는 이야기를 들을 것이다. 그렇다. 국가는 이 조직을 손아귀에 넣으려고 손을 내밀었다.

이 조직의 감독 위원회는 추종자들이 왕자라고 부르는 자들이 주로 맡고 있다. 황제들과 황후들은 이 조직의 전국 위원회를 아낌없이 후원하고 있다. 하지만 이 조직의 성공은 이런 후원들 때문이 아니다. 각 나라마다 있는 수천 개의 지역 위원회가 있기 때문에 성공한 것이다. 그리고 개개인의 활동, 전쟁의 희생자들을 돕고자 하는 모든 사람의 헌신 때문에 가능했다. 그리고 이 헌신은 국가가 개입하지만 않는다면 훨씬 더 커질 것이다.

아무튼 1871년 전쟁에서 영국인, 일본인, 스웨덴인, 중국인들이 부상자들에게 도움을 보내려고 열심히 노력한 것은, 국제 감독 위원회의 명령 때문이 아니었다. 점령당한 지역들에 병원들이 세워지고, 전장에 구급대를 보낸 것도 국제 원조 부서의 명령 때문이 아니었다. 그것은 각국 자원자들의 자발적인 주도에 의해서였다. 일단 현장에 도착하면 자원자들은 모든 나라의 자코뱅주의자들이 예상했던 것처럼 서로를 마음대로 지배하려 들지 않았다. 그들 모두는 국적을 구분하지 않고 일에 착수했다.

우리는 이렇게 위대한 노력들이 전쟁이라는 그토록 추악한 원인에 봉사해야 하는 것을 유감스럽게 여길 것이다. 그리고 마치 시인의 아이처럼 이렇게 물어볼지도 모른다.

"나중에 치료를 해줄 거라면, 왜 그들을 다치게 하나요?"

자본가들과 중산층의 권위와 권력을 파괴하려고 노력하면서, 우리는 전쟁이라는 이름의 대량학살을 끝내기 위해서도 일한다. 우리는 적십자 자원봉사자들이 전쟁을 끝내기 위해 우리와 함께 활동하는 것을 훨씬 많이 보게 될 것이다. 하지만 우리는 이 대단한 조직을 자유로운 협약과 자유로운 원조의 결과로 생겨난 또 다른 실례로서 언급해야 한다.

만약 인간들을 몰살시키는 기술과 관련된 예를 들고자 한다면 결코 끝이 없을 것이다. 독일 군대의 힘을 뒷받침하고 있는 수많은 단체가 있다는 사실을 인용하는 것으로 충분할 것이다. 일반적인 믿음과는 달리, 독일 군대의 힘은 훈련에만 의존하는 것이 아니다. 즉, 군사적인 지식을 널리 보급하려는 목적을 가진 여러 단체에도 의지하고 있다는 뜻이다.

'독일 군대 동맹'의 가장 최근 회의들 중 하나에는 151,712명의 회원들로 구성된 2,542개 동맹 단체의 대표들이 참석했다. 그 밖에도 독일에는 '사격회', '군대게임', '전략게임', '지형 연구 협회'같은 수많은 단체가 있다. 독일 군대의 기술적 지식이 발달하고 있는 것은 이런 단체들이 행하는 워크숍들을 통해서이지, 군대에서 행하는 훈련으로만 그런 것은 아니다. '독일 군대 동맹'은 군인들과 민간인들, 지질학자들과 체육 교관들, 운동선수들과 기술자들 등이 모인 온갖 종류의 단체들을 포함하고 있는 가공할 만한 조직망이다. 자발적으로 생겨난 이 단체들은 스스로 조직하고, 연합하고, 토론하고, 지역을 탐사하기도 한다. 독일 군대의 실제 중추를 이루고 있는 것은 이러한 자발적이고 자유로운 협회들인 것이다.

물론 그 목적은 몹시 끔찍하다. 바로 제국을 유지하는 것이기 때문이다. 그러나 우리가 관심을 갖는 것은, 군대 조직이 '국가의 위대한 사명'임에도 불구하고, 이 조직을 단체들의 자유로운 합의와 개인들의 자유로운 진취 정신이 이끌어가게 하면, 성공이 훨씬 확실해진다는 사실을 지적하려는 것이다.

자유로운 협약은 심지어 전쟁과 관련된 문제에서조차 그런 식으로 호소력을 갖고 있다. 우리의 주장을 좀 더 입증하기 위해서 다음과 같은 예들을 들어보자. 산맥을 통과하는 길들을 상세히 연구하고 있는 '스위스 지형학자 자원자 단체', '프랑스 비행 협회', 30만 명의 영국 자원병, '영국 포병 협회', 그리고 영국 해안을 방어하기 위해서 지금 조직 중인 협회도 있다. 이와 마찬가지로 상선들로 이루어진 선단, '자전거 타는 사람들 단체', 그리고 새로이 조직된 개인 자동차 조직과 증기 엔진이 달린 대형 보트 조직 등도 인기를 끌고 있다.

모든 곳에서 국가가 뒤로 물러나고 있으며, 자신의 신성한 역할들을 개인들에게로 넘겨주고 있다. 모든 곳에서 자유로운 조직들이 국가의 영역을 침범하고 있다. 그럼에도 우리가 여기서 인용한 사실들은 미래에 더 이상 국가가 존재하지 않게 되었을 때, 어떤 자유로운 정부가 우리를 기다리고 있는지를 언뜻 보여주는 것일 뿐이다.

1

이제 코뮌주의를 반대하면서 나오는 주요한 반론들을 살펴보
도록 하자. 이 반론의 대부분은 단순한 오해 때문에 생긴 것이
분명하지만, 중요한 문제들도 제기하고 있으므로 우리의 관심
을 받을 가치가 있다.

권위주의적 공산주의에 관해 제기된 반론들에 우리가 응수
할 필요는 없다. 우리 자신도 그것에 동의하기 때문이다. 문명
화된 국민은 개인의 해방을 위해 오랫동안 힘겨운 투쟁을 하
면서 너무나 많은 고통을 겪어왔다. 그렇기 때문에 그들은 과
거의 노력을 부정할 수 없으며 국민 삶의 세세한 점까지 간섭
하려는 정부를 묵인할 수 없다. 설령 그 정부가 공공의 선을
위한 목적 말고는 다른 목적이 없을지라도 말이다. 어떤 권위
주의적 사회주의 사회를 수립하는 데 성공했다고 해도 그 사

회는 지속될 수 없을 것이다. 널리 퍼진 불만으로 인해서 곧 무너지거나, 아니면 자유의 원리에 따라서 다시 조직될 것이다.

우리가 말하려고 하는 것은 아나키스트 코뮌주의 사회이다. 이 사회는 개인의 절대적인 자유를 인정하고, 어떤 권위도 허용하지 않으며, 사람들이 일을 하게 만드는 어떤 강제도 사용하지 않는 사회이다. 이 사회에 대한 우리의 탐구를 경제적 측면의 문제로 한정하고, 오늘날의 사람들보다 더 선량하지도 더 악하지도 않고, 더 근면하거나 덜 근면하지도 않은 사람들로 구성되는 이 사회가 성공적인 발전을 이룰 수 있는지를 살펴보도록 하자.

반론은 잘 알려져 있다.

"만일 각자의 생존이 보장되고, 돈을 벌기 위해서 억지로 일할 필요가 없다면, 아무도 일하지 않을 것이다. 강제로 일하게 하지 않으면 모든 사람은 자기 일을 남에게 떠넘길 것이다."

우선 이런 반론이 믿을 수 없을 만큼 경솔하게 제기된다는 점에 주목하도록 하자. 왜냐하면 이 반론은 정말로 문제가 되는 두 가지 지점을 인식조차 못하고 있기 때문이다. 한편으로는 임금 노동을 통해 얻기로 되어 있는 결과를 효과적으로 얻었는가 하는 점이고, 다른 한편으로는 오늘날 자발적으로 하는 일이 돈 때문에 하는 일보다 더 생산적인지 아닌지를 아는 것이 중요하다는 점을 인식조차 못하고 있는 것이다. 이 문제를 올바르게 다루기 위해서는 보다 진지하게 연구할 필요가 있다. 정밀과학을 연구하는 사람들은 분명 덜 중요하고 덜 복잡한 문제들을 진지하게 조사하며, 신중하게 사실들을 모으고 분석하고 난 뒤에야 자기 의견을 제시한다.

반면에 우리가 다루는 문제에서 반대론자들은 항소할 기회도 주지 않은 채 판결해버리는 식으로 행동한다. 가령, 미국의 몇몇 공산주의자 단체가 성공하지 못했다는 것을 예로 들면서 반대하는 식이다. 그들은 꼭 법정 변호사처럼 행동하고 있다. 즉, 반대 측 변호인을 어떤 주장 혹은 자신과 반대되는 의견을 대변하는 사람으로 여기는 것이 아니라 그저 방해꾼으로, 말하자면 수사로 가득한 말싸움의 적으로 치부해버리는 식이다. 법정에서 재치 있는 대꾸를 금방 찾아낼 만큼 운이 좋다면 모를까, 다른 경우에는 소송 이유를 정당화하는 일에는 전혀 주의를 기울이지 않는 법정 변호사처럼 행동하는 것이다. 이런 이유 때문에 경제학의 기본 토대에 대한 연구, 즉 인간 에너지를 최소한으로 낭비하면서 사회에 최대한 유용한 생산을 하는 사회를 만들기 위한 가장 바람직한 조건들에 대한 연구는 진전을 보지 못하고 있다. 사람들은 진부한 주장들을 되풀이하면서 선을 그어버리거나, 우리의 주장을 모르는 척하고 있다.

이러한 경솔함에서 가장 놀라운 점은 자본주의 정치경제학에서조차 몇몇 학자들은 사실들을 보고서 어쩔 수 없이 자기들 학문의 창시자들이 만들어낸 공리를 의심하게 되었다는 점이다. 즉, 굶주림의 위협이야말로 사람들이 생산적인 노동을 하게 되는 가장 중요한 동기라는 공리 말이다.

이 학자들은 지금까지 너무나도 많이 부정되어온 사실을 알아차리기 시작했다. 즉, 생산에 어떤 협동적인 요인이 도입되면 그 요인이 개인적인 이익보다 더 중요하게 여겨질 수 있다는 점이다. 임금노동의 열등한 성질, 현대 농업과 산업 노동에서 끔찍하게 낭비되는 인간 에너지, 자기의 짐을 다른 사람에게 떠넘기고 쾌락을 추구하는 사람들의 계속적인 증가, 생산에서 점점 더 뚜렷해지고 있는 어떤 활기의 결여. 이런 모든 상황이 '고전학파' 경제학자들의 관심을 끌기 시작했다. 그들 중 어떤 이들은 자기들이 혹시 잘못된 길을 택한 것이 아닌지 의심하고 있다. 또 어떤 이들은 오직 이익이나 임금이라는 미끼로만 유혹당한다고 가정했던 사람들, 상상 속의 사악한 사람들이 정말로 존재하는지에 대해서도 의문을 품고 있다. 기존 학설과 반대되는 이런 의견은 심지어 대학에까지 스며들어서 정통 경제학 책들에서도 발견할 수 있다.

하지만 이것이 수많은 사회주의 개혁가가 여전히 개인적인 보수를 지지하고, 임금 노동이라는 낡은 성채를 방어하는 일을 방해하지는 못한다. 비록 이 성채를 이루는 돌들이 과거의 성채 방어자들에 의해서 하나둘씩 공격자들에게 넘겨지고 있을지라도, 이들은 계속 방어하고 있다. 그들은 강제가 없으면 대중이 일하지 않을까 봐 두려워한다.

그러나 우리가 살아가고 있는 시대에 이와 똑같은 두려움들이 두 번 표현되는 것을 듣지 않았던가? 한 번은 흑인들이 해방되기 전 미국의 노예제 폐지 반대론자들에 의해서였고, 다른 한 번은 농노제가 폐지되기 전 러시아 귀족들에 의해서였다.

"채찍질이 없으면 검둥이들은 일하지 않을 것이다."

노예제 폐지 반대론자들이 말했다.

"영주의 감독으로부터 자유로워지면 농노들은 농지를 경작하지 않고 내버려둘 것이다."

러시아의 농노 소유자들이 말했다. 이것은 1789년에 프랑스 귀족들이 했던 말의 반복이며, 중세시대의 반복이고, 인간 세상의 역사만큼이나 오래된 반복이다. 그리고 불의를 없애는 문제가 제기되는 시대라면 언제나 듣게 되는 반복일 것이다. 그리고 매번 현실은 이 말이 거짓말이라는 사실을 보여준다. 1792년에 해방된 프랑스 농민들은 그들의 조상은 알지 못했던 열렬한 에너지에 넘쳐서 땅을 갈았다. 해방된 흑인들은 자기 부모세대보다 더 많이 일을 한다. 러시아 농민은 일요일뿐만 아니라 농노해방이 선포된 금요일까지 축하하며 해방이라는 달콤한 영광을 만끽한다. 그 후에는 열의를 갖고서 일하기 시작했다. 땅이 자기 것이 되면 농민은 필사적으로 일을 한다. 필사적이라는 말은 농민이 하는 일에 정확히 들어맞는 단어다. 노예제 폐지 반대론자들이 반복하는 주장은 노예 소유주들에게는 가치가 있을지도 모른다. 노예들 역시 그런 반복이 가치가 있다는 것을 알지만, 그 동기가 뭔지를 알고 있기 때문이다.

게다가 다음과 같은 사실을 우리에게 가르쳐준 사람이 경제학자들 자신이 아니던가? 즉, 대체로 임금 노동자의 일은 좋지도 나쁘지도 않은 평범한 노동인 반면, 집중해서 하는 생산적인 노동은 자기가 한 노력에 비례해서 자기의 부가 증가한다는 점을 알고 있는 사람한테서만 나온다는 사실 말이다. 사유재산을 찬양하는 모든 찬송은 부득이하게 이 원리로 귀결된다.

그러므로 사유재산의 은총을 찬양하고 싶어 하는 경제학자들이 다음과 같은 사실들을 우리에게 보여줄 때, 사유재산에 대한 옹호라는 논제를 조금도 증명해주지 못한다는 점은 아주 주목할 만한 사실이다. 즉, 자기 땅을 가진 농민이 비생산적이고, 질척거리고, 자갈이 많은 땅을 경작하게 되면, 그 땅이 어떻게 풍요로운 수확물들로 뒤덮이는지를 우리에게 보여줄 때 말이다. 자신이 행한 노동의 결실을 빼앗기지 않게 해주는 유일한 보장은 노동 수단을 소유하는 것이다. 이 사실을 인정함으로써, 경제학자들은 사람이란 자유롭게 일할 때 실제로 가장 생산적이라는 사실을 입증할 뿐이다.

또 직업을 선택할 자유가 있을 때, 그를 강제하는 감독관이 없을 때, 노동자는 실제로 가장 생산적이라는 사실을 보여줄 뿐이다. 마지막으로 자신의 노동이 자신과 자기처럼 일하는 다른 사람들한테 이익을 가져다주지만, 게으름뱅이들에게는 이익을 거의 가져다주지 않는다는 사실을 알고 있을 때, 사람은 가장 많이 생산한다는 사실을 증명할 뿐이다. 그들의 논증에서 빼야 할 것은 아무것도 없고, 우리가 주장하는 것도 바로 이런 것들이다.

노동 수단을 소유하는 형태와 관련해서, 경제학자들은 그 문제를 오직 간접적으로만 언급하고 있다. 즉, 경작자가 수확에서 얻은 이익과 땅을 개선해서 생겨난 이익을 빼앗기지 않도록 보장해주는 수단 정도로만 언급하고 있는 것이다. 그렇지만 그 밖에도 경제학자들이 다른 모든 소유 형태를 반대하고 사유재산을 옹호하는 자신의 논제를 뒷받침하려면, 다음 사실도 보여줘야 하는 것이 아닐까? 즉, 땅을 공공으로 소유하는 형태에서는 사적으로 소유했을 때만큼 풍성한 수확을 결코 할 수 없다는 사실을 증명해야 하지 않을까? 하지만 그들은 이 사실을 증명하지 못했다. 사실, 관찰된 사실은 정반대의 상황이다.

스위스 보 지방의 코뮌을 예로 들어보자. 이 산악 지방에 겨울이 오면 마을 주민 모두가 숲으로 나무를 베러 간다. 이 숲은 그들 모두가 공동으로 소유하고 있는 곳이다. 가장 열심히 일하고 가장 주목할 만한 인간의 힘이 발휘되고 드러나는 시기는 분명히 이 축제와 같은 노동기간 때이다. 그 어떤 임금 노동자도, 사유재산가의 어떤 노력도 이 노동에 비교할 수 없을 것이다.

혹은 러시아의 시골마을을 한 번 살펴보자. 이 마을에서는 모든 주민이 코뮌 소유거나 코뮌이 임대한 들판에서 건초를 벤다. 여러분은 그곳에서 공동 생산을 위해서 공동으로 일할 때 사람들이 얼마나 큰 성과를 낼 수 있는지를 볼 수 있을 것이다. 동지들은 가장 많이 낫질을 하려고 서로 겨루고, 여자들도 풀 베는 사람들에게 뒤지지 않으려고 그 뒤를 따라가며 열심히 일한다. 이것은 노동의 축제이다. 이런 축제에서는 백여 명의 사람들이 각자 했으면 며칠이 걸려도 끝내지 못했을 일을 몇 시간 만에 완성해낸다. 이런 노동과 비교한다면, 고립된 소유자들이 하는 노동이란 얼마나 초라한 대조를 이루는지 모른다!

사실 우리는 미국의 개척자들과 스위스, 독일, 러시아에서 그리고 어느 프랑스 시골마을들에서 많은 실례들을 가져올 수 있다. 또 러시아에서 석공, 목수, 뱃사람, 어부 등이 모인 노동자 협동조합(artels: 러시아에서 옛날부터 있었던 노동자 협동조합)들이 행하는 노동을 예로 들 수도 있다. 이곳에서 그들은 각자 맡은 일을 하고, 생산물과 이익금을 중간상인의 중개를 거치지 않고 직접 분배한다. 또 내가 보았던 영국의 조선소에서 행해지는 노동도 같은 원리에 따라 보수가 지급되고 있다. 우리는 또한 유목민 부족들이 행했던 대규모 공동 수렵과 성공적으로 운영되는 수많은 공동 기업을 예로 들 수 있다. 우리는 이 모든 경우에서 보여줄 수 있다. 임금 노동자의 노동이나 고립된 사적 소유주의 노동과 비교해서 공동으로 하는 작업이 두말할 나위 없이 우수하다는 사실을 말이다.

행복, 다시 말해서 신체적, 예술적, 도덕적인 욕구들이 충족된 상태는 언제나 일을 하는 데 가장 강력한 동기가 되어왔다. 돈 때문에 일하는 사람은 필요량을 겨우겨우 생산하는 데 비해, 자유로운 노동자는 자기 노력에 비례해서 자신과 다른 사람들을 위한 휴식과 취미 생활이 증가한다는 사실을 알고 있기 때문에 분명 훨씬 더 많은 에너지와 지성을 일에 쏟아서 더 많은 생산물을 얻을 것이다. 한 사람은 비참한 처지에 빠져 있다고 느끼지만, 다른 사람은 미래에 휴식과 풍요가 있을 거라는 희망을 가지고 있다. 여기에 모든 비밀이 있다. 그러므로 모든 사람의 행복을 목표로 삼고 있고, 모든 사람이 즐겁게 살아갈 가능성이 목표인 사회는 사람들이 자유롭게 할 수 있는 일을 제공할 것이다. 이런 노동은 분명히 노예제, 농노제, 임금제라고 하는 몰이꾼의 막대기 아래에서 행해지는 노동에 비해서 훨씬 뛰어나고, 훨씬 더 많은 생산을 하게 될 것이다.

2

오늘날에는 생존에 필수불가결한 자기 몫의 노동을 남들에게 떠넘길 수 있는 사람은 누구나 그렇게 하고 있다. 그리고 앞으로도 항상 그럴 것이라고 여겨지고 있다. 그런데 생존에 필수불가결한 노동은 본질적으로 육체노동이다. 우리가 예술가나 과학자가 될 수도 있겠지만 우리 중 누구도 육체노동으로 얻어지는 것들인 빵, 옷, 도로, 배, 불, 난방 등이 없이는 예술이나 과학을 할 수 없다. 더군다나 우리의 즐거움이 아무리 예술적이거나 철학적이더라도, 그것들 모두는 육체노동에 의존하고 있다. 그리고 모든 사람이 회피하려고 하는 것 또한 분명히 삶의 토대인 이 육체노동이다.

우리는 오늘날의 육체노동은 그럴 수밖에 없다는 사실을 너무나 잘 이해하고 있다. 왜냐하면 오늘날 육체노동을 한다는 것은, 실제로 하루에 10~12시간씩 불건강한 일터에 갇혀 있어야 하는 현실을 의미하기 때문이다. 또한 20~30년 동안 어쩌면 평생 동안 똑같은 일에 매여 있어야 함을 의미하기 때문이다.

육체노동은 변변찮은 임금, 미래에 대한 불확실함, 일의 부족, 빈번하게 빈곤이라는 운명에 처하는 것을 의미한다. 그것도 당신과 당신 아이들을 위해서가 아니라 타인을 잘 먹이고, 잘 입히고, 즐겁게 살게 하고, 교육받게 하기 위해서 흔히 40년 동안 일한 다음 병원에서 죽어갈 운명에 처한다는 사실을 의미한다.

육체노동은 평생 동안 열등함이라는 낙인을 달고 사는 것을 뜻한다. 왜냐하면 정치가들이 뭐라고 말하든 간에 육체노동자들은 항상 정신노동자들보다 열등하게 여겨지고 있기 때문이다. 그리고 작업장에서 10시간씩 힘들게 일해야 하는 사람은 학문이나 예술이라는 고상한 즐거움을 스스로에게 제공해줄 만한 시간도 없고, 그럴 수 있는 수단도 거의 없다. 심지어는 그것들을 감상할 수 있도록 스스로를 준비시킬 만한 시간도 방법도 없다. 그는 특권층 사람들의 식탁에서 떨어진 부스러기들에 만족해야만 하는 것이다. 이런 조건들 아래서는 육체노동이 저주스런 운명으로 여겨진다는 사실을 우리는 이해하고 있다.

우리는 모든 노동자가 단 하나의 꿈만을 갖고 있다는 사실을 이해한다. 즉, 이런 열등한 상태로부터 벗어나고 자기 아이들도 벗어날 수 있으리라는 꿈 말이다. 이것은 스스로를 위해서 독립된 지위를 만들어낸다는 것인데, 오늘날 이것은 무엇을 의미하는 것일까? 역시 다른 사람들의 노동으로 살아간다는 뜻이다! 육체노동자 계급과 정신노동자 계급이 있고 검은 손과 하얀 손이 있는 한 상황은 똑같을 것이다.

실제로 어느 노동자가 요람에서 무덤까지 자신을 기다리고 있는 운명이 평범함, 빈곤, 내일에 대한 불안 속에서 사는 것임을 알고 있다면, 그가 이 울적한 노동에 무슨 흥미를 가지겠는가? 그렇기 때문에 엄청나게 많은 사람이 매일 아침마다 자신들의 불쾌한 일을 다시 시작하는 것을 볼 때면, 우리는 그들의 인내심과 일에 대한 열의에 놀라움을 느낀다.

또한 기계처럼 맹목적으로 주어진 명령에 복종하게 된 그들의 습관, 미래에 대한 희망도 없이 비참한 삶으로 이끌어가는 그들의 습관에도 놀라움을 느낀다. 그들은 언젠가 자신이, 혹은 적어도 자기 아이들만이라도 인류가 쌓은 부에 참여하리라는 희미한 예상조차 없이 그런 일을 하고 있다. 이러한 부는 풍요로운 자연의 온갖 보물들, 지식의 향유, 과학적이고 예술적인 창조 같은 것들인데, 오늘날에는 소수 특권층만이 누리는 것들이다.

우리가 임금제를 폐지하고 싶어 하고 사회 혁명을 원하는 것은, 바로 이 육체노동과 정신노동 사이의 분리를 분명히 끝장내기 위해서이다. 그렇게 되면 노동은 더 이상 저주스러운 운명으로 여겨지지 않을 것이다. 노동은 원래 그래야 하는 것, 인간의 모든 능력을 자유롭게 훈련하고 자유롭게 사용하는 것이 될 것이다. 더 나아가 이제는 임금제의 채찍 아래에서 얻어진다고 알려져 있는 우월한 노동에 관한 이 신화를 진지하게 분석해봐야 할 때이다.

현대 산업의 특징인 인간 에너지의 막대한 낭비를 이해하기 위해서는, 우리가 이따금씩 조사하는 시범 공장들과 작업장들이 아니라 수많은 평범한 공장을 방문하는 걸로 충분할 것이다. 약간이나마 합리적으로 조직되고 운영되는 공장이 한 군데 있다면, 인간의 노동이 낭비되는 공장은 백여 개가 넘기 때문이다. 그런 곳들은 고용주에게 아마 하루에 몇 파운드를 더 벌어다주는 것 말고는 아무런 실질적인 동기도 없이 인간의 노동이 낭비되고 있다.

이런 곳에서 여러분은 20~25살 나이의 청년들이 하루 종일 기다란 작업대 의자에 앉아 있는 모습을 본다. 그들은 가슴을

푹 수그리고 열병에 걸린 것처럼 머리와 몸을 떨면서, 요술쟁이처럼 빠른 속도로 레이스 직조기의 부산물인 면실 부스러기의 양 끝을 잡아매고 있다. 부들부들 떨고 금방이라도 쓰러질 것 같은 이 몸뚱이들이 자기들 나라에 어떤 자손을 남겨놓을까? "그렇지만 그들은 공장에서 정말로 공간을 거의 차지하지 않으며, 각자가 매일 나에게 6펜스의 이익을 가져다준다"라고 고용주는 말할 것이다.

런던에 있는 어느 커다란 공장에서 우리는 17살의 나이에 이미 대머리가 된 소녀들을 보았다. 바퀴가 달린 가장 단순한 기계로 성냥을 작업대까지 나르면 되는데도, 이 소녀들은 성냥을 담은 낮은 상자들을 직접 머리에 이고서 옮기느라고 그렇게 된 것이다.

그러나 고용주는 이렇게 말할 것이다.

"그렇게 하면 비용이 거의 안 든다. 특별한 직업이 없는 이 여성들의 노동은 너무나 싸다! 그런데 왜 우리가 기계를 쓰겠는가? 이 여자들이 더 이상 일을 못하게 되면, 쉽게 다른 사람으로 대신할 수 있다. 거리에는 이런 여자들이 가득하다!"

꽁꽁 얼어붙는 추운 밤에 여러분은 맨발의 아이가 팔에 신문꾸러미를 안고서 부자의 저택 계단 위에 잠들어 있는 모습을 볼 것이다. 아동 노동은 워낙 싸게 먹히기 때문에 쉽게 일을 시킬 수 있다. 매일 저녁마다 10페니 가량 되는 신문을 파는 가난한 아이는 고작 1페니나 1페니 반을 받을 것이다. 그리고 여러분은 모든 대도시에서 몇 달간 실업자로 지내고 있는 건장한 남자들이 무거운 발걸음으로 거리를 헤매고 있는 모습을 계속 볼 것이다. 그동안 그들의 딸들은 직물공장의 과열된 증기 속에서 창백해지고 있고, 아들들은 손으로 구두약 통을 채우고 있거나, 기술을 배워야 하는 시기에 채소 바구니를 나르는 일로 시간을 허비하고 있을 것이다. 그러다가 18살이나 20살이 되면 정기적으로 실업자가 될 것이다.

이런 일은 모든 곳에서 일어나고 있다. 샌프란시스코에서 모스크바까지, 나폴리에서 스톡홀름까지 인간 에너지의 낭비는 우리 산업에서 눈에 띄는 우세한 특성이다. 낭비가 어마어마한 비율에 이르는 상업에 대해서는 두말할 것조차 없다. 정치경제학을 '임금제도 아래서의 낭비와 에너지를 다루는 학문'이라고 이름 붙인다면, 이 이름은 얼마나 슬픈 풍자인가!

이것이 전부가 아니다. 잘 조직된 공장의 감독관에게 물어보면, 그는 순진하게 설명해줄 것이다. 즉, 오늘날에는 숙련된 기술이 있고, 건장하며, 원기 왕성한 노동자, 일할 의지가 있는 노동자를 찾기가 어렵다고 말이다.

"매주 월요일마다 일자리를 구하려고 우리를 찾아오는

20~30명 정도 되는 사람들 사이에 그런 이들이 보이면, 우리는 분명 그를 고용한다. 비록 지금 일하는 노동자 수를 줄이더라도 말이다. 그런 사람은 한눈에 알아볼 수 있고 항상 고용된다. 다음 날에는 나이가 들고 활기가 덜한 노동자를 해고해야 할지라도 말이다."

그리하여 방금 해고 통지를 받은 사람, 그리고 미래에 해고 통지를 받을 사람은 모두 실업자라는 거대한 산업 예비군 부대에 강제로 편입되게 된다. 이들은 오로지 작업량이 많을 때나 파업자들을 방해하려고 할 때만 직조기와 작업대로 오라는 부름을 받을 것이다. 그리고 경기가 한산해지자마자, 좀 나은 등급의 공장들에서 해고된 일반 노동자들은 어떠할까? 그들 역시 나이가 들고 서투른 노동자로 이루어진 가공할만한 실업자 군단에 들어가서 이류 공장들을 계속 전전해야 한다. 이런 이류 공장들은 자신의 고객들, 특히 외국의 소비자들에게 속임수를 쓰고 올가미를 씌워서 간신히 수지를 맞추고 있는 곳이다. 노동자들에게 말을 걸게 되면, 여러분은 곧 이런 공장들에서는 절대로 최선을 다해 일하지 않는 것이 규칙이라는 사실을 알게 될 것이다.

"싸구려 임금에는 싸구려 노동으로!"

이것이 바로 그런 공장에 들어간 노동자가 동료로부터 받게 되는 충고이다. 노동자들은 알고 있기 때문이다. 만일 그들이 관대한 기분이 드는 순간에 고용주의 간청에 넘어가서 긴급한 주문에 맞추려고 강도 높은 일을 하는 데 동의하면, 앞으로는 이런 심한 노동이 임금 비율을 정할 때 규칙으로 강요될 것이라는 사실을 말이다. 그러므로 이런 모든 공장에서 노동자들은 할 수 있는 한 많이 생산하는 일을 절대로 하지 않는다. 어떤 산업에서는 높은 가격을 유지하기 위해서 생산이 제한된다. 그러면 때때로 '살살 해라'라는 암호가 쓰이는데, 그 의미는 '형편없는 임금에는 형편없는 노동으로!'이다.

임금 노동은 노예노동이다. 임금 노동은 생산할 수 있는 만큼 생산하지 않으며, 생산해서도 안 된다. 그러므로 지금은 임금제가 생산적인 노동을 하는 데 가장 좋은 동기라는 신화에 의혹을 제기할 가장 좋은 때이다. 오늘날의 산업이 우리네 할아버지 시대보다 백배나 많은 생산을 하고 있다면, 그것은 18세기 말에 자연과학과 화학이 폭발적으로 발전했기 때문이다. 즉, 생산력은 임금제라는 자본주의적 제도 때문에 늘어난 것이 아니라, 이런 제도에도 불구하고 늘어난 것이다.

3

이 문제를 진지하게 연구해온 사람들은 코뮌주의의 어떤 장점도 부정하지 않는다. 다만 이 코뮌주의가 완전히 자유롭다는 조건, 말하자면 아나키스트 코뮌주의라고 잘 이해되었을 경우에 그러하다. 그들은 돈으로 지불되는 노동은 임금제의 특징을 계속 가지고 있을 것이고, 그 단점도 계속 유지할 것이라는 사실을 알고 있다. 설령 그 돈이 국가의 지배를 받는 노동자 연합에서 발행하는 '노동수표'라는 이름으로 변장한다고 하더라도 말이다.

그들은 사회가 생산 수단을 손에 넣게 되었을지라도, 임금제 때문에 곧 전체 체제가 고통받게 되리라는 점에 동의한다. 그리고 그들은 인정한다. 모든 아이에게 '통합적인' 완전한 교육이 행해지고, 근면하게 일하는 문명화된 사회의 습관과 직업을 선택하고 바꿀 수 있는 자유가 있고, 모두의 행복을 위해서 평등하게 수행되는 일의 매력이 있는 코뮌주의 사회에서는, 생산하는 사람들이 부족하지 않을 것이라는 점을 말이다. 그리고 이 생산자들이 땅을 3~10배 더 비옥하게 만들 것이고 산업에 새로운 자극을 줄 것이라는 점도 인정한다.

우리의 반대자들도 동의한다. 그들은 이렇게 말한다.

"그렇지만 위험은 소수의 부랑자로부터 올 것이다. 그들은 유쾌하게 일할 수 있는 우수한 조건인데도 정기적으로 일하는 습관이 없는 사람들이다. 오늘날에는 굶주림이 닥쳐올지도 모른다는 두려움 때문에 가장 반항적인 사람들도 할 수 없이 다른 사람들과 함께 일하고 있다. 정시에 출근하지 않는 사람은 해고된다. 하지만 한 마리의 검은 양은 하얀 양떼 전체를 물들이기에 충분하다. 두세 명의 게으르고 반항하는 노동자가 다른 사람들을 나쁜 길로 끌어들일 것이고, 그러면 작업장에 무질서와 반항의 기운이 감돌게 되어서 작업이 제대로 되지 않을 것이다. 그렇게 되면 결국 우리는 이 주모자들을 제자리로 보내도록 하는 강제적인 시스템으로 다시 돌아가야 할 것이다. 그렇다면 수행한 노동량에 비례해서 임금을 주는 제도가 이런 강제를 실행시킬 수 있는 유일한 방법이 아니겠는가? 노동자의 독립적인 정서를 상하게 하지 않으면서 말이다. 다른 모든 방법은 자유로운 사람들의 비위에 거슬리는 끊임없는 권위의 간섭을 의미할 것이기 때문이다."

우리 생각으로는 이것이 비교적 명료하게 설명된 반론이다. 우선 첫째로, 이런 반론은 국가, 형법, 재판관, 교도관을 정당화하려는 주장과 같은 부류에 속한다.

권위주의자들은 말한다.

"사회적 관습에 따르지 않는 사람들이 아주 소수라도 있는 한, 우리는 치안 판사, 법정, 감옥을 유지해야 한다. 비록 이런 기관들이 갖가지 새로운 악의 원천이 된다고 해도 말이다."

그러므로 우리는 권위주의와 관련해서 일반적으로 자주 해왔던 말을 반복할 수밖에 없다.

"당신은 있을 법한 악을 피하기 위해서 그 자체가 더 거대한 악인 방법을 쓰고 있다. 그리고 이 방법은 당신이 고치고 싶어 했던 것과 똑같은 악용의 원천이 되고 있다. 왜냐하면 노동자가 자기 노동을 팔지 않으면 살아갈 수 없게 만드는 임금제가 지금의 자본주의 체제를 만들어낸 것이기 때문이다. 그리고 당신은 여기서 생기는 해악들을 인정하기 시작하고 있다. 이 사실을 잊지 말아야 한다."

게다가 권위주의자들이 사용하는 이런 식의 논법은 현존 체제의 해악들을 정당화하는 억지 이론일 뿐이다. 임금제도는 코뮌주의의 단점들을 없애기 위해서 만들어진 것이 아니다. 임금제의 기원은 국가나 사적 소유의 기원과 마찬가지로 어느 곳에서든 찾을 수 있다. 임금제도는 강제로 만들어진 노예 제도와 농노제에서 생겨났으며, 단지 현대적으로 겉모양을 바꾼 것에 불과하다. 그러므로 임금제를 옹호하는 주장은 사유 재산과 국가를 변호하려는 주장과 마찬가지로 무가치한 것이다. 그럼에도 우리는 이 반론을 살펴보고, 혹시 그 안에 일말의 진실이 있는지를 알아보려고 한다.

우선 첫째로, 자유로운 노동의 원리에 기초해서 세워진 사회가 일하지 않는 게으름뱅이들에 의해서 정말로 위협당하고 있다면, 그 사회가 오늘날과 같은 권위주의적 제도 없이, 그리고 임금제에 의지하지 않고서도 스스로를 보호할 수 있다는 사실이 분명하지 않겠는가?

어떤 특정한 사업을 위해서 힘을 합치고 있는 자원자 단체를 예로 들어 보자. 자원자들은 모두 이 일이 성공하기를 진심으로 바라면서 의욕적으로 일한다. 빈빈히 자기 자리를 비우는 한 회원만 빼고 말이다. 그렇다고 그들이 그 한 사람 때문에 단체를 해산하거나, 대표를 뽑아 벌금을 부과하거나, 벌칙을 만들어야 할까? 분명히 그 어떤 것도 하지 않을 것이다. 하지만 자신들의 사업을 위태롭게 만드는 그 동료는 어느 날 이런 말을 듣게 될 것이다.

"친구여, 우리는 당신과 함께 일하고 싶소. 하지만 당신이 수시로 자리를 비우고, 당신이 맡은 일을 소홀히 하고 있기 때문에, 우리는 서로 헤어져야 하겠소. 다른 곳으로 가서 당신의 태만함을 참아줄 만한 다른 동지들을 찾아보시오!"

이 방법은 워낙 자연스럽기 때문에 심지어 오늘날에도 도처에서 실행되고 있다. 이 방법은 모든 산업 영역에서 벌금제도, 임금 삭감, 감독제도 같은 모든 가능한 제도와 경쟁하면서 실행되고 있다. 노동자는 정해진 시간에 공장으로 들어가긴 하지만, 그가 자기 일을 형편없게 하거나 게으름이나 다른 결점들로 동료들을 방해한다면, 또는 그가 싸우기를 좋아한다면, 그걸로 끝이 날 것이다. 그는 어쩔 수 없이 작업장을 떠나야 할 것이다.

권위주의자들은 공장에서 노동자들이 정규적이고 능률적으로 일하도록 유지하는 사람은 전능한 고용주와 그가 고용한 감독관들이라고 주장한다. 그러나 실제로 약간 복잡한 모든 기업들, 그러니까 제품이 완성되기 전까지 많은 사람의 손을 거쳐야 하는 기업들에서 만들어내는 제품의 품질을 살펴보는 사람들은 하나로 단결한 노동자들, 즉 공장 전체이다. 그렇기 때문에 영국 민간산업의 가장 괜찮은 공장들에는 감독관의 수가 프랑스 공장들과 비교해서 평균적으로 훨씬 적고 영국의 국영공장들보다도 적다.

대중의 어떤 도덕적 규범도 이와 똑같은 방법으로 유지되고 있다. 권위주의자들은 도덕이 유지되는 것은 지방 경비대, 판사, 경찰들 때문이라고 말한다. 그러나 실제로는 판사들, 경찰들, 지방 경비대들이 있음에도 도덕이 유지되고 있는 것이다. "법이 많을수록 범죄자도 많다!"라는 오래된 속담도 있지 않은가.

이런 식으로 일들이 진행되는 곳은 산업 분야의 작업장들에서만이 아니다. 이런 일들은 모든 곳에서 매일 큰 규모로 일어나고 있다. 단지 책벌레들만이 아직 알아차리지 못하고 있을 뿐이다. 다른 회사들과 협동해서 일하는 어느 철도 회사의 경우에, 그 회사의 기차들이 연착하고 화물들이 역에 방치되어 있는 식으로 계약을 제대로 수행하지 못하게 되면, 다른 회사들이 계약을 취소하겠다고 위협할 것이며, 보통은 그런 위협만으로 충분할 것이다.

상업에서는 오로지 소송에 대한 걱정 때문에 계약을 준수한다는 것이 일반적인 믿음이며, 국가가 인가한 공립학교들에서도 그렇게 가르치고 있다. 하지만 전혀 그렇지가 않다. 약속을 어긴 상인 중에 열에 아홉은 판사 앞에 나타나지 않을 것이다. 런던처럼 상업이 활발한 곳에서는 돈을 빌려준 채권자가 소송을 걸었다는 단 한 가지 사실만으로 대다수 상인이 그 사람과의 거래를 거절하는 데 충분하다. 그 이유는 그가 자기들 중 한 사람을 법정에 서게 만들었기 때문이다. 상황이 이렇다면, 오늘날 작업장에서 일하는 노동자들, 거래를 하는 상인들, 수송 체계를 맡고 있는 철도 회사들 사이에서 행해지고 있는 방법이 자발적인 노동에 기초한 사회에서는 왜 사용되지 않겠는가? 가령, 각각의 회원들이 다음의 약관을 따라야 한다고 명시하고 있는 한 협회를 예로 들어보자.

"우리는 여러분이 20세에서 45세나 50세까지, 하루에 4~5시간 동안 생존에 필요하다고 인정된 어떤 일을 성실히 수행한다는 조건에서, 여러분에게 집, 창고, 거리, 수송 수단, 학교, 박물관 등을 사용하게 할 것을 약속한다. 생활필수품을 생산하는 일을 할 경우에는 원하는 생산 단체를 스스로 선택할 수 있고 새로운 단체를 만들 수도 있다. 그 외에 나머지 시간은 좋아하는 사람들과 협력해서 오락, 예술, 과학 등 뭐든 취미에 맞는 일을 할 수 있다."

"1년 중 약 1천 500시간은 식량, 의복, 집을 생산하는 단체에 가입해서 일하거나, 혹은 공공 위생이나 수송 등에서 일하는 것, 이것이 우리가 여러분에게 요구하는 전부이다. 이 노동에 대한 대가로 이 모든 단체가 생산한 것과 앞으로 생산할 모든 것을 자유롭게 사용할 것을 보장한다. 하지만 우리의 수많은 연합 단체 중 어느 하나도 그 동기가 어떻든 간에 여러분을 받아들이지 않는다면, 또 여러분이 유용한 물건을 생산하는 데 완전히 무능하거나 그 일을 하는 것을 거절한다면, 여러분은 고립된 사람이나 병자처럼 살아야 할 것이다. 만일 우리가 생활필수품을 제공할 수 있을 정도로 풍요롭다면, 기꺼이 그것들을 제공할 것이다. 여러분은 인간이고 살아갈 권리가 있기 때문이다. 하지만 여러분은 특별한 조건 아래서 살고 싶어 했고, 대열에서 이탈하고 싶어 했기 때문에 다른 시민과 일상적인 관계를 맺는 데 어려움을 겪을 가능성이 높다. 만약 몇몇 친구들이 여러분한테 재능이 있음을 발견하고, 친절하게도 필요한 모든 노동을 대신 해주어서 사회에 대한 도덕적 의무로부터 자유롭게 해주지 않는다면, 여러분은 부르주아 사회의 망령으로 간주될 것이다."

"마지막으로, 우리의 조건이 마음에 들지 않는다면, 넓은 세상 어딘가에서 다른 조건을 찾아보길 바란다. 아니면 동조하는 사람들을 찾아내서 그들과 함께 새로운 원리에 따른 사회를 조직하기 바란다. 우리는 우리의 것을 더 좋아한다."

이것이 바로 게으름을 피우는 사람들의 수가 너무 많아졌을 때, 공동체 사회가 그들을 쫓아 보내기 위해 쓸 수 있는 방법이다.

.

4

개인의 완전한 자유에 실제로 기반을 둔 사회에서 우리가 이런 일이 일어날 가능성을 우려할 필요가 있는지는 아주 의심스럽다. 사실, 자본의 사적 소유 때문에 일하지 않는 게으름이 장려되고 있음에도 병자가 아닌 한 실제로 게으른 사람은 상당히 드물다.

노동자들 사이에서는 흔히 부르주아를 게으름뱅이라고 부른다. 틀림없이 게으른 부르주아가 있긴 하겠지만 그들 역시 예외적인 경우이다. 그와는 반대로 모든 산업체에서 아주 열심히 일하는 부르주아들을 분명히 한 사람 이상 찾을 수 있을 것이다. 대다수 부르주아들은 자기의 특권적인 지위 덕분에 불쾌한 일은 최소화하고, 공기와 음식 등이 위생적인 환경에서 일한다. 이런 조건들 덕분에 그들은 지나치게 과로하지 않고 일을 할 수 있다. 그런데 바로 이런 조건들이 우리가 모든 노동자를 위해서 분명히 요구하는 것들이다.

또한 이 이야기도 꼭 해야만 한다. 즉, 부자들은 자기의 특권적인 지위 덕분에 종종 사회에 완전히 쓸모가 없거나 심지어 해가 되는 일들을 한다. 그럼에도 장관, 국장, 공장 사장, 상인, 은행가 등은 어쨌든 매일 몇 시간씩은 다소 지루하다고 느껴지는 일들을 해야 한다. 그래서 그들 모두는 그런 의무적인 일보다는 여가시간을 훨씬 더 좋아하고 있다. 그 일이 십중팔구 해로운 경우라고 해도 그들은 지루하다고 느낀다.

하지만 중산층이 토지를 소유한 귀족 계급을 몰아내는 데 성공하고 자신들이 그 뒤를 이어서 대중을 지배하게 된 것은, 분명히 그들이 엄청난 에너지로 일했기 때문이다. 심지어 (알든 모르든 간에) 해로운 일까지 하고 자기들이 특권적인 지위를 방어하는 일에도 엄청난 힘을 발휘했기 때문인 것이다. 만약 그들이 게으른 자들이었다면, 벌써 오래 전에 존재하지 않게 되었을 것이고 귀족 계급처럼 사라졌을 것이다.

하루에 4~5시간 동안 유용하고, 즐겁고, 위생적인 일을 하는 사회에서는 이 중산층 사람들도 자기들이 맡은 일을 완벽하게 잘 해낼 것이다. 또 그들은 오늘날처럼 노동자들이 힘들게 일하는 이 끔찍한 작업환경을 개선하지 않은 채 일하지는 않을 것이다. 만약 헉슬리[89]가 런던의 재봉공장에서 5시간 정도만이라도 지내야 했더라면, 그는 틀림없이 그 공장을 자신의 생리학 연구실만큼이나 위생적으로 만들 수 있는 방법을 찾아내었을 것이다. 다수 노동자의 게으름에 관해서는 오직 속물 경제학자들과 박애주의자들만이 그런 허튼소리를 감히 입 밖으로 낼 수 있다.

여러분이 합리적인 제조업자에게 질문을 한다면 그는 이렇게 말할 것이다. 즉, 노동자들이 게으름 피울 궁리만 하고 있다면 모든 공장은 문을 닫아야 할 것이고, 어떤 엄격한 조치를 취하거나 어떤 감시제도를 써도 아무 소용이 없을 것이라고 말이다. 여러분은 1887년에 영국의 고용주들 사이에서 일어났던 공포를 알고 있을 것이다. 즉, 몇몇 소수의 선동가가 '살살 하라'는 논리, 즉 '형편없는 보수에는 형편없는 노동으로', '적당히 하고, 너무 열심히 일하지 마라. 그리고 할 수 있는 한 빈둥거려라'는 말들을 퍼트리기 시작했을 때 고용주들은 공포에 떨었던 것이다. "그 선동가들이 노동자들을 부도덕하게 만들고, 우리 산업을 망하게 하고 싶어 한다!"라고 외친 사람들은 바로 전날에 노동자들의 부도덕성과 불량한 작업 태도를

---

89   헉슬리(Tomas Henry Huxley 1825-1895): 영국의 진화 생물학자이자 저술가.

심하게 욕했던 바로 그 고용주들이었다. 하지만 노동자들이 고용주들이 묘사한 것처럼 게으른 사람이라면, 다시 말해 고용주가 직장에서 해고시키겠다고 끊임없이 위협했던 게으름뱅이들이라면, "부도덕하게 만든다"라는 말이 뜻하는 바가 대체 무엇인가?

그러므로 있을 수 있는 게으른 자들에 관해 이야기할 경우, 우리는 이 문제가 사회에 존재하는 소수 사람의 문제일 뿐이라는 사실을 제대로 이해해야 한다. 그리고 이 소수 사람에 관련된 법률을 만들기 전에 그런 게으름이 생긴 원인에 대해서 연구해보는 것이 더 현명하지 않을까? 이성적인 안목으로 관찰하는 사람이라면 누구나 잘 알고 있다. 학교에서 공부를 안 하고 게으르다고 평가받는 아이는 흔히 형편없는 방식으로 가르침을 받았기 때문에 그저 이해를 못하는 아이일 뿐이라는 사실을 말이다.

또한 아이가 가난과 비위생적인 공부 환경 때문에 생긴 뇌빈혈로 고통받고 있어서 그런 경우도 매우 빈번하다. 그리스어나 라틴어 공부에는 게으름을 부리던 아이가 과학을 아주 열심히 공부할 수도 있는데, 특히 그 아이가 몸과 손으로 하는 구체적인 실습을 받으면서 배울 경우에는 더욱 그럴 것이다. 수학을 잘 못하는 소녀도 우연히 자신이 이해하지 못하는 산

수의 원리를 설명해줄 수 있는 누군가를 만나게 되면, 자기 반에서 제일 수학을 잘하는 학생이 될 수도 있다. 그리고 일터에서는 게으름을 피우는 노동자도 새벽에 떠오르는 태양을 바라보며 자기 텃밭을 일구고, 모든 자연이 쉬고 있는 밤에도 다시 텃밭에서 일하는 중일 수도 있다.

먼지란 잘못된 장소에 있는 물질이라는 말이 있다. 이와 똑같은 정의를 게으름뱅이라고 불리는 사람 중 열에 아홉에게도 적용할 수 있다. 그들은 자신의 기질이나 능력에 어울리지 않는 방향으로 가서 길을 잃고 헤매는 사람들이다. 위대한 인물들의 전기를 읽다 보면, 우리는 그들 가운데 많은 이가 '게으름뱅이'였다는 사실과 맞닥뜨린다. 그들은 자기한테 맞는 길을 찾아낼 때까지 오랫동안 게으르게 지냈다. 그러다가 길을 찾은 후에는 지나칠 만큼 열심히 공부하고 일했다. 다윈, 스티븐슨, 그밖에 많은 인물이 이런 종류의 게으름뱅이에 속한다.

게으름뱅이는 자신의 전 인생을 브로치의 18번째 부분을 만드는 일이나 시계의 100번째 부품을 만드는 일들을 하면서 보내는 것을 끔찍이도 싫어하는 사람일 경우가 아주 허다하다. 반면에 그는 자신의 왕성한 기운을 어딘가 다른 곳에 쓰고 싶어 한다. 또한 때때로 그는 반항아이다. 즉, 그는 고용주로

하여금 천 가지 즐거움을 얻도록 하기 위해서 평생을 작업대에 매여 있기를 거부할 수 있는 사람인 것이다. 그리고 자신이 고용주보다 머리가 나쁜 사람이 아니라는 사실도 알고 있으며, 자신의 유일한 결점은 대저택에서 태어나는 것 대신에 오두막집에서 태어난 것뿐임을 알고 있다.

마지막으로, 엄청나게 많은 수의 '게으름뱅이'는 생계를 위해 어쩔 수 없이 갖게 된 자신의 직업에 대해 충분히 제대로 알지 못하기 때문에 게으름뱅이가 된 사람들이다. 그들은 자신의 손으로 만든 불완전한 것들을 보고는 좀 낫게 만들어 보려고 헛되이 애를 써보기도 하지만, 이미 몸에 밴 나쁜 습관들 때문에 결코 성공하지 못할 것임을 깨닫는다. 그러고 나서부터 그들은 자기 직업을 싫어하기 시작하고, 또 다른 직업은 알지 못한 채로 전반적인 일을 모두 싫어하게 된다. 수많은 실패한 노동자와 기술자는 이런 이유 때문에 고통을 겪는다.

그런 반면 어려서부터 피아노를 잘 치는 법을 배워온 사람이나, 대패, 끌, 붓, 줄을 잘 다루는 법을 배워온 사람은 자신이 하는 일이 아름답다고 느낀다. 이런 사람은 피아노 치는 일이나 끌을 쓰는 일 혹은 줄로 쇠붙이를 다듬는 일을 결코 포기하지 않을 것이다. 그는 자기가 하는 일에서 즐거움을 찾아낼 것이고, 너무 지나치게 몰아가지 않는 한, 그 일 때문에 지치지도 않을 것이다.

게으름이라고 하는 하나의 이름 아래에 서로 다른 원인들 때문에 생긴 일련의 결과들이 함께 모여 있다. 이것들 각각은 사회에 악의 원천이 되는 대신에 선의 원천이 될 수도 있는 것들이다. 범죄와 관련된 문제와 인간의 능력들과 관련된 문제처럼 서로 아무런 공통점이 없는 사실들이 함께 모여 있는 것이다. 사람들은 그 원인을 분석해보려는 노력도 하지 않으면서, 게으름이나 범죄에 관해 이야기를 한다. 그들은 처벌 자체가 '게으름'이나 '범죄'를 유발하는 것이 아닌지 자세히 조사해보지도 않고 성급하게 이 잘못들을 처벌하려고 한다.●

이러한 이유로 자유로운 사회에서는 게으른 사람들의 수가 증가하는 것을 보게 되면, 맨 먼저 게으름의 원인을 알아볼 생각을 분명 하게 될 것이다. 처벌이라는 수단을 쓰기 전에 먼저 그것을 가라앉히기 위해서이다. 우리가 이미 말했던 것처럼 단순히 빈혈 문제라면, 아이의 머릿속에 과학 지식을 채워 넣기 전에 몸이 피를 만들어낼 수 있도록 영양을 공급해주고 원기를 북돋아줄 것이다. 그리고 아이가 공연히 시간을 허비하지 않도록 시골이나 바닷가로 데리고 갈 것이다. 그곳의 탁 트

● 크로포트킨: 《러시아와 프랑스의 감옥》 런던, 1887

인 야외 공간에서 그를 가르쳐보라. 책에 있는 기하학이 아니라 뾰족한 탑까지의 거리를 재거나 나무의 높이를 재는 식으로 기하학을 가르쳐보라. 들꽃을 꺾고 바다에서 낚시를 하면서 자연과학을 가르쳐보라. 낚시를 하러 갈 배를 만들면서 물리학을 가르쳐보라. 하지만 제발 아이의 머릿속에 고전어 문장들이나 죽은 언어들을 채워 넣지는 마라. 아이를 공부 못하는 게으름뱅이로 만들지 마라!

아니면, 여기 정리정돈을 못하고 규칙적인 습관을 갖지 못한 아이가 있다. 아이들은 먼저 자기들 사이에서 질서를 서로 가르치도록 놔두어야 한다. 그리고 나중에는 지혜로운 교사의 지도 아래 실험실과 실습장이라는 제한된 공간에서 많은 도구들을 가지고 하는 일들이 아이에게 정돈하는 방법을 가르쳐줄 것이다.

그러나 여러분의 학교에 의해서 아이들을 무질서한 존재로 만들어서는 안 된다. 그런 학교에서 질서란 고작 걸상들이 줄지어 배치된 것일 뿐이고, 그 학교에서 행해지는 가르침은 혼란의 참모습일 뿐이다. 그런 질서는 어느 누구에게도 결코 조화에 대한 사랑, 그리고 일관성과 올바르게 일하는 방법에 대한 사랑을 불어넣지 못할 것이다.

여러분은 알고 있지 않은가? 여러분이 가르치는 방법은 800

만 명의 서로 다른 능력을 나타내는 800만의 학생들을 위한답 시고 단 하나의 부서가 고안한 것이다. 그리고 이런 방법은 오직 일반적인 수준에 맞도록 고안된, 학습 체계일 뿐이다. 여러분의 학교는 게으름을 가르치는 학교가 되어가고 있다. 감옥이 범죄를 가르치는 대학인 것처럼 말이다. 그러니 학교를 자유롭게 만들어라. 대학의 학점제를 폐지하고, 자원해서 가르치려는 사람들에게 호소하라. 단지 게으름을 늘리는 데 기여할 뿐인 법을 만드는 것 대신에 이런 식으로 시작하라.

평생 어떤 물건의 작은 부품을 만드는 운명을 받아들일 수 없다고 말하는 노동자에게는 다른 기회를 주어라. 구멍 뚫는 소형 기계 때문에 숨이 막힐 것 같아서 결국 자기 일을 몹시 싫어하게 된 노동자에게도 다른 기회를 주어라. 그런 사람에게는 땅을 경작하거나, 숲에서 나무를 베거나, 폭풍우 치는 바다에서 항해를 하게 하거나, 기관차를 타고 힘차게 바람을 가를 수 있는 기회를 주어라. 하지만 그로 하여금 일생 동안 작은 기계에 얽매여 있게 하거나, 나사못의 끝을 갈고 있거나, 바늘귀를 뚫는 일에 종사하게 해서 그를 게으른 사람으로 만들지는 말아야 한다.

게으름의 원인을 없애라. 그러면 일하는 것을 정말로 싫어하는 개인은 거의 없다는 사실을 당연하게 생각할 것이다. 특히 자발적으로 하는 노동을 싫어하는 사람들은 거의 없고, 그들 때문에 법률을 만들 필요는 전혀 없다는 것을 당연하게 생각할 것이다.

집산주의 임금제도

1

사회를 재구성하려는 계획에서 집산주의자들은 이중의 실수를 저지르고 있다. 그들은 자본가의 지배를 폐지하겠다고 말하면서도 이 지배의 가장 기본이 되는 두 가지 제도를 계속 유지하려고 한다. 이 두 가지 제도는 바로 대의제 정부와 임금제도이다.

소위 말하는 대의제 정부에 관해서는 종종 이야기를 한 바가 있다. 프랑스, 영국, 독일, 미국의 역사가 준 그 모든 교훈에도 불구하고, 집산주의자들 사이에도 적잖게 존재하는 지성적인 사람들이 여전히 국회나 시의회의 지지자라는 사실은 우리에게는 정말로 이해할 수 없는 일이다. 의회의 통치권이 무너지는 중이고, 사방에서 그 결과뿐만이 아니라 그것의 원리들까지 이 통치권에 대한 비판의 목소리가 높아져가고 있는데도, 어째서 사회주의 혁명가들은 이미 사형선고를 받은 이 제도를 옹호하는 것일까?

의회의 통치권은 중산층이 왕권에 대항해서 자신의 권리를 확보하고 동시에 노동자들에 대한 자신의 영향력을 승인하고 강화하기 위해서 만든 것으로, 그야말로 중산층이 주로 지배하는 것을 뜻한다. 이 체제의 지지자들은 국회나 시의회가 한 나라나 도시를 대표한다고 진지하게 주장한 적이 결코 없다. 그들 중에 가장 합리적인 사람들은 이것이 불가능하다는 사실을 알고 있다. 중산층은 의회 제도를 민중에게 자유를 주는 수단으로 사용한 것이 아니라, 오직 왕권의 요구에 대항할 수 있는 방어벽으로만 이용했다.

그러나 민중이 점차 자신들의 진정한 권익을 자각하고 있고 그 권익의 다양성도 늘어나고 있기 때문에, 이 체제는 더 이상 제대로 기능하지 못할 것이다. 그렇기 때문에 모든 나라의 민주주의자들은 이 제도의 단점을 완화시켜줄 수 있는 다양한 방법들을 헛되이 상상하고 있다. 의회가 의결한 것을 국민 투표에 부치는 시도를 해보기도 했지만 실패임이 드러났다. 소수자를 대표하는 비례 대표제와 다른 의회제 유토피아가 논의되었다. 한 마디로 말해서, 그들은 찾을 수 없는 것을 찾으려고 애쓰고 있다. 그리고 각각의 새로운 실험들을 해본 후에, 그들은 의회제가 실패라는 사실을 어쩔 수 없이 인정하게 된다. 그리하여 대의제 정부에 대한 신뢰는 점점 더 약해지고 있는 것이다.

임금제도도 마찬가지다. 일단 사유재산의 폐지가 선언되고 모든 생산 수단의 공동 소유가 도입되면, 어떻게 임금제도가 유지될 수 있겠는가? 그런데도 집산주의자들이 시행하려고 하는 것이 바로 이 제도이다. 즉, 그들은 '노동수표'의 사용을 권하고 있는데 이것은 거대한 집산주의자 고용주인 국가를 위해서 수행한 노동에 대한 하나의 지불 방식이다.

로버트 오언 시대부터 왜 초기 영국의 사회주의자들이 노동수표 제도에 이르게 되었는지를 이해하기는 어렵지 않다. 그들은 단순히 자본과 노동을 조화롭게 만들려는 시도를 했던 것이다. 그들은 혁명적인 조치들을 써서 자본가의 재산을 손에 넣는다는 생각을 거부했다. 또한 왜 나중에 프루동이 이와 똑같은 아이디어를 채택했는지도 쉽게 이해할 수 있다. 자신의 상호부조 체계에서 그는 자본을 덜 불쾌한 것으로 만들려고 시도했으나, 그럼에도 사유재산은 그대로 유지하고자 했다. 그는 마음속 깊이 사적 소유를 혐오했지만, 국가에 대항해서 개인들을 지키기 위해서는 그것이 필요하다고 보았던 것이다.

다소 부르주아적인 몇몇 경제학자들이 노동수표를 인정한다는 사실도 크게 놀라운 일은 아니다. 그들은 노동자가 임금을 노동수표로 받는지, 공화국이나 제국의 초상이 찍힌 화폐로 받는지에 대해서는 별로 신경을 쓰지 않는다. 그들은 오직 주택, 땅, 공장들의 개인적인 소유가 파괴되지 않는 것에만 주의를 기울인다. 어떤 경우이든 최소한 주택과 자본의 소유는 생산하는 데 필요하다고 보는 것이다. 그리고 노동수표는 이 사유재산을 유지한다는 목적에 제대로 부합하는 해결책일 것이다.

노동수표가 보석이나 마차와 교환될 수 있는 한, 집주인은 기꺼이 집세로 그것을 받을 것이다. 또 주택과 농지 그리고 공장들이 고립된 개인 소유주에게 속해 있는 한, 사람들은 이런저런 방식으로 이 소유주들에게 대가를 지불해야 할 것이다. 가령, 논밭이나 공장에서 일할 수 있게 허락받는 대가, 혹은 집에서 살 수 있게 허락받는 대가를 지불해야 하는 것이다.

소유주들은 갖가지 필요한 것들과 교환하는 대가로 노동자들이 지불하는 금, 지폐, 수표를 받는 데 동의할 것이다. 노동에 대한 사용료 징수제도가 유지되고 그것을 징수할 수 있는 권리가 자기들한테 있기 때문이다. 그러나 주택, 논밭, 공장들이 더 이상 사유재산이 아니고, 코뮌이나 국민에게 속한다는 것을 인정하게 될 경우, 어떻게 우리가 새로운 형태의 임금제인 이 노동수표를 옹호할 수 있겠는가?

2

프랑스, 독일, 영국, 이탈리아의 집산주의자들이 선전하고 있는 이 노동 보상 제도를 좀 더 자세히 살펴보기로 하자. (여전히 자기들을 집산주의자라고 부르고 있는 스페인 아나키스트들은, 집산주의를 모든 생산 수단의 공동 소유란 뜻으로 이해하고 있다. 그리고 집산주의가 '각각의 집단이 코뮌주의나 다른 원리에 따라서 자기들이 적합하게 생각하는 대로 생산물을 분배할 자유'를 뜻한다고 보고 있다.)

요컨대 이런 것이다. 모든 사람이 논밭, 공장, 학교, 병원 등에서 일을 한다. 노동하는 날은 국가에 의해 정해져 있다. 국가는 땅, 공장, 도로 등을 소유한다. 일하는 날은 모두 노동수표로 지불되며, 이 노동수표에는 '8시간 노동'이라고 쓰여 있다. 이 수표를 가지고 노동자는 국가 혹은 다양한 법인체들이 소유한 가게에서 온갖 종류의 상품을 구매할 수 있다. 이 수표는 나누어서 계산될 수 있어서 한 시간 노동어치의 고기, 십분 노동 어치의 성냥, 반시간 노동어치의 담배를 살 수 있다. 집산주의 혁명이 이루어진 후에는 '2펜스짜리 비누'라고 말하는 대신 '5분 노동 어치의 비누'라고 말해야 할 것이다.

　대부분의 집산주의자는 중산층 경제학자들(그리고 마르크스)이 구분한 숙련 노동과 단순 노동 간의 구별을 성실하게 따른다. 게다가 그들은 이렇게 말한다. 숙련 노동 혹은 전문노동은 단순 노동보다 어느 정도 보수를 더 받아야 한다고 말이다. 따라서 의사의 1시간 노동은 간호사의 2~3시간 노동과 똑같은 것으로 간주되어야 하고, 비숙련 노무자인 막일꾼의 3~5시간 노동과 똑같이 여겨질 것이다. "전문 노동이나 숙련 노동은 단순 노동보다 더 많이 받을 것이다. 왜냐하면 이런 종류의 노동은 다소 오랜 훈련 기간이 필요하기 때문이다"라고 집산주의자인 그뢴룬트(Grönlund)[90]는 말하고 있다.

　프랑스의 마르크스주의자인 게드[91] 같은 다른 집산주의자

90　그뢴룬트(Laurence Grönlund 1846-1899): 미국의 변호사, 작가, 정치운동가. 마르크스와 라살의 국제사회주의 개념을 처음으로 미국에 도입한 사람으로, 미국의 사회주의 운동에 영향을 미쳤다.

91　게드(Jules Guesde 1845-1922): 프랑스의 사회주의자 언론인.

들은 이런 구별을 하지 않는다. 그들은 '임금의 평등'을 주장하고 있다. 의사, 교사, 교수는 막일꾼과 똑같은 임금을 (노동수표로) 받을 것이다. 병원에서 환자를 8시간 간병하는 일은 토목작업을 하거나 광산이나 공장에서 8시간 일한 것과 똑같은 가치를 가질 것이다.

어떤 이들은 더욱 양보를 한다. 그들은 도시의 하수구 청소처럼 불쾌하고 불건강한 노동에는 쾌적한 노동보다 더 많은 보수를 지불해야 함을 인정한다. 그들은 하수구 청소부의 1시간 노동은 교수의 2시간 노동만큼 가치가 있다고 말한다. 몇몇 집산주의자들은 수행한 일에 대한 대가를 일괄로 지급받는 법인체 협동조합을 인정하고 있다는 점을 덧붙이자. 이 법인체는 이렇게 말할 것이다.

"여기 100톤의 강철이 있고, 그걸 생산하는 데 100명의 노동자가 10일 동안 일하는 게 필요하다. 그들의 노동 시간은 하루에 8시간이므로 강철 100톤을 생산하는 데 8천 시간이 걸린다. 톤 당 8시간이 걸린 셈이다."

이에 대해서 국가는 1시간짜리 노동수표를 8천 장 지불할 것이고, 이 8천 장의 노동수표는 철강 노동자들 사이에서 적당하다고 여기는 방법으로 분배될 것이다.

한편 100명의 광부가 8천 톤의 석탄을 캐는 데 20일이 걸렸고, 석탄은 톤 당 2시간 어치의 값이 나간다. 그러면 광부 조합은 1시간짜리 노동수표를 1만 6천 장 받아서 자기들의 평가에 따라서 회원들과 분배할 것이다. 만약 광부들이 강철은 톤당 8시간이 아니라 6시간 어치의 가치밖에 없다고 항의하고, 또 교수가 간호사보다 보수를 4배 더 받기를 바란다면, 국가가 개입해서 그런 불화를 조정할 것이다.

한 마디로 집산주의자들이 사회 혁명을 통해 보고 싶어 하는 체제는 이런 식이다. 알다시피 그들의 원리는 다음과 같다. 즉, 생산 수단을 집단적으로 소유하고, 생산에 소요된 시간에 따라 각자에게 보수를 지급하며, 그럴 때 각자의 노동생산성을 고려한다. 정치제도의 경우에는 의회제가 될 텐데, 이것은 선출된 사람들에게 내려지는 적극적인 지시와 국민이 찬성과 반대를 할 수 있는 국민 투표에 의해 수정되는 의회제이다. 우리에게 이 체제는 단순히 실현 불가능한 것으로 보인다는 사실을 인정하자.

집산주의자들은 사유재산의 폐지라는 혁명적 원리를 선언하면서 시작한다. 그리고 얼마 지나지 않아 사유재산에서 비롯된 생산과 소비 조직을 지지함으로써 곧바로 그 원리를 부정한다. 그들은 혁명적 원리를 선언하지만, 이 원리가 필연적으로 가져오게 될 결과들을 무시한다. 그들은 토지, 공장, 도로, 자본 같은 노동 수단의 사적 소유를 폐지한다는 바로 그 사실 자체는 사회가 완전히 새로운 경로를 나아간다는 뜻임을 잊고 있다. 그들은 사적 소유를 폐지하면 현재의 생산 시스템을 그 수단뿐만이 아니라 목적까지 완전히 폐지해야 한다는 사실을 잊고 있다. 토지, 기계, 그 외 모든 생산 수단이 공동자산으로 간주되자마자, 개인들 사이의 일상적 관계도 변화해야 한다는 점을 잊고 있는 것이다.

그들은 "사유재산은 없다"라고 말한 뒤, 얼마 지나지 않아 일상생활에서 나타나는 사적 소유를 유지하려고 애를 쓴다. "생산에 관한 한 여러분은 모두 코뮌이어야 한다. 즉, 논밭, 도구들, 기계 같은 지금까지 고안된 모든 것과, 공장, 철도, 부두, 광산 같은 것들이 모두 여러분의 것이라는 뜻이다. 이런 공동자산을 각자에게 분배하는 일에서는 어떤 근소한 차이도 두지 않을 것이다."

"하지만 내일부터 여러분은 새로운 기계의 제작이나 새로운 광산의 채굴에서 자신이 받을 몫에 관해 상세하게 논의할 것이다. 새로운 생산의 어떤 부분이 여러분에게 속하는지를 신중하게 잴 것이다. 여러분은 자기가 한 노동 시간을 상세하게 계산하고, 이웃들이 1분의 노동 시간으로 여러분보다 더 많은 것을 구매하는 것이 아닌지 신경을 쓸 것이다."

"1시간으로 아무것도 측정할 수 없는 경우, 또 어떤 공장에서는 노동자가 한꺼번에 6대의 직조기를 지켜볼 수 있는데 비해, 다른 공장에서는 고작 2대 만을 지켜보는 경우에는, 자신이 사용한 근육의 힘, 두뇌 에너지, 신경 에너지를 측정할 것이다. 미래의 생산에 기여할 각자의 시간을 측정하기 위해서 훈련 기간을 정확하게 계산할 것이다. 그리고 과거에 자기가 생산에 기여한 몫을 고려하지 않겠다고 선언한 후인데도 이렇게 할 것이다."

우리에게는 아주 분명해 보인다. 사회는 서로 완전히 반대되는 두 가지 원리, 끊임없이 서로 모순되는 두 가지 원리에 토대를 둘 수 없다는 사실 말이다. 이런 제도를 갖게 된 나라나 코뮌은 어쩔 수 없이 생산 수단의 사적 소유로 되돌아가거나 아니면 스스로 코뮌주의 사회로 전환하게 될 것이다.

3

이미 말했던 것처럼 어떤 집산주의자 저술가들은 숙련 노동이나 전문 노동과 단순 노동 사이에 차별이 있기를 바란다. 그들은 엔지니어, 건축가, 의사의 한 시간 노동은 대장장이, 벽돌공, 간호사의 두세 시간 노동과 같이 여겨져야 한다고 주장한다. 그리고 훈련기간이 필요한 직업과 단순한 일용직 노동 같은 온갖 종류의 직업 사이에 이와 같은 구별을 두어야 한다고 주장한다.

그런데 이런 구별을 세운다는 것은 지금 사회의 모든 불평등을 유지한다는 것을 뜻한다. 이것은 처음부터 노동자들과 그들을 지배한다고 우기는 사람들 사이에 분명한 선을 긋는 것을 뜻한다. 이것은 서로 다른 두 개의 계급으로 사회를 분할한다는 뜻이다 즉, 거칠고 딱딱해진 손을 가진 하층계급 위에 지식을 가진 귀족계급이 위치하고 있고, 한쪽은 다른 쪽을 위해서 봉사할 운명에 처해진다는 뜻이다. 한쪽은 다른 쪽 사람들에게 먹을 것과 입을 옷을 제공하기 위해 육체노동을 하고, 덕분에 여가를 얻은 다른 쪽 사람들은 자기들을 양육해주는 육체노동자들을 지배할 방법을 연구한다는 것을 뜻한다.

이것은 지금 사회의 두드러지게 이상한 특성 하나를 다시 부활시켜서 사회 혁명이라는 이름을 붙이고 승인한다는 것을 의미한다. 이것은 무너져가는 우리의 오래된 사회에서 이미 악습이라고 선고받은 원리를 다시 내세우는 것을 의미한다.

이런 이야기에 어떤 대답이 돌아올지를 우리는 안다. 그들은 '과학적 사회주의'에 대해 이야기할 것이다. 그들은 또한 임금 격차가 존재할 이유가 있음을 증명하기 위해 부르주아 경제학자들과 마르크스를 인용할 것이다. 가령, 엔지니어의 '노동력'은 막일꾼의 '노동력'보다 사회에 더 많은 가치가 있기 때문이라는 식이다. 사실, 경제학자들이 우리에게 증명해 보이려고 애쓰는 것은 바로 이런 것이 아니던가? 즉, 엔지니어가 막일꾼보다 20배 많은 보수를 받는다면, 그 이유는 엔지니어를 양성하는 데 필요한 비용이 막일꾼을 만드는 데 필요한 비용보다 훨씬 많이 들었기 때문이라는 식으로 말이다. 그리고 마르크스도 주장하지 않았던가? 이런 구분이 두 가지 분야의 육체노동 간에도 똑같이 적용되는 게 합리적이라고 말이다. 그는 다른 식의 결론을 내릴 수가 없었다. 왜냐하면 그자신이 리카도의 가치 이론을 받아들였고, 상품의 교환가치는 그 생산에 사회적으로 필요한 노동의 양에 비례한다는 이론을 지지했기 때문이다.

그러나 우리는 이것이 무슨 생각인지를 안다. 만일 엔지니어, 과학자, 의사가 단순 노동자보다 10배 100배 많은 보수를 받고, 직조공이 농업노동자보다 3배나 많은 보수를 받고 성냥 공장에서 일하는 소녀보다 10배 더 많은 보수를 받는다면, 그 이유는 그들의 '생산 비용' 때문이 아니라 교육의 독점과 산업의 독점 때문이다. 엔지니어, 과학자, 의사들은 졸업증서나 자격증이라는 자기의 자본을 이용하고 있을 뿐이다. 마치 중산층 공장주가 공장을 이용하고 귀족들이 자기의 작위를 이용하는 것처럼 말이다.

어떤 엔지니어에게 단순 노무자보다 20배 많은 보수를 지급하는 고용주의 경우도, 단순히 개인적인 이해관계 때문에 그렇게 하는 것이다. 만일 그 엔지니어가 생산 비용을 1년에 4천 파운드 절약해준다면, 공장주는 그에게 800파운드를 지급할 것이다. 그리고 노동자들을 교활하게 착취해서 400파운드를 절약하게 해주는 감독관이 있다면, 공장주는 기꺼이 그에게 1년에 80파운드나 120파운드를 더 줄 것이다. 자기가 400파운드의 이익을 더 얻을 수 있다고 예상할 때 공장주는 40파운드의 추가 비용 정도는 나눠줄 것이다. 이것이 바로 자본주의 체제의 본질이다. 이와 똑같은 구별이 서로 다른 육체노동 직업들 사이에서도 행해지고 있다.

그러므로 그들이 우리에게 이런 이야기를 하게 놔두지 말자. 즉, 숙련 노동자의 대가를 높이는 '생산 비용'에 대해 말하게 놔두지 말자. 그리고 대학에서 즐겁게 보내고 있는 어떤 학생이 11살 때부터 광산에서 일하며 창백하게 시들어가고 있는 광부의 아들보다 10배나 많은 임금을 받을 권리가 있다고 말하게 놔두지 말자. 또 직조공은 농업노동자보다 서너 배 많은 임금을 받을 권리가 있다고 말하게 놔두지 말자. 직조공에게 일을 가르치는 데 드는 비용이 농업노동자에게 일을 가르치는 데 드는 비용보다 4배나 많이 들지는 않는다. 그 직조공은 아직 산업이 발달하지 않는 나라들과의 국제 무역에서 직조산업이 거둬들이고 있는 이익 때문에 득을 보고 있을 뿐이다. 그리고 토지를 경작하는 것보다 산업을 더 선호하는 모든 국가들이 허락한 특권으로 말미암아 이익을 얻고 있을 뿐이다.

지금까지 어느 누구도 생산자의 생산 비용을 정확히 측정해본 적이 없다. 비록 귀족 출신의 게으름뱅이에 대해서는 노동자보다 훨씬 더 많은 비용을 사회가 부담하고 있을지라도, 여전히 다음과 같은 사실을 살펴보아야 한다. 즉, 가난한 사람들의 유아 사망률, 빈혈로 인한 피해, 때 이른 죽음을 고려해 보았을 때 사회가 건장한 일용직 노무자에게 숙련공에 비해서 더 많은 비용을 치르고 있는 것은 아닌지를 말이다.

예를 들어 그들이 다음과 같은 점을 우리에게 설득시킬 수 있을까? 즉, 파리의 여직공에게 지급되는 1실링 3펜스, 레이스 짜는 일을 전혀 모르고 자란 오베르뉴 지방의 농부 딸이 받는 3펜스, 농부에게 지급되는 1실링 8펜스는 그들의 '생산 비용'을 나타내준다는 이야기 말이다. 우리는 이보다 더 적게 받으며 일하는 사람들을 아주 잘 알고 있다. 그러나 그들이 그렇게 하는 이유는 전적으로 우리의 놀라운 제도 덕분이고, 이런 웃기는 임금을 받지 않으면 굶어 죽을 것이기 때문이라는 사실도 우리는 잘 알고 있다.

이런 임금 격차는 세금, 정부의 보호, 자본가의 독점 등이 복합된 결과처럼 보인다. 간단히 말해, 국가와 자본 때문에 생긴 결과라는 뜻이다. 그러므로 모든 임금 이론들은 지금 존재하고 있는 불평등을 정당화하기 위해서 나중에 고안된 것이다. 그리고 우리는 그런 이론들을 고려할 필요가 없다. 그들 중 어느 누구도 집산주의적인 임금 격차가 개선될 것이라고 우리에게 말하지 못할 것이다. 그래서 그들은 이렇게 말한다.

"어느 장관이 노동자가 1년을 일해도 벌 수 없는 돈을 하루에 받는 모습을 보는 것보다는, 어떤 기능공이 일반 노동자보다 두세 배 더 높은 임금을 받는 것을 보는 것이 훨씬 나을 것이다. 이것은 평등을 향한 위대한 한 걸음일 것이다."

우리가 보기에 이 한 걸음은 진보와는 반대로 가는 한 걸음이다. 새로운 사회에서 단순 노동과 전문 노동을 구별하는 것은, 우리가 오늘날 굴복하고는 있지만 그럼에도 부당하다고 느끼는 잔인한 현실을 하나의 원리로 인정하고 혁명이라는 이름으로 승인하는 결과를 가져올 것이다. 이것은 1789년 8월 4일 프랑스 의회의 신사들이 했던 일을 똑같이 모방한다는 의미일 것이다. 그들은 그날 귀족의 봉건적 권리를 폐지한다고 선언했지만, 8월 8일에는 농민들이 귀족들에게 배상할 의무를 부과하고, 의무를 혁명의 보호 아래 둠으로써 이 권리를 다시 승인했다. 또한 이것은 러시아 왕실이 했던 일을 똑같이 모방하는 일일 것이다. 러시아 왕실은 농노해방을 선포함과 동시에, 이전에 농노들의 것으로 간주된 이 토지들이 앞으로는 귀족들의 소유라고 선포했다.

또는 더 잘 알려진 예를 들어볼 수도 있다. 가령, 1871년 파리 코뮌은 코뮌 의회의 의원에게는 하루 12실링 6펜스를 지급하는 반면, 방벽을 방어하는 동맹군들에게는 고작 1실링 3펜스를 지급하기로 결정했다. 그리고 이 결정은 우월하고 민주적인 평등 행위로 갈채를 받았다. 사실, 코뮌은 관리와 병사 사이, 통치자와 피지배자 사이에 있었던 예전의 불평등을 그대로 승인했을 뿐이다. 이런 결정이 기회주의자들이 구성했던 예전의 프랑스 하원에서 나왔다면 칭찬할 만한 것으로 보였을 것이다. 하지만 코뮌은 자신의 혁명적 원리들을 실천하는 일에 실패함으로써 운명적으로 패배할 수밖에 없었던 것이다.

현존하는 우리의 사회체제 아래에서는 장관이 1년에 4천 파운드를 받는 반면, 노동자는 1년에 40파운드나 그보다 적은 임금을 받는 데 만족해야 한다. 공장 감독은 노동자보다 두세 배 많이 받고, 노동자들 사이에서도 온갖 차이가 존재해서 하루에 8실링을 받는 사람부터 3펜스를 받는 농부 딸까지 다양하다. 이런 상황에서 우리는 장관이 받는 높은 봉급을 인정하지 않는다. 뿐만 아니라 8실링을 받는 노동자와 3펜스를 받는 가난한 여성 사이의 차별도 인정하지 않는다. 그리고 우리는 이렇게 말한다.

"출신 성분의 특권뿐만이 아니라 교육의 특권도 폐지하라!"

분명 우리는 이런 특권들에 깊은 반감을 갖고 있기 때문에 아나키스트인 것이다. 이런 권위주의적 사회에 존재하는 특권들에 우리는 이미 깊은 반감을 갖고 있다. 평등을 선언하면서 시작한 사회 속에 그런 것들이 존재하는 것을 우리가 참아낼 수 있을까? 일부 집산주의자들이 서둘러서 임금의 평등을 선언한 것은 이런 이유이다. 그들은 혁명의 숨결에 영감을 받은 사회에서는 임금 격차를 유지하는 것이 불가능하다는 점을 이해한 사람들이다. 하지만 그들도 새로운 어려움들과 마주쳤는데, 자기들이 생각한 평등한 임금 역시 다른 집산주의자들의 임금 격차만큼이나 실현 불가능한 공상이기 때문이다.

모든 사회적 부를 공동으로 소유한 사회, 이런 부에 대한 모두의 권리를 대담하게 선언한 사회, 각자가 그 부를 생산하는 데 얼마나 기여했는가와 상관없이 모두가 권리를 갖는다고 선언한 사회는 현금이든 노동수표로 지불하건 간에 모든 임금제도를 어쩔 수 없이 폐지하게 될 것이다.

4

집산주의자들은 "각자의 노동을 각자에게"라고 말한다. 다른 말로 하면, 각 개인이 사회에 봉사한 정도에 따라 보수를 받는다는 뜻이다. 그들은 사회 혁명이 모든 생산 수단을 공동 소유로 만드는 즉시 이 원리를 실행하는 것이 적절하다고 생각한다. 하지만 우리는 다르게 생각한다. 만약 사회 혁명이 불운하게도 이런 원리를 선언한다면, 혁명은 필연적으로 실패할 수밖에 없다고 말이다. 그런 원리를 선언한다는 것은 지난 세월들이 우리에게 떠넘겨 놓은 사회적인 문제들을 해결하지 않은 채 그대로 남겨놓는다는 것을 뜻한다.

물론 일을 더 많이 할수록 더 적게 보상을 받는 우리 사회에서는 언뜻 보면 이 원리가 마치 정의에 대한 갈망인 것처럼 보일지도 모른다. 하지만 실제로는 단지 불평등을 영구화하는 것일 뿐이다. 임금제는 이 원리를 선언하면서 시작되었고, 결국 명백한 불평등과 지금 사회의 온갖 혐오스러운 것들로 귀결되었다. 왜냐하면 노동이 화폐나 다른 형태의 임금으로 평가받기 시작하는 순간부터 다음 사실을 인정하는 셈이기 때문이다. 즉, 사람은 스스로 속박당할 수밖에 없는 임금만을 받을 뿐이고, 국가가 후원하는 자본주의 사회의 전체 역사는 기록된 것만큼 좋은 것이라고 말이다. 임금제 원리 안에 이미 이런 싹이 들어 있었던 것이다.

그렇다면 우리는 출발점으로 되돌아가서 똑같은 발달 과정을 다시 거쳐야 할까? 우리의 이론가들은 그러기를 바라지만 다행스럽게도 그것은 불가능하다. 우리가 주장하는 혁명은 반드시 코뮌주의 혁명이어야 한다. 그렇지 않으면 그 혁명은 피로 물들 것이고, 처음부터 다시 시작해야 할 것이기 때문이다.

사회에 제공한 봉사는 돈으로 그 가치를 매길 수 없다. 그것이 공장이나 논밭에서 행한 것이든 정신적인 것이든 간에 말이다. 생산과 관련해서 보면, 어떤 가치(교환가치라는 잘못된 용어로 쓰이고 있다)와 사용가치를 측정할 수 있는 정확한 기준은 있을 수 없다. 만일 두 명의 개인이 하루 5시간씩 공동체를 위해 일하고 있고, 시간이 흐르면서 이 노동이 그들 각자에게 똑같이 마음에 든다면, 우리는 전체적으로 보아서 그들의 노동은 거의 동등하다고 말할 수 있을 것이다. 그렇지만 우리는 그들의 노동을 분할할 수는 없다. 즉, 한 사람이 행한 어느 특정한 날의 특정한 시간의 노동 결과가, 다른 사람의 어느 날의 어느 시간의 노동 결과와 동일한 가치를 가진다고 말할 수 없다는 뜻이다.

우리는 대충은 말할 수 있을지 모른다. 즉, 평생 동안 하루에 10시간의 여가시간을 빼앗기고 일한 사람은, 하루에 5시간만 여가시간을 빼앗기거나 전혀 여가시간을 빼앗기지 않은 사람보다 사회에 훨씬 많은 기여를 했다고 말이다. 하지만 우리는 그가 2시간 동안 일한 것을 측정할 수는 없다. 그리고 그가 일한 2시간 동안의 결과물이 1시간만 일한 다른 사람의 결과물보다 2배의 가치가 있다고 말할 수 없으며, 두 사람에게 그에 비례해서 보수를 지급할 수도 없다. 이렇게 하는 것은 산업, 농업, 그리고 지금 사회의 모든 삶 속에 복잡하게 얽혀 있는 것 전부를 무시하는 일이 될 것이다. 또한 모든 개인적 노동이 어느 정도로 전체 사회의 과거와 현재 노동의 결과인가 하는 점을 무시하는 일이 될 것이다. 이것은 우리가 지금 강철의 시대를 살고 있는데도 석기시대에 살고 있다고 믿는 것과 마찬가지일 것이다.

여러분이 현대식 탄광에 들어가 보면, 승강기를 올리고 내리는 거대한 기계를 조종하고 있는 사람을 볼 것이다. 그는 손에 레버를 들고서 그 기계를 멈추기도 하고 방향을 바꾸기도 한다. 그가 레버를 내리면 승강기는 순식간에 방향을 바꾼다. 그는 레버를 위아래로 움직여서 어지러울 정도로 빠르게 승강기를 올려 보내기도 하고 깊은 수직 터널로 내려 보내기도 한다. 그는 모든 주의를 기울여서 작은 표시기에 눈을 고정하고 있다. 이 표시기는 승강기가 터널의 어느 지점에서 어떤 속도로 움직이는지를 작은 눈금으로 알려준다. 그리고 표시기가 어느 수준에 도달하자마자, 그는 필요한 지점보다 높지도 낮지도 않은 곳에서 승강기를 급정거시킨다. 그러면 곧바로 탄광 인부들이 석탄 수레에서 석탄을 퍼내고 난 뒤에 빈 수레를 밀어낸다. 그러면 그는 레버를 역전시켜서 승강기를 다시 갱도로 돌려보낸다.

그는 날마다 8시간이나 10시간 동안 쉬지 않고 일정한 주의력을 기울이고 있어야 한다. 그의 두뇌가 잠시라도 긴장을 늦추면 승강기는 불가피하게 기어에 부딪칠 테고, 바퀴가 부서지고, 줄이 끊어지고, 사람들이 깔려서 광산의 모든 작업은 중단될 것이다. 그가 레버를 조작할 때마다 3초를 허비한다면, 우리의 현대적이고 설비가 잘 된 광산의 채굴량은 하루에 20톤에서 50톤까지 줄어들 것이다.

그렇다면 광산에 가장 필요한 사람이 그 사람일까? 아니면 저 밑에서 승강기를 올리라고 그에게 신호를 보내는 소년일까? 수직 갱도의 맨 아래에서 매 순간마다 목숨을 걸고 있으며 언젠가 가스 폭발로 죽음을 맞게 될 광부일까? 아니면 석탄이 묻힌 층을 제대로 찾지도 못했으며, 단순한 계산 실수 때문에 광부들이 돌덩이를 파게 만드는 기술자일까? 혹은 자기 자본을 광산에 투자한 광산 소유주일까? 어쩌면 그는 전문가들의 조언과는 반대로, 그곳에서 양질의 석탄이 발견될 거라고 확신하는 사람일지도 모른다.

이 모든 사람이 광산에서 석탄을 채굴하는 일에 기여하고 있다. 각자 자신의 육체적 힘, 에너지, 지식, 지성, 기술을 가지고서 말이다. 그리고 생활필수품들이 모두에게 보장되었을 때 우리는 말할 수 있을 것이다, 모든 사람은 살아갈 권리, 자신의 필요를 충족시킬 권리, 심지어 일시적인 변덕조차 만족시킬 권리를 가지고 있다고 말이다. 하지만 우리가 어떻게 그들 각자의 노동을 평가할 수 있단 말인가?

그리고 더 나아가, 그들이 채굴한 석탄은 전적으로 그들만의 작업물일까? 석탄은 또한 광산으로 가는 철로를 건설한 사람들, 모든 기차역에서 사방으로 뻗어나가는 도로를 건설한 사람들의 작업도 포함되지 않겠는가? 또한 땅을 갈고 씨를 뿌린 사람들, 철광석을 채굴하는 사람들, 숲에서 나무를 베는 사람들, 석탄을 태우는 기계를 만든 사람들처럼 어떤 식으로든 전체 광산업이 천천히 발달하도록 한 사람들의 작업도 포함되지 않겠는가?

이런 사람들 각각의 노동을 구별하는 일은 절대로 불가능하다. 결과만을 가지고 노동을 측정하게 되면 부조리함에 빠지기 때문이다. 전체 일을 분할하고 그 일에 소요된 시간으로 그 부분들을 측정하는 일 역시 우리를 부조리함에 빠트린다. 남은 것은 한 가지뿐이다. 즉, 노동보다 필요를 우선시하는 것이다. 무엇보다 먼저 살아갈 권리를 인정하고, 그 다음에 생산에 기여한 모든 사람이 좋은 삶을 살 권리를 인정하는 것이다.

그렇다면 인간 활동의 다른 분야, 전체로서의 삶이 드러나는 분야를 한번 살펴보자. 우리들 중 누가 자기가 한 일에 대해서 더 높은 보수를 요구할 수 있을까? 병을 발견해낸 의사가 그럴 수 있을까? 혹은 위생적인 간호로 환자의 회복을 도운 간호사가 그럴 수 있을까? 증기기관을 최초로 발명한 사람일까? 아니면 증기가 피스톤 아래로 흘러가도록 밸브를 열어주는 줄을 기계에 달린 레버에 동여맸던 소년일까? 어느 날이 소년은 밸브 줄을 잡아당기는 일이 지긋지긋해져서 기계에 달린 레버에 그 줄을 동여맸던 것이다. 자신이 모든 현대적 기계의 본질적인 부품인 자동 밸브를 발명했다는 사실을 알 아차리지도 못한 채로 말이다.

기관차를 발명한 사람일까? 아니면 탄력성이 부족한 돌은 기차 탈선의 원인이 되므로, 이전에 철로 밑에 깔아놓았던 돌 대신에 나무 침목들을 까는 게 좋겠다고 제안한 뉴캐슬의 한 노동자일까? 기차를 멈춰 세우거나 지나가게 하는 신호수일 까? 아니면 기차를 한 선로에서 다른 선로로 이동시키는 전철 수일까?

한편으로, 대서양 횡단 케이블을 건설해준 것에 대해서 우 리는 누구에게 감사해야 할까? 과학자들이 불가능하다고 단 언했는데도 케이블로 전보를 보낼 수 있다고 집요하게 주장 한 전기 기사일까? 두꺼운 케이블 대신 지팡이만큼 얇은 것들 로 대체하라고 조언한 자연지리학자 모리[92]일까? 아니면 어 디에서 왔는지 누구도 모르는 자원봉사자들일까? 그들은 밤 낮을 가리지 않고 자기들의 시간을 써서 배의 갑판 위에서 매 야드마다 케이블을 세심하게 조사하고, 기선회사의 주주들이 어리석게도 케이블이 작동되지 않게 하려고 절연피복에 박아

---

92   모리(Matthew Maury 1806-1873): 미국의 해군 장교, 해양학자. 근대 해양학의 개척 자로 평가받는다.

넣도록 한 못들을 제거했던 사람들이다.

그리고 보다 넓은 영역, 기쁨과 고통과 사고가 있는 인생의 참된 영역에서, 우리 중 어느 누가 우리 삶에 커다란 도움을 준 사람들을 떠올리지 않을 수 있단 말인가? 우리 삶에 너무나 커다란 봉사를 제공했기 때문에 그들의 봉사를 돈으로 환산하는 것을 들으면 분개하게 되는 그런 사람들 말이다. 그것은 적절한 때에 말해진 한 마디 말이었을지도 모른다. 혹은 몇달이나 몇 년 동안의 헌신이었을지도 모른다. 그런데도 우리가 이 '값을 매길 수 없는' 봉사들을 '노동수표'로 계산해야 한단 말인가?

"각자의 노동을 각자에게!" 하지만 모든 사람이 돈, 수표, 혹은 보상금으로 지불받는 것보다 훨씬 많은 것을 제공하지 않았다면, 인간 사회는 두 세대 이상 존속하지 못했을 것이다. 만일 어머니들이 자기 아이들을 돌보기 위해 자기 삶을 헌신하지 않는다면, 사람들이 동등한 보상을 요구하지 않으면서도 끊임없이 뭔가를 제공하지 않는다면, 아무런 보상을 기대할 수 없는 바로 그 때 가장 많은 것을 제공하지 않는다면, 인류는 곧 멸종하고 말 것이다.

만일 중산층 사회가 쇠퇴하고 있는 중이라면, 우리가 막다른 골목길에 다다라 있어서 횃불과 손도끼를 가지고 과거의 제도들을 공격하지 않고서는 거기에서 빠져나올 수가 없다면, 그 이유는 분명 우리가 지나치게 많은 계산을 하고 있기 때문이다. 오직 받기 위해서만 주는 방식에 우리가 물들어 있기 때문이다. 우리가 이 사회를 부채와 신용에 기초를 둔 상업적 회사로 바꾸는 것을 목표로 삼아왔기 때문이다.

결국 집산주의자들 스스로도 이 사실을 알고 있다. 그들도 어렴풋하게 이해하고 있다. 만일 '각자의 노동을 각자에게'라는 원리가 시행된다면, 사회가 존속하지 못할 것이라는 사실을 말이다. 그들도 필수품들(일시적인 변덕을 말하는 것은 아니다)에 대한 개인의 요구들이 각자의 노동과 항상 일치하지는 않는다는 사실을 알고 있다. 그래서 드페페[93]는 이렇게 말하고 있다.

"두드러지게 개인주의적인 이 원리는 아이들과 젊은이들을 위한 교육(생계와 숙소를 제공하는 교육)을 위한 사회의 개입을 통해 적당히 완화될 것이다. 또 약자와 병자를 돕고 나이든 노동자의 은퇴 후를 돕는 사회기관 등에 의해서도 완화될 것이다."

---

93   드페페(César De Paepe 1841-1890): 벨기에의 의사이자 사회주의자. 그의 저작들은 유럽의 노동조합 운동과 생디칼리즘 운동에 큰 영향을 미쳤다.

그들도 세 아이의 아버지인 40세의 남자는 20살짜리 젊은 이와는 다른 욕구들을 갖는다는 사실을 이해하고 있다. 밤새도록 잠을 못 자고 침대 곁에서 아기에게 젖을 먹이는 여성은 평화롭게 잠을 잔 남자만큼의 일을 할 수가 없다는 사실을 그들도 알고 있다. 사회를 위해 과도한 노동을 하느라 녹초가 된 남자와 여자는 국가 공무원이라는 특권적 지위 때문에 한가하게 시간을 보내면서도 자기 주머니에 '노동수표'를 챙겨 넣고 있는 사람들만큼 많은 일을 할 수 없다는 사실을 그들도 이해하고 있는 것처럼 보인다.

그들은 자기들의 원칙을 적당히 완화시키기 위해 열심히 애쓴다. 그들은 말한다.

"사회는 아이들을 부양하고 양육할 수 있을 것이다. 또 나이든 사람들과 약한 사람을 도울 수 있을 것이다. '일한 만큼'이라는 원칙을 적절히 완화하기 위해서 사회가 떠맡아야 할 비용을 재는 척도는 의심할 여지없이 필요가 될 것이다."

자선, 자선, 언제나 기독교적이던 자선이 이번에는 국가에 의해 조직이 된다. 그들은 고아원을 개선하고 노후 보험과 질병 보험을 시행하면 그 결과로 자기들의 원칙이 완화될 것이라고 믿고 있다. 하지만 그들은 '먼저 상처를 입히고 나중에 치료한다'는 생각은 아직도 버리지 못하고 있다! 그리하여 공산주의를 반대하고 '각자에게 필요한 만큼'이라는 코뮌주의 공식을 마음 편히 비웃어준 다음에야, 이 주요 경제학자들은 자기들이 뭔가 중요한 것을 잊었다는 점을 깨닫는다. 그것은 바로 생산하는 사람들의 필요와 욕구들이다. 경제학자들은 이제야 이것을 인정하고 있다. 다만 이 필요를 측정하는 것은 국가이다. 필요가 노동과 균형을 이루는지 아닌지를 조사하는 것은 국가인 것이다.

국가는 조금씩 자선을 베풀 것이다. 이 자선은 영국의 빈민구제법과 극빈자수용소에서부터 단지 한 걸음밖에 떨어져 있지 않다. 거기에는 아주 사소한 차이밖에 없다. 왜냐하면 우리가 반감을 갖고 있는, 사회라고 하는 이 계모 역시 어쩔 수 없이 자신의 개인주의적 원리들을 완화하지 않으면 안 되기 때문이다. 이 계모는 또한 코뮌주의적인 방향으로 양보를 해야 할 것이고, 자선과 같은 방식으로 그렇게 할 것이다.

이 계모는 또한 가게들이 약탈당하지 않게 하려고 반 페니짜리 식사를 제공한다. 전염병으로 사회가 황폐해지는 것을 막으려고 대체로는 형편없지만 때로는 아주 훌륭한 병원들을 짓기도 한다. 또한 노동한 시간만큼 보수를 준 후에 자기가 파멸시킨 사람들의 자녀들에게 주거지를 제공한다. 그들의 욕구들을 고려하고서는 조금씩 자선을 베푸는 것이다.

우리가 어디에서나 말해온 것처럼 가난은 부의 첫째 가는 원인이었다. 최초의 자본가를 만들어낸 것은 가난이었다. 왜냐하면 우리가 너무나 많이 듣고 있는 '잉여 가치'가 축적되기 이전에, 굶어 죽지 않으려고 자기 노동력을 파는 데 동의할 정도로 빈곤한 사람들이 있어야만 했기 때문이다. 자본가들을 만든 것은 가난이었다. 그리고 중세시대에 가난한 사람들 수가 매우 빠르게 늘어났던 것은, 국가의 설립에 따른 침략과 전쟁 때문이었다. 그리고 동양에 대한 착취로부터 얻은 부가 증가했기 때문이었다. 이 두 가지 원인은 농촌 공동체와 도시 공동체 안에서 함께 살아가던 사람들의 유대 관계를 갈가리 찢어버렸다. 그리고 그들에게 예전의 부족적인 삶 속에서 실천했던 연대감이 아니라 착취자들의 마음에 쏙 드는 임금제 원리를 선언하도록 가르쳤다.

그런데 감히 '사회 혁명'이라고 부르는 것으로부터 생겨나는 것이 다시 이 임금제 원리인 것이다. 이 '사회 혁명'이라는 이름은 굶주린 사람들, 억압받는 사람들, 고통받는 사람들에게 너무나도 귀중한 이름이다! 결코 그럴 수 없다. 왜냐하면 프롤레타리아의 도끼 아래 낡은 제도들이 무너지는 날에는 이런 외침들이 울려 퍼질 것이기 때문이다.

"모두에게 빵, 집, 편안한 삶을!"

그리고 사람들은 이 외침들에 귀를 기울일 것이다. 민중은 이렇게 말할 것이다.

"우선 삶에 대한 갈망, 그리고 행복과 자유에 대한 갈망이라는 우리가 한 번도 풀어보지 못했던 갈망을 가라앉히자. 이 기쁨을 맛보고 난 다음에는 중산층 지배의 마지막 흔적들을 없애는 일을 시작할 것이다. 회계 장부에서 뽑아낸 그들의 도덕, '부채와 신용'이라는 그들의 철학, '내 것과 네 것'이라는 그들의 제도들을 없앨 것이다. 프루동은 '우리는 파괴하면서 건설할 것이다'라고 말했다. 우리는 코뮌주의와 아나키즘의 이름으로 건설할 것이다."

소비와 생산

1

우리는 모든 권위주의적 학파와는 다른 관점에서 사회와 그 사회의 정치제도를 바라본다. 왜냐하면 우리는 국가에서 시작해서 개인으로 내려가는 것이 아니라, 자유로운 개인에서 시작해서 자유로운 사회로 나아가려고 하기 때문이다. 우리는 경제적 문제들에 있어서도 똑같은 방법을 따른다. 우리는 생산, 교환, 세금 부과, 정부 같은 것들을 논의하기에 앞서, 개인의 필요와 욕구, 그리고 그것을 충족시킬 수 있는 수단들을 연구한다. 언뜻 보면 이 차이는 사소해 보일지도 모른다. 하지만 실제로 이 방식은 공식적인 주류 정치경제학의 모든 표준을 뒤엎는 것이다.

누구든 상관없이 어느 경제학자의 저서를 펼쳐본다면, 여러분은 그가 '생산'으로 글을 시작한다는 것을 발견하게 될 것이다. 즉, 분업, 공장, 기계, 자본 축적이라는 부(富)를 만들어 내기 위해 오늘날 쓰이고 있는 수단들을 분석하면서 시작한다는 뜻이다. 아담 스미스에서부터 마르크스까지 모든 경제학자들은 이런 방침을 따르고 있다. 그들은 책의 뒷부분에 가서야 '소비'를 다룬다. 다시 말해, 지금 사회에서 개인들의 필요를 충족시키기 위해 사용하는 수단들을 다룬다는 뜻이다. 그리고 소비를 다룰 때조차 경제학자들은 자신의 소유를 위해 서로 경쟁하는 사람들 사이에서 부(富)가 어떻게 나누어지는지를 설명하는 것으로 그친다.

어쩌면 여러분은 이것이 논리적이라고 말할지도 모른다. 필요를 충족시키기에 앞서 필요한 수단을 만들어내야 하지 않느냐고 말이다. 하지만 뭔가를 생산하기 전에 여러분은 먼저 그것에 대한 필요를 느껴야 하지 않을까? 인간이 처음 사냥을 하고, 가축을 기르고, 땅을 경작하고, 도구를 만들고, 기계를 발명해낸 것은, 그것이 필요했기 때문이 아닌가? 생산을 관리하는 것은 필요에 대한 연구여야 하지 않을까? 그렇기 때문에 이 필요를 고려하는 것으로 시작하는 것이 적어도 논리적이라고 말할 수 있다. 그런 다음에 이 필요를 충족시키기 위해서 생산이 어떻게 조직되는지, 그리고 어떻게 조직되어야 하는지를 논의하는 것이다.

이것이 바로 정확히 우리가 하려고 하는 일이다. 그러나 이런 관점에서 정치경제학을 살펴보는 순간 정치경제학은 완전히 변화된 양상을 띤다. 정치경제학은 단순히 사실을 기술하는 것이 아니라 과학이 된다. 그리고 우리는 이 과학을 다음과 같이 정의할 수 있다. '인류의 필요에 대한 연구, 그리고 인간 에너지를 최소한으로 낭비하면서 그 필요를 충족시킬 수 있는 방법들에 대한 연구'라고 말이다. 그래서 이 학문의 진정한 이름은 '사회생리학'이어야 한다. 이 학문은 식물과 동물 생리학과 비슷하게 구성된 학문이다. 식물과 동물 생리학은 식물과 동물의 욕구를 연구하고, 가장 효율적으로 그 욕구를 충족시키는 방법들을 연구한다. 일련의 사회학 안에서 인간 사회를 다루는 경제학은 일련의 생물학 안에서 유기체를 다루는 생리학이 차지하고 있는 위치에 놓일 것이다.

여기, 함께 모여서 사회를 만든 사람들이 있다. 그들은 모두 견고한 집에서 살고픈 욕구를 느낀다. 원시인의 오두막집은 더 이상 그들을 만족시켜주지 못한다. 그들은 어느 정도 안락하고 견고한 집을 원한다. 그럴 때 문제는 다음과 같다. 현재의 생산력을 가지고서 모든 사람들이 자기 집을 가질 수 있을까? 그리고 그것을 갖는 데 방해가 되는 것은 무엇인가?

이런 질문을 던지자마자 우리는 곧 알게 된다. 유럽에 있는 모든 가족이 안락한 집을 충분히 가질 수 있고, 영국과 벨기에 혹은 풀먼 시[94]에 지어진 집 같은 것이나 그와 비슷한 모습을 한 방들을 가질 수 있다고 말이다. 일정한 기간 동안 일을 하면, 통풍이 잘되고 설비가 잘 갖춰져 있으며, 전깃불이 들어오는 아담하고 깔끔한 집을 충분히 지을 수 있을 것이다.

그러나 유럽인의 10분의 9는 한 번도 견고한 집을 가져본 적이 없다. 왜냐하면 보통 사람들은 언제나 지배자의 욕구를 충족시키기 위해 날마다 일을 해야만 하기 때문이다. 그리고 그들은 자기들이 꿈꾸는 집을 짓는 데 필요한 여가나 돈을 가져본 적이 없기 때문이다. 지금 같은 상황들이 바뀌지 않고 그대로인 한 그들은 번듯한 자기 집을 가질 수 없을 것이며, 계속해서 작고 초라한 오두막에서 살 것이다.

이렇듯 우리의 방법은 다른 경제학자들과 완전히 다름을 알 수 있다. 이들 경제학자들은 소위 생산의 법칙이라는 것을 영구화하고 매년 지어지는 집의 수를 계산한다. 그러고는 새로 지어진 집들의 수가 모든 수요를 충족시키기에는 너무나 부족하므로 유럽인의 10분의 9는 오두막에서 살아야만 한다는 것을 통계로 증명하곤 한다.

---

94   풀먼 시: 미국 워싱턴 주 남동부에 있는 도시

식량 문제로 넘어가보자. 경제학자들은 분업으로 생기는 이익을 세세히 나열한 다음에, 분업을 위해서 어떤 사람들은 농업에 종사해야 하고 다른 사람들은 제조업에 종사해야 한다고 말한다. 분업에 따라 농부들은 이만큼 생산하고 있고, 공장은 저만큼 생산하고 있고, 교환은 이런 식으로 이루어지고 있다고 말하면서, 경제학자들은 판매, 이익, 순이익 혹은 잉여 가치, 임금, 세금, 예금 등을 분석한다. 그러나 그렇게 멀리까지 그들 이론을 따라갔는데도 우리는 조금도 더 알게 된 것이 없다. 그래서 그들에게 묻는다.

"각각의 농가에서 매년 10명, 20명, 심지어는 100명이 먹을 만큼 충분한 밀을 기를 수 있는데도, 어떻게 수백만의 사람들에게 빵이 부족한 것인가?"

그러면 그들은 분업, 임금, 잉여 가치, 자본 등에 대해서 말한다. 그리고는 생산이 모든 필요를 충족시킬 만큼 충분하지 않다는 똑같은 결론에 도달한다. 그 결론이 사실이라고 할지라도 다음 질문에 대한 대답이 되지는 못한다. "사람은 자신에게 필요한 빵을 자기 노동으로 생산할 수 있는가 없는가? 만약 생산할 수 없다면 그를 가로막는 것이 무엇인가?"라는 질문 말이다.

여기 3억 5천만 명의 유럽인이 있다. 그들은 매년 아주 많은 빵, 많은 양의 고기, 포도주, 우유, 계란, 버터를 필요로 한다. 그들은 많은 집과 옷을 필요로 한다. 이것은 그들이 필요로 하는 최소한의 것이다. 그들은 이 모든 것을 생산할 수 있는가? 그리고 생산할 수 있다면, 그들에게 예술, 과학, 오락이라는 절대적으로 필요한 것의 목록에는 포함되지 않는 모든 즐거움을 위한 여가시간이 충분히 있을 것인가? 만일 그 대답이 '그렇다'라면 지금 무엇이 그들을 방해하고 있는가? 그들이 장애물을 치우기 위해서는 무엇을 해야 할까? 그러한 결과를 이루기 위해서 필요한 것은 시간인가? 그렇다면 그들이 그 시간을 갖게 하자! 하지만 모든 사람들의 필요를 충족시킨다는 생산의 목적을 잊지는 말자.

만약 사람의 가장 절박한 필요가 충족되고 있지 않다면, 우리는 노동 생산성을 높이기 위해 무엇을 해야만 할까? 혹시 여기에 다른 원인이 있는 것은 아닐까? 혹시 우리의 생산이 사람의 필요를 잊어버리고 완전히 다른 방향에서 잘못 헤매고 있는 것은 아닐까? 그래서 생산 체계가 완전히 잘못되어 있는 것은 아닐까? 우리는 바로 그렇다는 것을 증명할 수 있으므로, 모든 사람들의 필요를 실제로 충족시킬 수 있도록 어떻게 생산을 재조직할 수 있는지를 알아보도록 하자.

이것만이 사태에 직면하는 유일하게 올바른 방법처럼 보인다. 즉, 정치경제학을 사회생리학이란 학문이 되도록 하는 유일한 방법인 것이다. 사회생리학이 지금 문명국가들의 생산 그리고 문명화되지 않은 인도의 공동체들이나 원시인들의 생산을 다루는 한, 그 학문은 현재의 경제학자들이 말하는 것 이상의 다른 사실들을 거의 말해주지 않을 것이다. 다시 말해서, 동물학과 식물학을 다루는 장들과 유사하게 단순히 서술만 하는 장들일 뿐이라는 뜻이다. 그러나 이 장이 인간의 필요를 충족시키는 데 필요한 에너지 절약이란 점에 초점을 맞춰서 서술된다면, 이 장은 제대로 된 설명일 뿐 아니라 정확한 설명도 될 수 있을 것이다. 현재의 체제에서 인간 에너지가 얼마나 심하게 낭비되고 있는지를 분명히 보여줄 것이고, 이 체제가 존재하는 한 인간의 필요는 결코 충족되지 않으리란 점을 입증할 것이다.

그러면 우리가 보는 관점이 완전히 뒤바뀐다. 아주 많은 길이의 옷감을 짜는 직조기 뒤에서, 강철판에 구멍을 뚫는 기계 뒤에서, 배당금을 넣어두는 금고 뒤에서 우리는 남들을 위해 자신이 준비한 잔치에서 대개 제외되곤 하는 숙련된 생산자의 모습을 보게 될 것이다. 또한 우리는 소위 말하는 가치와 교환의 '법칙들'은 오늘날 일어나고 있는 사건들을 아주 잘못 설명한 것일 뿐이란 사실을 이해할 수 있다. 그리고 생산이 사

회의 모든 필요를 충족시키는 방식으로 조직될 때는 상황이
아주 다르게 돌아갈 것임을 알게 될 것이다.

2

우리의 관점에서 살펴보면, 그 모습이 변하지 않을 정치경제학의 원리란 단 하나도 없다. 날마다 우리 귀에 메아리치고 있는 단어인 '과잉 생산'을 예로 들어보자. 과잉 생산 때문에 경제 위기가 일어난다는 주장을 지지하지 않는 경제학자, 학회 회원, 혹은 학회의 명예회원 후보자가 단 한 사람이라도 있을까? 그들은 어떤 시기에 필요한 것보다 더 많은 면직물, 의복, 시계가 생산되었기 때문에 경제 위기가 온다고 말한다. 하지만 우리 모두는 소비할 수 있는 것보다 더 많이 생산하는 일에 집요하게 매달리는 자본가들의 탐욕을 맹렬히 비난하지 않았던가!

그러나 신중하게 조사해보면 이 모든 논증이 불합리하다는 것을 증명할 수 있다. 사실상, 널리 사용되는 물품들 중에서 필요한 것보다 더 많은 양이 생산되고 있는 것이 단 하나라도 있는가? 대규모 수출국들에서 보내지고 있는 모든 필수품을 하나하나 조사해보라. 그러면 거의 모든 것이 정작 그것들을 수출하는 나라의 주민을 위해서는 불충분한 양이 생산된다는 사실을 알게 될 것이다.

러시아 농민들이 유럽으로 밀을 보내는 것은 여분의 밀이 남았기 때문이 아니다. 러시아에서 밀과 호밀이 아무리 풍족하게 생산되어도 오로지 그곳의 인구가 충분히 먹을 정도로만 생산하고 있을 뿐이다. 일반적으로 농민들은 지대와 세금을 지불하기 위해서 수확한 밀과 호밀을 팔 때, 실제로 1년 동안 자신에게 필요한 것까지 강제로 팔아야 하는 실정인 것이다.

영국이 세계 곳곳으로 보내고 있는 석탄도 잉여분이 아니다. 왜냐하면 국내 소비를 위해서는 매년 일인당 4분의 3톤만을 남겨둘 뿐이라서 수백만의 영국인이 겨울에 불을 피우지 못한 채 지내거나 겨우 채소를 삶을 정도로만 불을 피우는 실정이기 때문이다. 사실, 불필요한 사치품들을 제외한다면, 영국이 다른 나라보다 많이 수출하는 것들 중 충분히 생산되는 단 하나의 필수품은 면직물이다. 면직물 생산만큼은 영국인들이 쓰고도 남을 만큼 필요 이상으로 많이 생산하고 있다. 그런데도 영국에 사는 사람들의 3분의 1 이상이 누더기라고 할 만한 옷들을 입고 있는 것을 보면, 우리는 이렇게 묻지 않을 수 없다. 즉, 수출하고 있는 면직물은 전체적으로 보면 국내 인구의 실제 필요를 충족시키지 못하는 상태에서 수출하는 것이 아닌가?

비록 맨 처음 수출을 시작할 때는 그랬을지 모르지만, 수출되고 있는 것은 대개 잉여물이 아니다. 신발을 만들지만 자신은 맨발인 구두장이 우화는 예전에 기능공들에게 사실이었던 것처럼 국민의 경우에도 사실이다. 우리는 우리 자신에게 필요한 물품들을 수출하고 있다. 그렇게 하는 이유는 노동자들이 자신의 임금만으로는 자기가 생산한 것들을 살 수가 없기 때문이고, 그 외에도 자본가들과 은행가들한테 임대료나 집세나 이자를 지불해야 하기 때문이다. 계속 증가하고 있는 안락한 삶에 대한 욕구도 여전히 충족되지 않고 있다. 뿐만 아니라 생활에 꼭 필요한 필수품조차도 종종 부족한 실정이다. 그러므로 '과잉 생산'이란 존재하지 않는다. 적어도 경제학 이론가들이 말하는 의미에서의 과잉 생산은 존재하지 않는다.

다른 사항도 한번 살펴보자. 모든 경제학자들은 '사람은 자신이 소비하는 것보다 더 많이 생산한다'는 공인된 법칙이 있다고 말한다. 즉, 자기 노동의 결과물로 살아가고 난 다음에도 잉여가 남는다는 것이다. 그러므로 땅을 경작하는 농가 한 가구는 대여섯 가구가 먹을 식량을 충분히 생산할 수 있다. 하지만 이런 말은 우리에게 아무런 의미가 없다. 만약 그것이 각각의 세대가 미래 세대를 위해서 뭔가를 남겨 놓는다는 뜻이라면, 그것은 사실이다. 가령, 어떤 농부는 나무를 많이 심는데, 이 나무는 아마 앞으로 30~40년 혹은 100년을 살게 될 것이다. 그래서 농부의 손자들도 이 나무의 열매들을 따 먹을 수 있을 것이다. 혹은 농부가 몇 에이커의 미개척지를 개간할 수도 있다. 그러면 미래 세대에게 남겨진 유산이 그만큼 늘어났다고 말할 수 있다. 이런 식으로 도로, 다리, 운하, 집과 가구들은 다음 세대에게 전해지는 많은 '부'가 되는 것이다.

그러나 우리가 의미하는 바는 이런 것이 아니다. 우리는 농부가 자기가 소비하는 것보다 더 많이 생산한다는 말을 듣고 있다. 하지만 그들은 오히려 이렇게 말해야 한다. 국가가 언제나 농부가 생산한 것 중 많은 양을 세금으로 빼앗아가고 있다고 말이다. 성직자들은 십일조 헌금으로 빼앗아가고, 지주는 지대로 빼앗아가고 있다. 예전에는 모든 계급의 사람들이 자신들이 생산한 것을 직접 소비했다. 예상치 못한 사고, 조림 사업이나 도로 사업 등에 드는 비용을 따로 남겨놓는 것을 제외하고는 말이다. 하지만 오늘날 생산하는 사람들은 어쩔 수 없이 하루 벌어 하루 먹고사는 식으로 근근이 살아가고 있고, 나머지 생산물은 국가, 지주, 성직자, 고리대금업자가 빼앗아 가고 있다.

그러므로 우리는 이렇게 말할 것이다. 농업노동자와 산업 노동자 등은 자기들이 생산한 것보다 덜 소비하고 있다고 말 이다. 왜냐하면 그들은 생산물의 대부분을 강제로 팔아야만 하고 나머지 아주 작은 부분만을 가지고 만족해야 하는 실정 이기 때문이다.

또한 다음과 같은 점도 주목해보자. 만약 개인의 필요가 우 리가 연구하는 정치경제학의 출발점이 된다면, 우리는 틀림없 이 코뮌주의에 도달하게 되리라는 사실을 말이다. 이 코뮌주 의는 가장 철저하고 경제적인 방식으로 우리의 모든 필요와 욕구를 충족시켜줄 수 있는 체제이다. 이와는 달리, 우리의 생 산이 필요를 충족시키는 데 부합하는지 여부를 묻지도 않은 채 현재의 생산 방식으로부터 출발해서 이익과 잉여 가치를 목표로 삼는다면, 우리는 필연적으로 자본주의 고작해야 집산 주의에 도달하게 될 것이다. 이 둘은 현재의 임금제도를 그대 로 유지하는 두 가지 다른 형태의 제도일 따름이다.

사실, 우리가 개인과 사회의 필요를 고려하고, 인생의 여러 발달 단계마다 나타나는 필요를 충족시키기 위해 사람들이 사용하고 있는 수단들을 고려한다면, 곧바로 우리는 오늘날 하고 있는 것처럼 되는 대로 아무렇게나 생산하는 것 대신에 노력을 조직적으로 체계화할 필요가 있음을 알게 된다. 소수의 부자들이 점유한 부가 제대로 사용되지도 않은 채 한 세대에서 다음 세대로 넘겨진다는 것은 일반적인 이익에 전혀 부합하지 않는다는 사실이 점점 분명해지고 있다. 그리고 우리는 이런 방식들 때문에 4분의 3이나 되는 사람들의 필요가 충족되지 못하고 있다는 사실도 알고 있다. 따라서 지금처럼 쓸모없는 것들에 인간의 힘을 낭비하는 것은 범죄와 다름없는 일이라는 사실도 알고 있다.

더 나아가, 우리는 모든 필요한 물품들을 가장 유익하게 사용하는 방법은 그것들 각각을 제일 먼저 가장 절실한 사람들의 필요를 충족시키는 데 쓰는 것임을 깨닫고 있다. 다시 말해, 소위 말하는 상품의 '사용가치'는 흔히 주장되는 것과 달리, 단순히 일시적인 변덕에 좌우되는 것이 아니라 실제 욕구들을 충족시킬 수 있는가에 달려 있다는 뜻이다. 그러므로 코뮌주의가 이러한 일에 부합할 수 있는 논리적인 결과가 된다. 다시 말해, 소비, 생산, 교환의 관점을 전체적으로 아우를 수 있는 조직이 코뮌주의라는 뜻이다. 우리의 의견으로는 코뮌주의만이 진정으로 유일하게 과학적인 것이다.

모두의 필요들을 충족시킬 수 있는 사회, 그리고 이 목적에 맞게 생산을 조직하는 방법을 알고 있는 사회는 산업과 관련된 편견들 역시 깨끗이 쓸어 없애야 할 것이다. 무엇보다도 경제학자들이 흔히 주장하는 '분업이론'을 깨끗하게 없애야 한다. 분업에 대해서는 다음 장에서 논의할 예정이다.

1

정치경제학은 사회에서 일어나는 사실을 서술하고, 그것들을 지배 계급의 이해관계에 맞게 정당화하는 식으로 언제나 제한적이었다. 그렇기 때문에 경제학은 산업에서 분업을 옹호한다고 선언한다. 분업이 자본가에게 이익을 가져다주고 있기 때문에 원리로 채택된 것이다.

현대 경제학의 아버지인 아담 스미스는 마을의 어느 대장장이를 보라고 말했다. 대장장이가 못을 만드는 데 숙달되지 않았다면 힘들게 일해도 하루에 고작 200~300개의 못밖에 만들어내지 못할 것이다. 심지어는 그 못들도 품질이 나쁠 것이다. 하지만 못 만드는 일 말고 다른 일을 전혀 하지 않는다면, 그는 하루에 2~3천 개의 못을 어렵잖게 공급할 수 있을 것이다. 그래서 아담 스미스는 서둘러 결론을 내렸다.

"분업하라, 전문화하라, 더욱 전문화하도록 하라. 오로지 못 대가리나 뾰족한 끝부분을 만드는 방법만 아는 대장장이들을 기르자. 그러면 우리는 더 많이 생산할 것이다. 우리는 부유해 질 것이다."

일생 동안 못만 만들라는 운명을 선고받은 대장장이는 자 기가 하는 일에 모든 흥미를 잃어버릴 것이다. 제한된 기술을 가진 그는 완전히 고용주의 처분에 맡겨질 것이고, 때로 1년 중 넉 달간 일을 구하지 못할 수도 있다. 그리고 다른 견습생 이 그의 자리를 쉽게 대신할 수 있게 되면, 그의 임금은 더욱 낮아질 것이다. 아담 스미스는 이런 모든 점들을 생각하지 않 았다. 그가 "분업 만세, 이것이야말로 우리나라를 부유하게 만 들 진정한 황금광맥이다!"라고 외쳤을 때 그리고 모든 사람들 이 그의 외침에 합세했을 때 말이다.

나중에 시스몽디[95]나 J. B. 세이[96]가, 분업이란 전 국민을 부유하게 만들어주기는커녕 부자들을 더욱 부유하게 해줄 뿐 이라는 사실을 이해했을 때, 일생 동안 브로치의 18번째 부품

---

95 시스몽디(Jean Sismondi 1773-1842): 프랑스의 경제학자이자 역사학자. 아담 스미스 의 신봉자였으나 나중에는 노동자 보호를 주장하며 사회주의의 기틀을 닦았다.

96 J. B. 세이(Jean Baptiste Say 1767-1832): 프랑스의 경제학자, 아담 스미스의 학설을 계승, 발전시켰다. '세이의 법칙', '3생산 요소론' 등을 확립했다.

을 만드는 운명을 선고받은 노동자는 점점 우둔해지고 가난에 빠지게 된다는 사실을 이해하게 되었을 때, 주류 경제학자들은 무엇을 제안했을까? 아무런 제안도 하지 않았다! 그들은 마음속에서조차 다음과 같은 점을 생각하지 않았다. 즉, 평생 동안 반복적이고 기계적인 노동을 하면서 혹사당한 노동자는 지성과 발명정신을 잃어버리게 되지만, 이와 반대로 다양한 직업을 가질 수 있다면 국민 생산성이 눈에 띄게 증가할 것이라는 점을 말이다. 하지만 지금 우리가 생각하려는 것이 바로 이 점이다.

그렇지만 분업을 영속화하고 때로 분업을 세습해야 한다고 주장하는 사람들이 오직 경제학자들뿐이라면, 우리는 그들이 좋을 대로 떠들라고 내버려 두었을 것이다. 하지만 이 박사님들께서 가르치는 생각들은 사람들의 마음속으로 스며들어가서 그들이 나쁜 길로 빠지게 한다. 그리고 분업, 이익, 이자, 신용 등의 문제가 마치 오래 전에 해결된 것인 양 계속 반복해서 듣다 보면 모든 중산층 사람들과 노동자들 역시 마침내는 경제학자들처럼 주장하게 된다. 그들도 똑같은 미신을 신봉하는 사람들이 되는 것이다.

그래서 대부분의 사회주의자들, 심지어 경제학의 오류들을 지적하는 것을 두려워하지 않는 사회주의자들조차 분업을 정당화하는 모습을 보게 된다. 그들에게 혁명기간 동안에 노동을 조직하는 문제에 대해서 이야기해보라. 그러면 그들은 분업이 계속 유지되어야 한다고 대답할 것이다. 즉, 혁명 전에 당신이 장식 브로치를 만드는 일을 했다면, 혁명 후에도 그 일을 계속해야 한다는 것이다. 혁명으로 이제는 하루에 5시간 이상을 일할 필요가 없게 된 것은 사실이지만, 평생 브로치를 예리하게 만들어야 한다.

반면 다른 사람들은 당신이 평생 동안 무수한 브로치를 만들도록 기계를 발명할 것이다. 그리고 어떤 사람들은 문학, 과학, 예술 등 보다 고상한 분야의 전문가가 될 것이다. 파스퇴르[97]가 탄저 백신을 발견하도록 태어났다면 당신은 브로치를 만들기 위해 태어난 것이다. 그리고 혁명은 두 사람이 각자 맡은 일을 하도록 내버려둘 것이다. 그렇다면 이것은 무시무시한 원리이다. 사회에 너무나 해악이 되고 개인에게는 너무나 잔인한 것이고, 너무나 많은 해로움의 원천이 되는 것이다. 그래서 우리는 분업이라는 이 끔찍한 원리를 다양한 실례를 통해서 논의해보자고 제안한다.

---

97   파스퇴르(Louis Pasteur 1822-1895): 프랑스의 세균학자. 미생물의 자연 발생설을 부정하고, 미생물이 질병의 원인이 됨을 증명했다. 저온살균법과 광견병 백신 등을 발명했다.

우리는 분업의 결과들을 충분히 잘 알고 있다. 무엇보다 먼저, 우리가 두 계급으로 분열된다는 사실은 분명하다. 한쪽에는 생산자가 있다. 그들은 아주 적은 양만을 소비하고 생각하는 일로부터는 제외되어 있다. 왜냐하면 그들은 단지 육체노동만을 하기 때문이다. 그리고 그들의 두뇌는 활발하게 활동하지 않기 때문에 일도 형편없이 하게 된다.

반면 다른 쪽에는 소비자들이 있다. 그들은 거의 혹은 아예 아무것도 생산하지 않으면서도 다른 사람들을 대신해서 생각할 수 있는 특권을 가지고 있다. 그리고 그들은 육체노동을 하는 사람들의 세계를 전혀 알지 못하기 때문에, 형편없이 생각한다. 그렇게 해서 기계에 대해서는 아무것도 모르면서 땅에서 일하는 사람이 있는 한편, 기계를 다루는 사람은 농업에 대한 모든 것을 무시해버린다.

현대 산업의 아이디어는 자신이 이해할 수도 없고 이해할 필요도 없는 기계를 지켜보고 있는 아이와 아이의 주의가 잠깐이라도 산만해지면 벌을 주는 공장 감독이 있는 상황을 보여준다. 산업적인 농업의 이상은 농업노동만 하는 사람을 모두 없애고, 여가를 이용해서 틈틈이 증기 경운기와 탈곡기를 운전하는 사람들을 배치하는 것이다. 분업은 사람들에게 꼬리표를 붙이고 낙인을 찍는 것을 뜻한다. 즉, 어떤 사람은 평생 공장에서 밧줄만 꼬아야 하고, 어떤 사람은 공장 감독이 되고, 또 다른 사람은 광산의 특정 부분에서 거대한 석탄차를 밀어야 하는 것이다. 하지만 그들 중 어느 누구도 기계, 산업, 광산업을 전체로서 알지 못한다. 그 결과 그들은 일에 대한 애정과 발명하는 능력을 잃어버리게 된다. 현대 산업의 초기에는 이런 마음과 능력들이 있어서 우리가 그렇게나 자랑스러워하는 기계를 만들었는데 말이다.

그들은 개인에게 적용하고 있는 이 분업을 국가에게도 적용하고 싶어 했다. 인류는 제각기 전문 분야를 가진 나라별 작업장들로 나누어졌다. 우리가 배운 대로, 러시아는 옥수수를 기르기로 본래부터 운명 지어진 나라이다. 영국은 면실을 생산하는 운명이고, 벨기에는 직물을 짜는 운명이다. 반면 스위스는 간호사나 여자 가정교사를 훈련시키는 운명이다. 더 나아가 각각의 도시들도 전문 분야를 확립했다. 리옹은 비단을 짜는 곳이고, 오베르뉴는 레이스를 만들고, 파리는 장신구를 만든다. 경제학자들은 이런 방식으로 생산과 소비가 자유롭게 뻗어나갈 수 있는 광대한 분야들이 열렸고, 이런 방식으로 인류를 위한 무한한 부의 시대가 바로 다가왔다고 말한다.

그러나 이 원대한 야망들은 기술적인 지식이 널리 퍼지자마자 재빨리 사라져버렸다. 오직 영국만이 면직물 제조와 대규모 철강 산업의 일인자이고, 오직 파리만이 예술적인 장신구들을 만들어내는 식으로 상황이 돌아가던 특정 시기 동안에는 모든 일이 잘 되어갔다. 경제학자들은 반박당하지 않고서 이른바 분업이라는 것을 주장할 수 있었다.

그러나 새로운 사고의 흐름 때문에 모든 문명국가들은 점차 스스로 제조업을 하기 시작했다. 그들은 그전까지 다른 나라에서 혹은 자기네 식민지들로부터 수입하던 물품들을 자기 나라가 직접 생산하는 편이 유리하다는 점을 깨닫게 되었다. 왜냐하면 식민지 나라들도 이제는 본국에서부터 해방되려는 목적을 갖게 되었기 때문이다. 과학적인 발견들이 생산 방법들을 널리 보편화시키는 역할을 했고, 따라서 자국에서 쉽게 생산할 수 있는 것을 외국에서 비싼 가격으로 들여올 필요가 없게 되었다. 그리고 우리는 이 산업혁명이 오랫동안 너무나 견고한 것으로 보였던 분업이론에 결정타를 날리는 모습을 이미 보고 있다.

산업의 분산화

1

나폴레옹 전쟁 이후 영국은, 18세기 말에 프랑스에서 나타났던 주요 산업들을 무너뜨리는 데 거의 성공하고 있었다. 영국은 또한 바다의 지배자가 되었으며 중요한 경쟁자들도 전혀 없었다. 영국은 그 상황을 잘 이해했고 자신의 특권과 이익을 위해서 어떻게 그 상황을 이용해야 하는지도 잘 알았다. 그래서 영국은 산업에 대한 독점권을 확립해서, 영국만이 제조한 상품들을 이웃 나라에 팔 때 마음대로 가격을 정하는 식으로 점점 더 많은 부를 쌓아갔다.

그러나 18세기에 프랑스에서 일어난 부르주아 혁명으로 농노제가 폐지되고 프롤레타리아가 등장하게 되자, 한동안 정체되었던 프랑스 산업이 다시 일어나기 시작했다. 19세기 후반부터 프랑스는 공업 제품에서 영국의 종속을 받지 않게 되었다. 오늘날에는 프랑스 역시 수출국으로 변화했다. 프랑스는 6천만 파운드가 넘는 공업 제품을 판매하고 있는데 이 제품의 3분의 2는 섬유제품이다. 많은 프랑스인이 수출 분야에서 일하거나 무역업에 종사하고 있고, 그 수가 대략 300만 명 정도로 추산된다.

그러므로 프랑스는 더 이상 영국에게 종속된 나라가 아니다. 자기 차례가 되자 프랑스도 비단이나 기성복 같은 특정 무역 산업을 무역에서 독점하려고 기를 쓰고 노력했으며 그로부터 막대한 수익을 거두었다. 그러나 영국이 면직물 제품 독점권을 잃어버리고 있는 것처럼 프랑스도 자기의 독점권을 영영 잃어버리는 시점에 와 있다.

동쪽으로 뻗어나가던 산업은 독일에 다다랐다. 50년 전에 독일은 중요한 산업 분야에서 생산되는 대부분의 산업 제품들을 영국과 프랑스에 의존하던 종속국이었다. 이제는 더 이상 그렇지 않다. 지난 50여 년 동안, 특히 프랑스-독일 전쟁 이후로 독일은 자국의 산업을 완전히 재조직했다. 새로 지어진 공장들은 최고의 기계 설비를 갖추고 있다. 영국 맨체스터로부터 온 최신의 면직 산업 기술, 프랑스 리옹에서 온 최신 실크 산업 기술들을 이제는 독일의 새로운 공장들도 적용하고 있다. 리옹과 맨체스터에서는 현대적인 기계 설비를 구비하기까지 노동자들 두 세대 혹은 세 세대가 걸렸지만 독일은 완전해진 기계를 바로 도입했다. 산업의 필요에 따라 세워진 기술학교들은 공장들에 지적인 노동자 부대를 보내고 있다. 이들은 육체노동뿐만 아니라 두뇌도 잘 사용할 줄 아는 실질적인 엔지니어들이다. 독일 산업은 맨체스터나 리옹이 50여 년간의 노력들과 실험들이라는 암중모색 끝에 도달한 바로 그 지점에서 시작하고 있다.

독일 국내에서 제조업을 잘 해내게 되면서 독일은 프랑스와 영국에서 수입하는 것들을 해마다 줄여나가고 있다. 독일은 공업제품 생산에서 아시아와 아프리카와 경쟁을 하고 있을 뿐만 아니라 런던과 파리와도 경쟁할 정도가 되었다. 근시안적인 프랑스 사람들은 프랑크푸르트 조약에 대해 반대한다고 외칠지도 모른다. 또 영국의 제조업자들은 독일의 경쟁력은 철도 요금이 약간 저렴하기 때문이라고 설명할지도 모른다. 그들은 하찮은 문제점들만 지적하면서 질질 끌고 있고, 거대한 역사적 사실을 무시하고 있는지도 모른다.

그러나 예전에는 영국과 프랑스가 쥐고 있었던 주요 산업들이 점차 동쪽으로 이동하고 있다는 점은 확실하다. 그리고 주요 산업들은 독일이 젊고, 에너지가 넘치며, 지적인 중산층이 있고, 외국과의 무역으로 부자가 되려고 열심인 나라라는 점을 발견하고 있다.

독일이 프랑스와 영국의 종속에서부터 벗어나서 직접 면직물을 생산하고, 자체적으로 만든 기계들을 설비하고, 사실상 모든 필요 제품들을 제조하는 동안에, 러시아에서도 역시 주요 산업이 뿌리를 내리기 시작했다. 러시아에서 일어난 제조업의 발달은 아주 최근의 일이라서 더욱 교훈적인 점이 많다. 1861년 농노제가 폐지될 당시 러시아에는 거의 아무런 공장도 없는 상태였다. 기계를 써서 만들어야 하는 온갖 것들, 철도, 기관차, 좋은 옷감 재료 등이 모두 서유럽에서 수입되었다. 20년이 지나자 러시아는 벌써 8만 5천 개의 공장을 갖게 되었으며, 러시아에서 만들어지는 제품들의 가치도 4배나 올랐다.

낡은 기계들이 교체되었고 오늘날 러시아에서 쓰고 있는 거의 모든 강철, 4분의 3의 철, 석탄의 3분의 2, 모든 기관차, 객차, 철로, 거의 모든 증기선이 러시아에서 직접 만들어지고 있다. 경제학자들 말대로라면, 농업지역으로 남을 운명이었던 러시아는 공업 생산을 하는 나라로 빠르게 발전하고 있다. 지금 러시아는 영국에서 거의 아무것도 주문하지 않고, 독일에는 아주 약간만 주문하고 있다.

경제학자들은 이런 사실들이 관세 때문에 그런 것이라고

주장한다. 그러나 러시아에서 만들어진 면직물은 런던에서 같은 가격으로 팔리고 있다. 자본에는 국경이 없기 때문에 독일과 영국의 자본가들은 자기 나라의 엔지니어와 감독을 러시아와 폴란드에 데리고 가서 공장을 세우기도 한다. 여기서 만들어지는 제품들은 영국 제품들과 품질의 우수함을 두고 경쟁하고 있다. 앞으로 관세가 폐지된다면, 제조업은 이익만을 얻을 것이다. 얼마 전에도 러시아에 있는 영국인 제조업자들은 서구로부터 수입되는 면직물과 모직물 제품들에 또 다른 강타를 날렸다. 그들은 러시아 남부와 중부에 거대한 모직물 공장들을 세우고는, 영국에서 가져온 완벽한 기계 설비를 갖춰놓았다. 이제 러시아는 영국, 프랑스, 오스트리아에서 최고 품질의 면직물과 모직물만을 수입하고 있다. 나머지는 국내에서 제조되고 있으며, 공장과 가내 공업 모두에서 생산된다.

주요 산업들은 동쪽뿐만이 아니라 남쪽의 반도로도 퍼져 나가고 있다. 1884년에 이탈리아 토리노에서 개최된 박람회는 이탈리아의 산업생산에서 이루어진 진보를 보여주었다. 그리고 다음과 같은 점에서도 실수하지 말도록 하자. 즉, 프랑스와 이탈리아 중산층들 사이에 존재하는 상호 증오는 그들 간의 산업적 경쟁에서 비롯된 것일 뿐이라는 사실 말이다. 스페인 또한 공업국이 되어가고 있는 중이다. 반면 동쪽에서는 보헤미아[98]가 완벽한 기계들을 갖추고 가장 훌륭한 과학적 방법들을 적용하면서, 갑자기 새로운 제조업의 중심지로 중요성을 갖기 시작했다.

우리는 또한 헝가리의 주요 산업에서 일어난 급속한 발전을 이야기할 수도 있을 것이다. 하지만 그보다는 브라질을 예로 들어보기로 하자. 경제학자들은 브라질에게 앞으로도 영원히 목화를 생산해서 그 원재료를 수출하고, 그 대가로 유럽에서 면직물을 받는 나라라는 선고를 내렸다. 실제로 40년 전의 브라질은 385개의 방적 기계를 가진 9개의 보잘것없는 면직물 공장밖에 없었다. 오늘날 브라질에는 150만 대의 방적기와 5만 대의 직조기를 갖추고 있는 160개의 면직물 공장이 있고, 해마다 5억 야드의 직물을 시장에 내놓고 있다.

심지어 멕시코에서도 이제는 면직물을 유럽에서 수입하는 대신 아주 성공적으로 직접 생산하고 있다. 미국의 경우를 보면 미국은 유럽의 감독으로부터 완전히 벗어났고, 자기들의 상품 제조 능력을 엄청날 정도로 의기양양하게 발달시키고 있다. 하지만 국가 산업의 전문화에 맞서는 가장 놀라운 반대

---

98   보헤미아: 체코슬로바키아 서부 지방을 주로 가리킨다. 원래는 오스트리아에 속한 지역이었다.

증거를 보여주는 나라는 인도이다.

우리 모두 다음 이론을 알고 있다. 즉, 위대한 유럽 국민은 식민지를 필요로 한다는 이론 말이다. 왜냐하면 식민지는 면화, 가공하지 않은 양모, 향신료 등의 원재료를 본국으로 보내주기 때문이다. 그리고 본국은 식민지에 산업 제품들을 보낸다는 미명 아래, 실제로는 손상된 제품들과 고철이 된 낡은 기계 등 자기들이 더 이상 쓰지 않는 것들을 모두 식민지로 보내어 처분한다. 이 일은 비용이 거의 혹은 전혀 들지 않는데도, 어떤 물품들은 때로 터무니없이 비싼 가격에 팔리곤 한다.

이런 것이 그 식민지 이론이고 오랫동안 실제로 실행되었던 이론이다. 인도가 황폐해지는 동안 런던과 맨체스터에는 부가 쌓인다. 런던에 있는 인도 박물관에는 영국 상인들이 캘커타와 봄베이에서 수집한 전대미문의 재화(財貨)들을 볼 수 있다. 하지만 영국의 다른 상인들과 자본가들은 다음과 같은 아주 간단한 아이디어를 생각해냈다. 즉, 인도가 매년 2천만 파운드에서 2천 400만 파운드 어치의 면제품을 수입하게 하는 것보다, 직접 면직물을 생산하게 해서 그곳 주민을 착취하는 것이 훨씬 편리할 것이라고 말이다.

처음에 행해진 일련의 실험들은 계속 실패로 끝났다. 수공예 분야에서는 나름대로 장인들이고 전문가인 인도의 직조공들은 공장 생활을 견뎌낼 수가 없었고, 영국 리버풀에서 보내온 기계는 불량품이었다. 날씨도 고려해야 했고, 상인들은 새로운 환경에 적응해야 했다. 어쨌든 이제는 이 문제가 완전히 극복되었다. 영국령 인도는 오늘날 본국인 영국과 경쟁하는 위협적인 라이벌이 되어가고 있다.

지금 인도에는 대략 23만 명의 노동자를 고용하고 있는 200개 이상의 면직물 공장이 있는데, 이 공장들에는 600만 대 이상의 방적 기계와 8만 대 이상의 직조기가 있다. 그리고 40만 대의 방적기가 있는 40곳의 황마 방적 공장도 있다. 인도는 매년 중국, 네덜란드령 동인도제도[99] 그리고 아프리카에 800만 파운드 상당의 흰 면직물을 수출하는데, 이것들은 영국 특산품으로 여겨진다. 그리고 영국의 노동자들은 때때로 실직해서 대단히 궁핍한 상태로 지내는 반면, 인도의 여성들은 하루에 6펜스의 임금을 받으면서 극동 지방으로 보낼 면직물을 기계로 짜고 있다.

간단히 말해 영리한 제조업자들은 이전까지 영국에서 수출했던 면직물을 짰던 '공장 일꾼들'을 데리고, 자기들이 뭘 해야 할지 모르게 되는 날이 머지않았다는 사실을 충분히 깨닫

---

99   네덜란드령 동인도제도: 현재의 인도네시아

고 있는 것이다. 게다가 인도가 영국에서 단 1톤의 철도 수입하지 않게 되리라는 사실도 점점 더 분명해지고 있다. 인도에서 생산되는 석탄과 철광석을 활용하는 일에서 생긴 초기의 어려움은 극복되고 있다. 그리고 영국과 경쟁할 만한 용광로들이 인도양 연안 지역에 건설되고 있다. 식민지들은 자기가 생산한 공업제품들을 가지고 본국과 경쟁하고 있다. 이것이 바로 20세기의 경제를 좌우하게 될 요인이다.

그런데 왜 인도가 제조업을 하지 않겠는가? 무엇이 방해를 하는 것일까? 자본? 하지만 자본은 착취할 수 있는 가난한 사람들이 있는 곳이면 어디든지 간다. 지식? 하지만 지식은 어떤 국경도 인정하지 않는다. 노동자들의 숙련된 기술? 아니다. 인도의 노동자들이 지금 영국의 직물공장에서 일하고 있는 18세도 안 된 수많은 소년 소녀들보다 더 열등하다는 말인가?

2

국가적인 산업들을 잠깐 살펴본 다음에 몇몇 특별한 분야로 눈을 돌리면 아주 흥미로울 것이다. 19세기 전반기에 프랑스의 특산품이었던 실크를 예로 들어보자. 우리 모두는 리옹이 어떻게 실크 무역의 중심지가 되었는지를 알고 있다. 처음에는 남부 프랑스에서 실크 원재료를 가져왔다. 그러다가 더 많은 실크 직물 제조를 위해서 점차 이탈리아, 스페인, 오스트리아, 코카서스[100], 그리고 일본에 주문을 하게 되었다. 1875년에 리옹 부근에서 실크 제품으로 만들어진 500만 킬로그램의 실크 원재료 중에서 프랑스 것은 고작 40만 킬로그램

---

100 코카서스: 흑해와 카스피해 사이에 있는 지역으로, 예선에는 아제르바이잔, 아르메니아, 그루지야 같은 소비에트 공화국이 있었다.

뿐이었다.

하지만 리옹이 실크 원재료를 수입해서 실크를 제조할 수 있다면, 스위스, 독일, 러시아 같은 나라들이 왜 그렇게 하지 않겠는가? 결국 스위스 취리히 근방 마을에서 실크 제조업이 발달하기 시작했다. 스위스 바젤은 실크 무역의 거대한 중심지가 되었다. 코카서스 행정부는 그루지야 사람들에게 완벽하게 누에 치는 방법을 가르치고 코카서스 농민들에게 견사를 견직물로 짜는 기술을 가르치기 위해서 프랑스 마르세유 출신 여성들과 리옹 출신의 노동자들을 고용했다. 오스트리아가 그 뒤를 따랐다. 그 다음에는 독일이 리옹 출신 노동자들의 도움을 받아서 거대한 실크 공장들을 세웠다. 마찬가지로 미국도 패터슨 시에 공장을 세웠다.

오늘날 실크 무역은 더 이상 프랑스가 독점하는 분야가 아니다. 실크는 독일, 오스트리아, 미국, 영국에서도 만들어지고 있고, 지금 프랑스에서 사용되는 실크 제품의 3분의 1은 수입된 것으로 계산되고 있다. 겨울에 코카서스 농민들은 리옹의 실크 직조공들이라면 굶주릴 정도의 임금을 받으면서 비단 손수건을 짜고 있다. 이탈리아와 독일은 프랑스로 실크를 보내고 있다. 리옹은 1870년에서 1874년 사이에 4억 6천만 프랑의 실크 직물을 수출했지만, 지금은 고작 그것의 절반 정도밖에 수출하지 못하고 있다. 사실, 리옹이 보다 고급스러운 제품들과 패턴이 새로운 신제품들만을 독일, 러시아, 일본에 보낼 날이 머지않았다.

그리고 모든 산업에서 마찬가지 일들이 일어나고 있다. 벨기에는 더 이상 옷감을 독점하는 나라가 아니다. 옷감은 독일, 러시아, 오스트리아, 미국에서도 만들어지고 있다. 스위스와 프랑스의 쥐라산맥 지역은 더 이상 시계 제조를 독점하고 있지 않다. 시계들은 어디에서나 만들어지고 있기 때문이다. 스코틀랜드는 더 이상 러시아에 보낼 설탕을 정제하지 않는다. 정제된 러시아 설탕이 영국으로 수출되고 있기 때문이다. 석탄과 철강이 나지는 않지만, 이탈리아는 자기네 증기선에 필요한 금속판과 엔진을 직접 만들고 있다.

화학 산업도 더 이상 영국이 독점하고 있지 않다. 황산과 소다는 심지어 우랄지방[101]에서도 만들어진다. 스위스 빈터투어에서 만들어진 증기엔진은 모든 곳에서 명성을 얻었다. 오늘날 스위스는 석탄도 철도 생산이 안 되고 교역할 무역항도 없으며, 가진 것이라곤 훌륭한 기술학교들밖에 없지만, 영

---

101 우랄지방: 유럽과 아시아의 경계 지역으로 북빙양에서 카스피해까지 뻗은 거대한 우랄 산맥이 자리하고 있다.

국보다 품질이 좋고 더 저렴한 기계들을 만들고 있다. 교환이론은 이렇게 끝이 난다. 다른 모든 것과 마찬가지로, 무역이 나아가는 경향은 분산화로 향하고 있다.

모든 나라들이 농업을 최대한으로 다양한 공장들과 결합시키는 것이 유리하다는 사실을 알아차리고 있다. 경제학자들이 소리 높여 외친 전문화는 분명히 소수의 자본가들을 부유하게 해주고 있지만, 이제는 더 이상 별로 쓸모가 없다. 이와 달리, 모든 지역과 모든 나라가 자기네가 먹을 밀과 채소들을 기르고 소비할 상품을 대부분 국내에서 제조하는 것이 유리하다. 다양성이야말로 상호협동에 의한 생산의 완전한 발달을 약속하는 가장 확실한 보증이자 진보의 원동력이다. 반면에 전문화는 이제 진보의 방해물이다. 농업은 공장들과 가까운 곳에서만 번영할 수 있다. 그리고 하나의 공장이 나타나자마자 곧 수많은 다양한 공장들이 주위에 생겨날 것이다. 그러면 그들은 자기들이 발명한 것을 가지고 서로를 지원하고 자극하면서 생산성을 증가시켜 나갈 것이다.

3

밀을 수출하고 밀가루를 수입하는 것, 양모를 수출하고 모직물을 수입하는 것, 철을 수출하고 기계를 수입하는 것은 정말로 어리석은 일이다. 왜냐하면 물품 수송에는 시간과 돈이 낭비될 뿐만 아니라, 무엇보다도 산업이 발달하지 못한 나라는 불가피하게 낙후된 농업국가로 남아 있어야 하기 때문이다. 마지막으로 다양한 분야의 산업을 실제로 응용해보지 않는다면, 그 나라의 산업적 기술적 능력들은 발달되지 못하고 정체된 채 남아 있을 것이기 때문이다.

오늘날 생산의 세계에서는 모든 것이 서로 연결되어 있다. 땅을 경작하는 일은 더 이상 기계 없이, 대규모의 관계시설 없이, 철도 없이, 비료 공장이 없이는 가능하지 않다. 그리고 이 기계, 철도, 관개 시설에 쓰이는 엔진 등을 들여오기 위해서는 특정한 발명 정신과 일정 수준의 기술력이 발달해야 한다. 반면 삽과 쟁기가 유일한 경작 도구로 남아 있는 한 이런 정신들은 잠들어 있을 것이다.

논밭이 적절하게 경작되고 그곳에서 사람들이 기대할 권리가 있는 풍성한 수확물을 산출하려면 논밭에서 아주 멀지 않은 곳에 작업장들, 주물공장들, 공장들이 생겨나는 것이 꼭 필요하다. 직업의 다양성과 그로부터 생겨나는 기술의 다양성, 이 둘은 공동의 목적을 위해서 함께 일하고 있다. 이것들이야말로 진보의 진정한 힘이다. 그렇다면 이제 인구가 많든 적든 상관없이 어떤 도시 혹은 어떤 지역의 주민이 처음으로 사회 혁명으로 향하는 길에 들어섰다고 상상해보자.

우리는 종종 "아무것도 변하지 않을 것이다"라는 이야기를 듣는다. 즉, 광산, 공장 등이 수용되고 국민 혹은 공동체의 소유라고 선언되고 나면, 모든 사람은 자신의 평상시 일로 돌아갈 것이고 그렇게 되면 혁명이 달성될 것이라는 식이다. 하지만 이것은 순전히 꿈일 뿐이다. 사회 혁명은 그렇게 간단하게 일어날 수 없다.

이미 이야기했듯이 혁명이 앞으로 파리, 리옹, 혹은 어느 도시에선가 일어나서 노동자들이 공장, 주택, 은행 등을 손에 넣게 되면, 그렇게 했다는 단순한 사실만으로도 지금의 생산은 완전히 혁명적으로 변화할 것이다. 국제 무역은 곧 정지하게 될 것이고, 그래서 외국산 빵 재료들의 수입도 중단될 것이다. 필수품들과 식량의 유통이 마비될 것이다. 그렇게 되면 반란이 일어난 도시나 지역은 어쩔 수 없이 자기들의 필요를 충족시키기 위해 자체적으로 공급을 해내야 하고, 생산을 재조직해야 한다. 만약 그렇게 하는 데 실패한다면, 그걸로 끝이다. 그렇게 하는데 성공한다면, 그 나라의 경제 생활은 혁명적으로 변화할 것이다.

수입하던 식량의 양이 줄어들고, 소비는 증가하고, 수출을 위해 일하던 100만 명의 파리 시민이 일자리를 잃을 것이다. 오늘날 멀고 가까운 나라에서 수입하고 있는 수많은 물품들이 목적지에 도착하지 못할 것이고, 사치품 교역도 일시적으로 정지될 것이다. 그렇다면 혁명이 일어난 뒤 6개월 동안 그 주민은 무엇을 먹어야 할까?

우리 생각으로는, 식량을 보관했던 창고들이 비게 되면 대다수 사람들이 자기들이 먹을 음식을 땅에서 얻으려고 애쓸 것이다. 그들은 땅을 경작해야 할 필요성을 느끼게 될 것이다. 파리 근교나 그 지역 근방에서 농업생산과 산업생산을 결합할 필요성을 느낄 것이다. 그들은 그저 자랑거리에 불과한 직업들을 포기하고 가장 절박한 필요인 '빵'을 고려해야 할 것이다.

도시의 수많은 시민이 도시농부가 되어야 할 것이다. 지금의 농부들처럼 지치도록 일하는 방식은 아니다. 지금 농민들은 겨우 1년 동안 먹고살 식량을 간신히 얻을 수 있는 돈을 벌려고 힘들게 농사일을 하고 있다. 하지만 이제는 인간이 발명했고 발명하게 될 가장 훌륭한 기계를 대규모로 적용한 집약농업의 원리와 마켓가든[102] 원리를 따르는 농업을 하게 될 것이다. 도시민들은 땅을 경작할 것이지만 짐 나르는 짐승처럼 일하지는 않을 것이다. 파리의 보석상은 그렇게 일하기를 거부할 테니까 말이다. 그들은 더 나은 원리에 따라서 경작을 조직할 것이다. 그리고 미래가 아니라 지금 당장, 혁명적인 투쟁이 일어나고 있는 동안, 적에게 패배할지도 모른다는 두려움 속에서 이런 일을 할 것이다.

농업은 합리적인 방식으로 행해져야 할 것이다. 지금 시대의 경험을 적절히 활용하고, 유쾌한 일을 하는 즐거운 무리들로 스스로를 조직하는 남녀들에 의해 농사일이 행해져야 할 것이다. 마치 100여 년 전에 프랑스 '연맹축제'[103]를 위해 파

---

102   마켓가든: 시장과 식당에 내놓을 목적으로 채소와 과일을 재배하는 방식, 일반 농장보다 상대적으로 작으며, 직거래가 많기 때문에 다양한 채소와 과일을 혼작한다.

리의 샹드마르스 광장에서 일했던 사람들처럼 말이다. 과도하게 일하지는 않으면서, 과학적으로 조직되고, 자신이 쓸 농기구들을 발명하고 개량하면서, 자신이 공동체에 쓸모 있는 사람임을 자각한다면 일은 즐거운 것이 될 것이다.

물론 그들이 밀과 귀리만을 재배하지는 않을 것이다. 그들은 또한 예전에는 외국에서 주문했던 것들도 생산할 것이다. 그리고 반란이 일어난 지역의 주민들에게 '외국'이란 혁명운동에 가담하지 않은 모든 지역을 뜻한다는 점을 잊지 말자.

1793년과 1871년에 일어난 혁명기간 동안 파리 시는 '외국'이 멀리 떨어진 나라만이 아니라 바로 같은 나라 안의 아주 가까운 지역까지 의미한다는 사실을 깨달았다. 1793년과 1794년에 프랑스 트루아 시의 곡물 투기꾼들은 파리의 상퀼로트[104]들을 굶어 죽게 만들었다. 이것은 베르사유 궁전의 음모자들에 의해 프랑스로 들어온 독일 군대만큼이나 추악하고 심지어는 사악한 짓이었다. 반란을 일으킨 도시는 어쩔 수 없이

103　연맹 축제: 1790년 파리 바스티유감옥 탈환 일주년을 기념하기 위해서 7월 17일에 개최된 축제. 축제 일주일 전부터 약 20만 명의 사람들이 샹드마르스 언덕을 평평하게 하는 작업을 하면서 즐겁게 축제를 준비했다고 한다.

104　상퀼로트: 원래는 노동자, 수공업자, 소상인, 소자작농, 농업노동자를 의미함. 프랑스 대혁명 당시에는 혁명을 이끈 민중세력을 의미하는데, 부유한 시민과 귀족계급이 입는 반바지(퀼로트)가 아닌 긴 바지를 입은 하층 계급을 일컫는다. 많은 이들이 자코뱅파 등의 좌익 과격파에 참여했다.

이들 '외국인들' 없이 해나가야 할 것이다. 그리고 왜 못하겠는가? 프랑스는 나폴레옹 1세가 시행한 대륙 봉쇄 시기 동안에 사탕수수가 부족해지자 사탕무로 설탕을 만드는 법을 고안했다. 파리 시민은 더 이상 외국에서 초석(질산칼륨)을 수입할 수 없게 되자 자기들 지하실에서 캐냈다. 과학의 가장 기본이 되는 원리조차 제대로 알지 못했던 우리 할아버지 세대보다 우리가 과연 더 열등할까?

혁명은 주요 정치체제의 단순한 변화 이상이다. 그것은 인간의 지성이 깨어나는 것을 의미한다. 혁명은 발명 정신이 10배, 100배로 증가하는 것을 의미하고, 새로운 과학의 여명을 의미한다. 즉, 라플라스[105], 라마르크[106], 라부아지에[107] 같은 과학자들의 새로운 과학의 출현을 의미한다. 혁명은 제도들을 바꾸는 혁명보다 훨씬 깊고, 더욱 깊어져 갈 인간 정신의 혁명을 의미한다.

---

[105] 라플라스(Pierre de Laplace 1749-1827): 프랑스의 수학자이자 천문학자. 수리물리학의 창시자 중 하나로 평가받는다. 저서로는 《천체역학》 등이 있다.

[106] 라마르크(Jean de Lamarck 1744-1829): 프랑스의 동물학자이자 진화론자. 생물이 환경에 적응하면서 필요한 기관은 발달하고, 불필요한 기관은 퇴화한다는 '용불용설'을 발표했다.

[107] 라부아지에(Anton Lavoisier 1743-1794): 프랑스의 화학자로 근대화학의 아버지라고 불린다. 공기가 혼합물이라는 것을 증명했고, 연소의 본질을 밝히는 등 화학에 많은 기여를 했다.

그런데도 우리에게 이렇게 말하는 경제학자들이 여전히 있을 것이다. 일단 혁명이 완수되고 나면, 모든 사람이 자신의 일터로 돌아갈 것이라고 말이다. 혁명이 마치 가까운 숲으로 산책을 나갔다가 집으로 돌아가면서 거쳐 가는 그런 것인 양 말이다! 무엇보다 먼저 중산층의 재산에 손을 댄다는 사실 하나만으로도 작업장, 조선소, 공장들에서의 경제생활 전체를 완전히 재조직할 필요성이 있음을 뜻할 것이다.

그리고 혁명은 분명히 이런 방향으로 움직일 것이다. 만약 파리 시가 사회 혁명 기간 동안 중산층의 지배를 지지하는 사람들에 의해 1~2년 정도 세상으로부터 고립된다면, 아직 공장생활에 억압당하지 않은 수많은 지식인들은 인간 정신이 무엇을 성취해낼 수 있는지를 보여줄 것이다. 즉, 발명정신을 자극하는 소규모 직업들의 도시인 파리에서 그들은 빛을 만들어내는 태양의 힘, 불순물들을 쓸어내는 바람의 힘, 우리가 딛고선 대지에 활동하고 있는 고요한 생명력을 제외하고는 어떤 도움도 구하지 않으면서 인간 정신이 무엇을 성취해내는지를 보여줄 것이다.

그때가 되면 우리는 지구상의 한 지점에서 얼마나 다양한 직업들이 서로 협력하고, 혁명에 의해 활기차게 활동할 수 있는지를 알게 될 것이다. 이 직업들은 사람들에게 음식, 옷, 집을 제공해줄 것이고, 수많은 지성적인 사람에게 온갖 사치스러운 취미까지 제공해줄 것이다. 이것을 증명하기 위해서 우리가 허구를 지어낼 필요는 없다. 우리가 확신하고 있는 것, 이미 실험해보았던 것, 그리고 실제적이라고 인정된 것만으로도 충분히 혁명을 이뤄낼 수 있다. 만약 이 시도가 혁명의 대담한 격려와 민중의 자발적인 추진력으로 활기차고 풍요로워진다면 말이다.

1

정치경제학은 결정적으로 잘못된 원리로부터 모든 추론을 이끌어내고 있다는 비난을 종종 받는다. 잘못된 원리란, 인간으로 하여금 자신의 생산력을 증대시키게 만드는 유일한 동기는 가장 좁은 의미에서의 개인적 이익이라는 것이다.

그 비난은 전적으로 옳다. 왜냐하면 위대한 산업적 발견과 진정한 산업적 진보가 이루어진 시기는 모두가 행복하리라는 희망에 사람들이 고무되고, 개인적으로 부유해지는 것은 별로 생각하지 않았던 시기와 정확히 일치하기 때문이다. 위대한 과학자들과 위대한 발명가들은 무엇보다도 인류에게 보다 큰 자유를 가져다주려는 목적을 갖고 있었다. 만약 와트[108], 스티븐슨[109], 자카르[110] 같은 사람들이 자기들이 잠 못 이루고 보낸 밤들이 노동자들에게 어떤 비참한 상황을 가져왔는지를 미리 알 수 있었다면, 그들은 틀림없이 자기들의 설계도를 불 태워버렸거나 모형들을 부숴버렸을 것이다.

정치경제학에 널리 퍼진 또 다른 원리도 똑같이 잘못된 것 이다. 이 원리는 어떤 분야에서 종종 과잉 생산이 되는데도 불 구하고 사회에는 결코 모든 사람의 결핍을 채워줄 만큼 생산 이 충분하지 않다는 원리이다. 그리고 어느 누구도 임금을 받 으려고 자기 노동을 팔아야 할 필요가 없게 되는 날은 결코 오지 않으리라는 원리이다. 모든 경제학자는 일반적으로 이 원리를 암묵적으로 인정하고 있다. 이 암묵적 인정은 모든 이 론과 경제학자가 가르치고 있는 이른바 모든 '법칙들'의 기초 에서 발견할 수 있다.

그럼에도 개인들로 이루어진 문명화된 단체가 모두에게 필 요한 욕구와 그것을 충족시킬 수 있는 수단들이 무엇인지를 스스로 묻게 되는 날이 올 것이다. 그러면 그들은 농업에서와 마찬가지로 산업에서도, 이미 모두의 욕구를 충분히 충족시킬

---

108 와트(James Watt 1736-1819): 스코틀랜드의 엔지니어, 발명가. 증기 기관을 완성 했다.

109 스티븐슨(Georg Stephenson 1781-1848): 증기 기관차를 완성시켜 세계 최초로 기 차를 달리게 한 사람.

110 자카르(Jacquard 1752-1834): 프랑스 기술자이자 발명가로, 자카르 방직기를 발명 해서 프랑스 견직물 공업에 혁신을 가져왔다.

있는 수단들을 소유하고 있다는 사실을 알게 될 것이다. 진정한 욕구들을 충족시키기 위해 이 수단들을 어떻게 이용할지를 알고 있다는 조건에서 말이다.

산업과 관련해서 이것이 사실이란 점은 아무도 반박할 수 없을 것이다. 실제로 우리가 생산을 벌써 4배 이상 증가시킬 수 있었을 것이고, 그럼에도 지금 쓰고 있는 것보다 노동력을 덜 들일 수 있었을 것이라는 점을 깨닫기 위해서는 이미 활용되고 있는 과정들을 연구하는 것으로 충분하다. 즉, 석탄과 광물을 채굴하는 과정, 강철을 생산하고 활용하는 과정, 대규모로 의류를 제조하는 과정들 말이다.

더 나아가서 우리는 농업도 마찬가지 상황이라고 주장한다. 즉, 땅을 경작하는 사람들은 제조업자들과 마찬가지로 진작 자기들의 생산을 4배뿐만이 아니라 10배까지도 증가시킬 수 있었다. 그들은 그럴 필요를 느끼자마자 실제로 그렇게 할 수 있다. 현재의 자본주의적 제도 대신에 사회주의적 작업 체계가 세워지자마자 그렇게 할 수 있을 것이다.

농업에 대해 이야기할 때마다 사람들은 쟁기를 끄느라고 몸을 구부린 농부를 상상한다. 그 농부는 제대로 선별도 안 된 옥수수 씨앗을 아무렇게나 땅에 뿌리고는 좋고 나쁜 날씨에 따라 어떤 수확이 있을지를 마음 졸이며 기다린다. 또 사람들은 아침부터 밤까지 일하는 농부 가족이 그 결과로 얻는 것은 거친 잠자리, 마른 빵, 질 낮은 음료일 뿐이라고 생각한다. 한 마디로, 농부를 '미개인'으로 상상하고 있는 것이다.

그리고 이런 비참한 처지에 빠진 사람들에게 사회가 제공해줄 수 있는 최선의 구제책은 세금과 지대를 경감해주는 것이다. 하지만 대부분의 사회 개혁가들조차도 다음과 같은 농민을 떠올려보는 일에는 관심이 없다. 즉, 허리를 똑바로 펴고, 여가를 즐기며, 하루에 몇 시간만 일해서 자기 가족을 위한 충분한 식량을 생산할 수 있을 뿐 아니라 적어도 100명의 사람들에게 공급해줄 수 있는 식량을 생산하는 농민의 모습 말이다. 사회주의자들이 꿈꾸는 미래에 대한 가장 빛나는 꿈에서조차 미국의 대규모 조방농업[111] 이상으로 나아가지 못한다. 이런 농업은 결국 농업기술에서는 유아기에 불과한데도 말이다.

하지만 의식 있는 농부는 오늘날 더 폭넓은 아이디어들을 가지고 있다. 그가 구상하는 것은 그 규모가 훨씬 웅장하다. 한 가족이 먹을 만큼 충분한 채소들을 기르는 데는 1에이커보

---

111   조방농업: 자연의 힘에 많이 의존하고, 자본과 노동력을 적게 투입하는 대규모 농업. 집약농업의 반대 개념.

다 훨씬 작은 규모의 땅만이 필요하다. 25마리의 소를 먹이는 데도 이전에 한 마리를 키우던 땅 이상의 공간이 필요하지 않다. 그가 하려는 일은 토양을 비옥하게 만들고, 계절과 날씨를 크게 개의치 않고, 어린 작물들 주변의 공기와 땅을 따스하게 해주는 것이다. 한마디로, 예전에 50에이커에서 수확했던 것을 1에이커의 땅에서 생산하면서도 과거에 비해 총 노동량을 크게 줄여서 과도한 노동이라는 고역을 없애려는 것이다. 그 농부는 각자가 즐겁고 기쁘게 제공할 수 있는 시간 이상을 농사일에 쓰지 않으면서도, 모든 사람에게 식량을 제공할 수 있다는 사실을 아는 것이다. 이것이 현재 농업의 경향이다.

농화학의 창시자인 리비히(Liebig)[112]를 따르는 과학자들은 종종 단순한 이론들에 지나치게 열중해서 잘못된 방침을 시행하곤 했다. 반면에 별로 많이 배우지 못한 농부들은 번영으로 가는 새로운 길을 열어젖혔다. 파리, 트루아, 루앙의 마켓 가드너들[113], 영국과 스코틀랜드의 텃밭 정원사들, 플랑드르와 롬바르드 지방의 농부들, 영국 해협에 있는 저지 섬과 건지 섬의 농부들, 시실리 섬의 농부들은 우리의 정신이 쉽게 파

---

[112] 리비히(Justus von Liebig 1803-1873): 독일의 화학자로 클로로포름과 클로랄을 발견했다.

[113] 마켓가드너들: 시장에 내다팔 목적으로 채소나 과일 등을 재배하는 사람들.

악할 수 없을 정도로 아주 광대한 지평선을 열어주었다. 최근까지 농부 한 가족이 땅에서 생산하는 것으로 먹고살기 위해서는 최소한 17에이커에서 20에이커의 땅이 필요했고, 우리는 그들의 삶이 어떤지를 알고 있다. 하지만 집약농업으로 땅을 경작하게 되면, 농가에 필요한 모든 것을 생산하기 위해서 최소한으로 필요한 면적이 얼마인지조차 말할 수 없다. 심지어 사치품들까지 포함해서 농부 가족에게 필요한 모든 것이 계속 늘어날지라도 말이다.

20년 전에도 이미 다음과 같이 주장할 수 있었을 것이다. 즉, 영국이 아무것도 수입하지 않아도 3천만 명 정도는 국내에서 기른 것만으로 잘 살 수 있다고 말이다. 그러나 프랑스, 독일, 영국에서 최근에 이루어진 진보를 보면, 그리고 우리 앞에 열린 새로운 지평을 찬찬히 살펴보면, 우리는 이렇게 말할 수 있다. 이미 많은 곳에서 행하는 방식으로 땅을 경작한다면, 척박한 토양에서조차 5~6천만 명의 주민이 영국에서 살 수 있을 정도로 수확할 수 있다고 말이다. 그리고 이 정도의 수확량은 땅에서 이끌어낼 수 있는 것의 극히 일부에 불과하다고 말이다.

어떤 경우이든지(우리가 지금 보여주려는 경우처럼), 우리는 다음과 같은 가정을 완전히 입증된 것으로 여길 수 있다. 즉,

앞으로 파리와 파리 근교의 센과 센에투와즈 지역이 아나키스트 코뮌으로 스스로를 조직하게 된다면, 그들은 모두가 직접 일을 해서 자기들에게 필요한 모든 옥수수, 고기, 채소들을 생산할 수 있을 뿐만 아니라, 지금은 사치스럽게 여기는 채소들과 과일들 역시 모두에게 충분할 만큼 생산할 수 있을 것이다. 설령 전 세계가 그곳에 단 1부셸의 밀, 한 마리의 소, 한 바구니의 과일조차 보내지 않고, 오로지 그들이 알아서 살도록 내버려둔다고 해도 말이다.

그에 더해서 우리는 다음과 같은 점도 확실히 말할 수 있다. 즉, 이렇게 자급하는 데 드는 노동의 총량은 지금 이곳에 살고 있는 사람들을 먹이는 데 들어가는 노동의 총량보다 훨씬 적은 것이란 점이다. 현재 이곳 사람들에게는 오베르뉴와 러시아에서 수확된 곡물, 조방농업으로 여기저기에서 조금씩 생산되는 채소들, 그리고 남부 지역에서 자란 과일들이 필요하다.

그렇다고 우리가 모든 교환이 없어지길 바라는 게 아니란 점은 아주 분명하다. 또한 각 지역이 기후 때문에 약간은 인위적인 방식으로만 재배되는 것들을 생산하려고 애쓸 필요가 없다는 사실도 아주 자명하다. 그러나 다음과 같은 사실에는 주의를 기울여야 한다. 즉, 오늘날 이해되는 것과 같은 교환이론은 이상하리만큼 과장되어 있으며, 그런 교환은 대개 쓸모가 없거나 해가 되기까지 한다는 사실이다.

더 나아가 우리는 확실하게 주장한다. 사람들은 남부에서 포도를 재배하는 사람들이나 러시아와 헝가리에서 곡물을 재배하는 사람들의 막대한 노동에 대해서는 한 번도 제대로 생각해본 적이 없다고 말이다. 그들이 지금 하고 있는 과도한 노동은 현재의 조방농업 방법 대신에 집약 영농법을 받아들인다면 아주 많이 줄어들 것이다.

2

우리의 주장들을 뒷받침해주는 무수한 사실들을 여기서 모두 인용하기는 불가능하다. 그러므로 더 많은 정보를 얻고 싶은 독자들은 내가 쓴 다른 책《논밭, 공장, 작업장》●을 읽어보면 될 것이다.

어떤 농업이 가능할 수 있는지에 대해 아무런 실제적인 개념을 갖지 못한 대도시 주민의 경우, 우리는 그들에게 인근에 있는 시장용 채소들을 기르는 텃밭(마켓가든)을 조사해보길 권한다. 도시인들은 마켓가드너들을 잘 관찰하고 질문을 던져볼 필요가 있다. 그러면 그들 앞에 새로운 세계가 열릴 것이

● 이 책《빵의 쟁취》의 새로운 증보판은 토마스 넬슨과 그의 아들의 '실링 라이브러리' 시리즈로 출간되었다.

다. 그렇게 되면, 대도시 주민도 20세기에 유럽의 농업이 어떤 모습이 될지를 알 수 있을 것이다. 또한 그들은 땅으로부터 우리가 필요한 모든 것을 얻어내는 비밀을 알게 되었을 경우, 사회 혁명이 어떤 힘으로 무장할 수 있는지도 이해하게 될 것이다.

우리의 주장들이 결코 과장이 아니라는 점을 보여주기 위해서는 몇 개의 사실만으로도 충분할 것이다. 다만 몇 가지 일반적인 이야기만을 하려고 한다. 우리는 유럽의 농업이 얼마나 비참한 상황인지 알고 있다. 농부는 지주에게 수탈당하거나 아니면 국가에게 강탈당한다. 국가가 농부에게 세금을 적당히 부과할지라도, 고리대금업자가 약속 어음을 이용해서 그를 예속할 것이고, 곧이어 농부는 실제로는 금융회사가 소유한 땅을 단지 경작만 하는 단순 소작인이 되어버린다. 땅 주인, 국가, 은행가는 이런 식으로 지대, 세금, 이자를 이용해서 농부를 수탈한다. 농부들이 수탈당하는 총량은 각 나라마다 다르지만, 생산물의 4분의 1 이하는 결코 아니며, 생산물의 2분의 1까지 빼앗기는 경우도 허다하다. 아주 최근에 프랑스와 이탈리아 농부들은 총 생산량의 44퍼센트를 국가에 세금으로 지불했다.

게다가 땅 주인과 국가가 가져가는 몫은 계속해서 오르기만 한다. 농부가 뛰어나게 일을 잘하고, 발명 정신과 창의력을 발휘해서 보다 많은 수확을 하자마자 땅 주인, 국가, 은행가에게 지불해야 하는 대금도 그에 비례해서 증가할 것이다. 에이커 당 수확량을 두 배로 만들면 지대와 세금도 두 배가 된다. 그리고 국가는 농산물 가격이 올라가면 세금을 더 많이 걷을 궁리를 할 것이다. 계속 그런 식이다. 간단히 말해, 어디서나 농부는 하루에 12시간에서 16시간까지 일을 한다. 그러면 방금 말한 세 약탈자들은 농부가 저축할 수도 있었을 모든 것을 빼앗아간다. 그들은 어디에서나 농부가 자신의 경작 방법을 개선시키게 해주었을 것들을 도둑질해간다. 농업이 그토록 천천히 진보하고 있는 것은 바로 이런 이유 때문이다.

농부는 우연히 약간의 진보를 이룰 수 있을 뿐이다. 어떤 예외적인 지역에서 이들 세 흡혈귀들 사이의 싸움에 뒤따르는 대단히 예외적인 상황 아래에서 말이다. 그런데 우리는 모든 농부들이 제각기 제조업자에게 지불해야 하는 돈에 대해서는 아직 언급조차 하지 않았다. 모든 기계, 삽, 화학비료 등은 농부에게 원가보다 서너 배 더 비싸게 팔린다. 농산물의 가장 좋은 몫을 떼어가는 중간상인도 잊지 말아야 한다.

모든 발명과 진보의 시대인 19세기에도, 농업만은 아주 제한된 지역에서 이따금씩만 진보해나가고 있는 것은 바로 이런 이유 때문이다. 다행스럽게도 약탈자들이 얼마 동안 방치해놓은 작은 오아시스들이 언제나 있어 왔다. 그리고 이런 곳에서 우리는 집약농업이 인류를 위해 무엇을 생산해낼 수 있는지를 배운다. 몇 가지 실례들을 살펴보자.

미국의 대초원 지대(이곳에서는 에이커 당 고작 7부셸에서 15부셸 밖에 안 되는 빈약한 봄밀만을 수확하고 있으며, 이것조차도 주기적으로 일어나는 가뭄이 망쳐놓곤 한다)에서는, 단 8개월 동안 500명이 일해서 매년 5만 명이 1년 동안 먹을 식량을 생산한다. 최근 3년 간 이루어진 모든 진보에 힘입어 한 사람의 연간노동(300일)으로 생산한 수확물이 제분되어서 밀가루 형태로 시카고에 출하되는데, 매년 250명이 먹을 수 있는 양이다. 이런 결과는 육체노동을 아주 크게 절약함으로서 얻어진 것이다. 이 광활한 평원에서는 경운, 수확, 타작 등이 거의 군대식으로 조직되어 행해진다. 쓸데없이 왔다 갔다 하는 일도 없고 시간 낭비도 없다. 모든 작업이 군대의 열병식처럼 정확하게 이루어진다.

이것은 대규모로 행해지는 조방농업이다. 이 농업은 땅을 기름지게 할 방도를 찾지 않고 자연 그대로의 토양에서 수확을 얻는다. 땅이 내어줄 수 있는 모든 것을 산출하고 나면, 농부들은 어딘가 다른 미개간지를 찾아 떠나서 다시 그 땅을 고

갈시켜버린다. 하지만 이곳에서는 '집약' 농법도 역시 행해지고 있다. 이 영농법은 이미 행해지고 있으며, 기계 덕분에 앞으로는 더욱더 많이 행해질 것이다. 이 농법의 목적은 제한된 공간을 잘 경작하는 것이다. 즉, 땅에 거름이나 비료를 넣고, 땅을 개량하고, 집중적으로 작업해서 가능한 가장 많은 수확을 얻으려는 목적을 갖고 있다.

매년 이런 종류의 영농법이 널리 퍼지고 있다. 프랑스 남부와 미국 서부의 비옥한 대초원지대는 농부들이 조방농업으로 에이커 당 평균 11부셸에서 15부셸의 수확으로 만족하는데 비해, 프랑스 북부에서는 집약농법을 통해 에이커 당 보통 39부셸, 심지어는 55부셸, 때로는 60부셸까지 수확하고 있다. 따라서 4분의 1에이커보다 작은 땅에서 한 사람이 연간 소비하는 식량을 얻을 수 있다.

그리고 농업이 집약적인 것이 될수록 밀 1부셸을 생산하는데 드는 노동력도 줄어든다. 사전 준비 작업에서 기계가 인간을 대신해서 일하고, 배수로를 만들거나 돌을 골라내는 일처럼 땅에 필요한 개량을 하게 되면, 미래에는 수확량이 두 배로 늘어날 것이다. 이런 일이 일단 한번 행해지면 늘어난 수확량은 계속 유지될 것이다. 때로는 거름도 주지 않고 풀만 매주는 것만으로도, 평범한 토양에서 해마다 많은 수확을 얻기도 한다. 영국 동남부 하드포드셔의 로탐스테드에서는 40년간 줄곧 그런 방법으로 농사를 지어왔다.

하지만 농업에 대해 과장된 로맨스를 쓰지는 말고, 에이커 당 44부셸의 수확에 만족하기로 하자. 이 정도 수확을 얻는 데는 예외적으로 좋은 토양이 필요한 것이 아니고, 단지 합리적인 경작이 필요할 뿐이다. 이 말이 무슨 뜻인지를 살펴보자.

파리와 그 근교에 있는 센과 센에투아즈 지역에 사는 360만 명의 주민은 연간 약 2천 200만 부셸의 곡물, 주로 밀을 식량으로 소비한다. 우리의 이론에 따르면, 이 수확량을 얻기 위해서는 그곳의 1,507,300에이커의 땅 중에서 494,200에이커를 경작해야 한다.

그들이 삽을 들고서 그만한 땅을 전부 갈지는 않으리란 것은 분명하다. 그러면 그 일에 너무 많은 시간이 들 터인데, 에이커 당 하루 5시간씩 일해서 96일이나 필요할 것이다. 차라리 필요한 배수로를 만들어서 물을 빼고, 땅을 평평하게 고르고, 돌을 골라내는 일 등을 하는 식으로 한 번에 토양을 개량하는 편이 바람직할 것이다. 비록 경작할 땅 전체에 이런 사전 작업을 하는데, 하루 5시간씩 500만 일, 에이커 당 평균 10일이 걸린다고 해도 말이다.

그런 다음에 그들은 증기 경운기로 땅을 갈 것이고, 이 작

업을 하는 데 에이커 당 하루와 5분의 3일이 걸린다. 또 이단
쟁기로 일하는 경우에는 또 다른 하루와 5분의 3일이 필요할
것이다. 씨앗들은 손에 집히는 대로가 아니라 증기 선별기로
분류될 것이고, 사방으로 흩뿌려지는 것이 아니라 줄을 맞춰
조심스럽게 뿌려질 것이다. 그리고 좋은 환경에서 작업이 행
해진다면, 이 모든 일을 하는 데 에이커 당 하루 5시간씩 10일
에 약간 못 미치는 시간이 걸릴 것이다. 하지만 3년이나 4년
동안 훌륭한 경작 방법으로 1천만 일을 작업한다면, 나중에는
예전보다 반절만 일하고도 에이커 당 44부셸에서 55부셸의
수확을 얻을 수 있을 것이다.

이런 식으로 하면, 360만 명의 주민에게 빵을 제공하는 데
드는 노동은 하루 5시간씩 1천 500만 일을 쓰게 된다. 그리고
이 작업은 강철 같은 근육이 없는 사람이나 예전에 땅에서 일
해본 적이 없어도 모두가 할 수 있는 방식으로 행해질 것이
다. 작업을 주도하고 모두에게 분배하는 일은 농사를 잘 아는
사람들이 하게 될 것이다. 노동 그 자체는, 제아무리 몸이 약
한 도시의 남녀라도 기계를 다루지 못할 정도는 아닐 것이다.
그리고 몇 시간의 훈련을 거치면 자기 몫의 농사일을 해낼 수
있을 것이다.

그런데 파리와 같은 대도시가 지금 처해 있는 무질서 상태

에서는, 상류계급의 일하지 않는 사람들은 제외하고도 실업 상태에 있는 노동자가 약 10만 명 정도는 항상 있다. 이것을 고려한다면 우리는 다음의 사실을 알 수 있다. 지금의 제도 아래서 낭비되고 있는 노동력만 가지고 합리적인 경작을 한다면, 파리와 근교 두 지역을 포함한 300~400만 명의 주민에게 필요한 빵을 제공하기에 충분할 것이다.

되풀이해 말하지만, 이것은 터무니없는 꿈이 아니다. 그리고 우리는 진정한 집약농업에 대해서는 아직 제대로 이야기하지도 않았다. 우리는 (헬렛Mr. Hallett 씨가 3년간 실험해서 얻은) 특별한 밀 종자를 예로 들면서 의지하지도 않았다. 이 특별한 밀은 밀알 하나를 심으면 5~6천 알을 수확할 수 있고, 때로는 1만 알까지도 생산한다는 밀 종자이다. 이만한 수확량이면 120평방 야드의 면적에서 5인 가족에게 필요한 밀을 충분히 수확할 수 있다. 이와 달리, 우리는 단지 프랑스, 영국, 벨기에 등지에서 수많은 농부들이 이미 어떤 일들을 성취해내고 있는지를 이야기했을 뿐이다. 그리고 이미 대규모의 실험을 통해 얻은 경험과 지식으로 앞으로 어떤 일들을 해낼 수 있을지를 이야기했을 뿐이다.

그러나 혁명이 없이는, 내일도 모레도 이 일이 실행되는 것을 보지 못할 것이다. 왜냐하면 이 일은 토지 소유자들과 자본가들한테 이익을 주는 것이 아니기 때문이다. 그리고 이 일이 자신들에게 유익하다는 사실을 알게 될 농민들한테는 그 일을 추진하기 위해 필요한 지식도 없고, 돈도 없고, 시간도 없기 때문이다.

오늘날의 사회는 아직 이 단계에 도달하지 못하고 있다. 하지만 파리 시민이 아나키스트 코뮌을 선언하도록 하자. 그러면 그들은 필연적으로 이 단계에 도달할 것이다. 왜냐하면 그들은 사치스러운 장난감(빈, 바르샤바, 베를린에서도 그것들을 잘 만들고 있다)들을 계속 만들어내다가 빵도 없이 남겨질 위험을 무릅쓸 만큼 어리석은 사람들이 아니기 때문이다. 더욱이 농업노동은 기계의 도움으로 곧 모든 직업 중에서 가장 매력적이고 즐거운 일이 될 것이다.

"우리에게는 충분한 보석들과 충분한 인형 옷들이 있다."

그들은 말할 것이다.

"지금이야말로 노동자들이 농사 일을 하며 힘을 회복하고, 활기를 되찾고, 자연이 주는 감명을 되찾고, 삶의 즐거움을 찾을 수 있는 가장 좋은 시기이다. 이것들은 도시 변두리에 있는 어두컴컴한 공장들에서는 잊어버리고 있던 것들이다."

중세시대에 스위스가 영주들과 왕들을 쫓아낼 수 있었던 것은 총이 아니라 알프스의 목초지 덕분이었다. 현대 농업은

반란이 일어난 도시가 부르주아들의 연합 세력으로부터 자유
로워지도록 해줄 것이다.

3

우리는 파리와 근교 두 개 지역에 사는 350만 명의 주민이 어떻게 그 지역 땅의 3분의 1만을 경작해서 충분한 빵을 얻을 수 있는지를 알아보았다. 이제는 가축으로 넘어가보자.

고기를 많이 먹는 영국인들은 1년에 성인 한 사람당 평균 220파운드보다 약간 적은 양의 고기를 소비하고 있다. 그 고기를 모두 소고기라고 가정해보면, 황소 3분의 1마리에 조금 못 미치는 양이다. (어린이들을 포함한) 5인 가족에게는 1년에 황소 한 마리면 비교적 충분하다. 그러면 인구 350만 명의 연간 고기 소비량은 70만 마리가 된다.

오늘날의 목장 시스템에서는 66만 마리의 소를 기르는 데 적어도 500만 에이커가 필요하다. 소 한 마리당 9에이커가 필요한 것이다. 그렇지만 샘물에 의해 물이 알맞게 공급되는 초원 지대(최근에 프랑스 남서부에서 수천 에이커가 이런 초원이다.)에서는 125만 에이커면 충분하다. 하지만 집약농업을 적용해서 사료용으로 비트를 기른다면, 그 면적의 4분의 1인 31만 에이커면 충분할 것이다. 그리고 아랍인들처럼 옥수수를 사료로 쓰고, 사일로에 목초를 저장하는 방법(목초가 푸른 상태일 때 압착하는 방법)을 쓰면, 21만 7천 500에이커만 가지고도 사료를 생산할 수 있다.

이탈리아 밀라노 교외지역에서는 하수도 물을 이용해서 들판에 물을 대는데, 이런 식으로 2만 2천 에이커의 들판에서 에이커 당 두세 마리의 소를 먹일 수 있는 건초를 수확하고 있다. 조건이 좋은 들판에서는 10에이커 당 177톤의 건초가 수확되는데, 이것은 젖소 36마리의 1년 여물이 되는 양이다. 지금의 목장 시스템에서는 소 한 마리당 거의 9에이커가 필요한 반면, 새로운 시스템에는 9마리의 황소나 젖소를 기르는 데 2.5에이커면 충분할 것이다. 이것들은 현대 농업의 양극단을 보여준다.

영국 해협에 있는 건지 섬에서는 경작되고 있는 총 9,884에이커의 땅 중 거의 절반가량(4,695에이커)에 곡물을 심거나 텃밭 채소들을 기르고 있다. 목초지로 남아 있는 것은 단 5,189에이커뿐이다. 이 목초지에서 1,480마리의 말, 7,260마리의 소,

900마리의 양, 4,200마리의 돼지들을 기르는데, 양과 돼지를 계산에 넣지 않더라도 2에이커 당 3마리 이상의 소와 말들을 기르는 셈이다. 이곳의 땅이 비옥한 것은 해초들과 화학비료를 넣어주었기 때문이라는 건 두말할 나위가 없다.

파리와 그 주변에 살고 있는 350만 명의 주민으로 되돌아가면 가축들을 기르는 데 필요한 땅을 지금의 500만 에이커에서 19만 7천 에이커로 줄일 수 있다는 결론이 나온다. 그렇다면 최소한의 면적을 택하지 말고 일반적인 집약농법을 이용했을 때 나오는 면적을 채택해보자. 소를 대신하는 좀 더 작은 가축들에게 필요한 땅을 넉넉하게 더해서 가축을 기르는 데 39만 5천 에이커를 쓸 수 있도록 하자. 만약 그러고 싶다면 식량을 재배하는 데 필요한 땅을 제외한 나머지 땅에서 가축용으로 49만 4천 에이커를 쓸 수 있게 해도 된다.

이 땅을 생산적인 상태로 만들기 위해서 노동하는 날을 넉넉하게 500만 일로 잡아보자. 그러면 1년 동안 하루 5시간씩 2천만 일을 노동하고 그 중 절반은 영구적인 토양 개량 작업을 하는 데 쓰더라도, 우리는 필요한 빵과 고기를 확실히 얻을 수 있다. 가금류, 돼지, 토끼 등에서 얻는 여분의 고기를 계산에 포함시키지 않더라도 말이다. 또 품질 좋은 채소와 과일들을 먹을 수 있는 사람들은 영국인들보다 고기를 덜 먹게 된다는 점을 고려하지 않아도 그렇다. 영국인들은 야채가 빈약하게 공급되기 때문에 육류 음식으로 양분을 보충하는 사람들이다. 그렇다면, 하루 5시간씩 2천만 일의 노동하는 날을 파리와 주변 두 지역에 사는 각각의 주민에게 나누면 얼마나 될까? 실제로 아주 조금이다.

350만의 인구 중에는 노동할 수 있는 성인 남녀가 적어도 120만 명은 있기 마련이다. 그렇다면 모든 사람에게 빵과 고기를 제공하는 데 필요한 노동일은 한 사람이 1년에 하루 5시간씩 17일만 일하면 된다. 원한다면, 우유를 얻기 위해 300만 노동일이나 그 두 배의 노동일을 추가할 수 있다. 그렇게 해도 빵, 고기, 우유라는 3가지 주요 식품을 얻는 데는 반나절 노동으로 25일밖에 걸리지 않는다. 사실 이 정도 일하는 것은 시골에서 하는 가볍고 즐거운 일에 불과하다. 이 세 가지 식품은 주택 문제와 함께 지금 사람들의 10분의 9가 매일 걱정하고 있는 문제이다.

그럼에도 우리가 지치지 않고 계속 되풀이하는 말이지만 이것들은 터무니없는 망상이 아니다. 우리는 오직 대규모 실험으로 얻었고, 얻어지고 있는 것만을 이야기하고 있을 뿐이다. 만일 사유재산에 관련된 법률들과 일반적인 무지로 인한 방해만 없다면 농업은 이런 식으로 재조직될 수 있는 것이다.

파리 시민이 자신들이 무엇을 먹고 있고, 이것들이 어떻게 생산되는지를 아는 것이 공공의 관심사와 관련된 문제임을 이해하게 되는 날, 그리고 이 문제가 지금 의회에서 벌어지고 있는 논쟁들보다 훨씬 중요하다는 사실을 모든 사람들이 이해하게 되는 날, 그날이 오면 혁명은 현실에서 달성될 것이다. 파리 시는 인근 두 개 지역을 손에 넣고 경작할 것이다. 그렇게 되면, 형편없고 불충분한 음식을 사기 위해서 인생의 3분의 1을 노동해왔던 파리의 노동자들은 이제 식량을 직접 생산할 것이다. (만일 그런 것이 여전히 있다면) 도시를 둘러싼 성벽 안에서 몇 시간의 건강하고 매력적인 노동을 하면서 말이다.

이제 과일과 채소로 넘어가보자. 파리 외곽으로 나가서 시장에 내다팔 채소들을 기르는 마켓가드너들의 재배지를 방문해보자. 학자들이 있는 아카데미들에서 몇 마일 떨어지지 않은 곳에서 그들은 (경제학자들이 무시하고 있는) 놀라운 일들을 성취해내고 있다.

가령, 시장 판매용 채소 재배에 관한 책의 저자인 퐁스 씨를 방문한다고 가정해보자. 그는 땅이 생산해주는 것들을 전혀 숨기지 않고 예전부터 계속 책으로 펴내고 있는 사람이다. 퐁스 씨와 특히 그의 일꾼들은 쉬지 않고 일하고 있다. 3에이커가 채 안 되는(2.7에이커의) 작은 땅을 8명이 경작하고 있다.

그들은 하루에 12시간을 일하고, 심지어는 15시간 동안 일하기도 한다. 말하자면, 이상적이라고 여겨지는 시간보다 3배나 많이 일하고 있는 것이다. 이상대로라면 적어도 24명 정도가 일해야 한다.

이에 대해서 퐁스 씨는 아마도 이렇게 대답할 것이다. 2.7 에이커의 토지 임대료로 1년에 내야 하는 총 100파운드, 병영에서 사오는 비료 대금 100파운드 때문에, 노동자들을 착취할 수밖에 없다고 말이다. 그는 틀림없이 "착취당하고 있기 때문에, 나 역시 착취하고 있다"라고 대답할 것이다. 재배 시설을 설치하는 데도 1천 200파운드가 들었는데, 분명 그 돈의 절반 이상은 공장을 운영하는 게으른 산업귀족들이 차지했을 것이다. 사실, 이런 재배 시설은 최대한으로 잡아도 3천 일의 노동일만 들이면 설치할 수 있고, 아마도 그보다 더 적은 일수가 필요할 것이다.

그러나 그의 수확물을 살펴보기로 하자. 당근 약 10톤, 양파 약 10톤, 무와 작은 채소들, 6천 통의 양배추, 3천 개의 콜리플라워, 5천 바구니의 토마토, 최상품 과일 5천 다스, 샐러드용 잎채소 15만 4천 개를 수확하고 있다. 간단히 말해, 가로가 109야드이고 세로가 120야드인 2.7에이커의 땅에서 총 123톤의 채소와 과일이 나오는 것이다. 즉, 에이커 당 44톤 이상의 수확을 올리고 있다.

하지만 한 사람이 1년 동안 먹는 채소와 과일의 양은 660파운드를 넘지 않는다. 그리고 2.5에이커의 시장용 채소밭은 1년 동안 어른 350명의 식탁에 채소와 과일을 풍성하게 공급할 수 있다. 그러므로 2.7에이커를 경작하기 위해서 1년 동안 고용된 24명은, 하루에 5시간만 일하고도 350명이 먹을 채소와 과일을 충분히 생산할 수 있다. 그리고 이 숫자는 최대 500명까지 늘어날 수 있다. 바꾸어 말하면, 퐁스 씨처럼 경작하는 경우(그의 수확량은 이미 추월되었지만), 350명의 어른들이 각자 1년에 100시간이 좀 넘는 시간(103시간)을 일하게 되면, 500명이 필요로 하는 채소와 과일을 생산할 수 있다.

이런 생산이 예외적인 경우가 아님을 이야기하고 싶다. 파리 시 성벽 안에 있는 2천 220에이커의 땅에서 마켓가드너 5천여 명이 이런 식으로 생산을 하고 있다. 단지 오늘날 이 마켓가드너들은 에이커 당 평균 32파운드의 지대를 내기 위해서 어쩔 수 없이 고달프게 일해야 하는 처지에 빠져 있을 뿐이다.

그렇지만 누구나 증명할 수 있는 이러한 사실들은, (남아 있는 51만 9천 에이커 중에서) 1만 7천 300에이커의 땅에서 파리와 인근 두 지역의 350만 모든 주민에게 필요한 채소들을 충분히 공급할 수 있음을 입증하고 있지 않은가? 뿐만 아니라 이 지역의 주민이 먹을 과일까지 넉넉하게 공급할 수 있다는 사실도 증명하고 있다.

이만한 양의 채소와 과일을 생산하는 데 필요한 노동의 양을 살펴보자. 지금 파리에서 경작하는 마켓 가드너의 평균 노동량을 기준으로 계산해보면, 하루 5시간씩 5천만 노동일(성인 남성 한 사람당 50일)이 필요할 것이다. 그러나 영국 해협에 있는 저지 섬과 건지 섬에서 행하고 있는 방식을 따른다면, 노동 일수를 훨씬 줄일 수 있다. 우리가 기억해야 하는 것은, 파리의 마켓가드너들은 제철보다 이르게 나오는 값비싼 채소와 과일들을 생산하기 위해서 아주 힘들게 일할 수밖에 없다는 사실이다.

이런 재배 시스템은 보통 먹는 채소와 과일을 기르는 데 필요한 것보다 더 많은 노동이 든다. 또한 이들은 터무니없는 임대료를 지불해야 하기 때문에 그런 것들을 재배할 수밖에 없다는 점을 기억해야 한다. 게다가 파리의 마켓가드너들은 자기들 밭에 막대한 경비를 쓸 돈이 없는데도 유리, 목재, 철, 석탄에 많은 돈을 지불해야 하고, 퇴비로부터 인위적으로 열을 얻어야 한다. 그러나 온실을 설치한다면 비용이 훨씬 적게 들 것이다.

4

말하자면, 마켓가드너들은 놀라운 수확량을 얻기 위해서 어쩔 수 없이 기계처럼 일하면서 삶의 온갖 즐거움들을 포기하고 있다. 그러나 몹시 힘겹게 일하는 이 사람들은 흙을 '만들어낼 수 있음'을 우리에게 알려줌으로써 인류에게 크나큰 공헌을 했다. 그들은 퇴비에서 나오는 열을 가지고 어린 모종들과 묘목들에게 필요한 열을 앞서서 제공하는 옛날식 거름더미 온상으로 흙을 만든다.[114] 그리고 그들은 이런 온상용 흙을 아주 많이 만들기 때문에 일부는 팔아야 할 정도이다. 그렇지 않으면 그들 밭의 흙 높이가 매년 1인치씩 높아질 것이다.

---

[114] 거름더미로 퇴비를 만드는 것을 뜻한다. 미생물에 의해 유기물이 분해될 때 나오는 자체적인 열로 거름더미가 잘 분해되면 검은색 '퇴비'가 되는데, 크로포트킨은 이것을 "흙을 만든다"라고 표현하고 있다.

그들이 이 일을 워낙 잘해내고 있어서(바랄Barral은 자기가 쓴 〈농업 백과사전〉 중 '마켓가드너'를 다루는 항목에서 이 사실을 알려주고 있다), 최근 계약에서는 자신이 경작하던 땅을 떠날 때는 자기가 만든 흙을 가져갈 수 있다고 명시하고 있을 정도이다. 가구나 유리 액자 등과 함께 짐마차에 실려 가는 비옥한 양토, 바로 이것이 리카도 같은 학자들의 논문에 대한 실제적인 원예가들의 대답이다. 리카도는 지대나 소작료가 땅에서 얻는 자연적인 이익을 균일하게 분배하는 수단이라고 주장한 경제학자이다. 반면 우리의 원예가들의 신조는 이것이다.

"사람이 가치가 있는 만큼 토양도 가치가 있다."

그럼에도 파리나 루앙의 마켓가드너들은 건지 섬이나 영국의 동료들과 똑같은 결과를 얻기 위해서 3배나 더 많은 일을 하고 있다. 산업을 농업에 응용한 건지 섬 같은 곳들에서는 아주 최근에 온실을 이용해서 흙뿐만이 아니라 기후까지 만들어내고 있다. 50년 전에 온실은 부자들의 사치품이었다. 온실은 심심풀이 오락용으로 이국적인 식물들을 기르는 곳이었다. 그러나 오늘날에는 온실 활용이 일반화되고 있다. 최근 건지 섬과 저지 섬에서는 엄청난 산업이 성장하고 있는데, 그곳 수백 에이커는 벌써 유리로 덮여 있고, 작은 농장들마다 갖추고 있는 수많은 작은 온실들은 말할 것도 없다. 런던 근교인 워딩에서도 최근 규모가 큰 유리온실들이 많이 세워지고 있고, 영국과 스코틀랜드의 다른 몇몇 곳들에서도 그러하다.

온실은 온갖 재료들로 지어진다. 화강암으로 벽을 세운 온실에서부터 널빤지와 유리 틀로 만든 간단한 오두막 같은 온실까지 다양하다. 유리로 덮인 온실을 짓는 비용은 비록 자본가들과 중간상인들에게 지불하는 각종 터무니없는 돈을 포함해도, 평방 야드 당 3실링 6펜스 이하이다. 대부분의 온실들은 매년 적어도 3~4개월 동안은 난방을 해주어야 한다. 그러나 전혀 난방을 하지 않는 온실일지라도 훌륭한 결과물을 내놓는다. 물론 그런 곳에서 포도나 열대 식물들을 기르지는 못하겠지만, 그래도 감자, 당근, 콩, 토마토 등은 잘 기를 수 있다.

이런 식으로 인간은 기후로부터 스스로를 해방시켰다. 동시에 온상 덕분에 힘든 노동 역시 피하게 되었고, 비료를 사는 비용과 작업 비용을 줄이게 되었다. 에이커 당 3명이 일하고, 각자가 일주일에 60시간 이하로 일을 하게 되면, 예전에는 몇 에이커의 땅이 필요했던 수확량을 아주 작은 면적에서 얻을 수 있다. 경작 방법에서 최근에 이루어진 이 모든 성취의 결과로, 도시에 사는 성인의 절반 정도가 제철에 나오는 품질 좋은 과일과 채소를 경작하는 일에 대략 하루 반나절씩 60일간만 일하면, 모든 사람들이 먹을 수 있는 갖가지 과일과 채소들을 무제한으로 공급할 수 있을 것이다.

그러나 주목해야 할 보다 중요한 사실이 있다. 오늘날의 온실은 유리지붕 아래에 있는 단순한 가정용 텃밭이 되어가는 경향이 있다. 온실을 이러한 목적으로 사용하는 경우, 나무판자와 유리로 만든 가장 단순한 온실, 난방을 하지 않는 오두막 같은 온실들도 아주 놀라운 수확을 가져다주고 있다. 가령, 4월말에는 첫 수확으로 에이커 당 500부셸의 감자를 얻을 수 있다. 그 다음에는, 여름에 유리지붕 아래의 아주 높게 유지되는 온도에서 두 번째와 세 번째 수확을 하는 식이다.

나는 이런 식으로 이루어지고 있는 실례들 중에서 가장 놀라운 것들을 내 책 《논밭, 공장, 작업장》에서 이야기했다. 여기서는 다음과 같은 사실을 말하는 것으로 충분할 것이다. 즉, 저지 섬에서는 고작 한 사람의 숙련된 정원사가 포함된 34명이 온실이 설치된 13에이커에서 재배를 하는데, 그곳에서 그들은 이 특별한 재배법으로 천 톤 이하의 석탄을 써서 143톤의 과일과 일찍 출하되는 채소들을 생산하고 있다는 사실이다. 이 방법은 지금 건지 섬과 저지 섬에서 대규모로 행해지고 있으며, 수많은 기선들이 오로지 온실에서 얻은 수확물들을 수송할 목적으로 영국과 건지 섬 사이를 오가며 운항하고 있다.

오늘날 우리는 똑같은 500부셸의 감자를 얻기 위해 매년 4 에이커의 땅을 파서 일구고, 심고, 기르고, 잡초를 뽑는 등의 일을 해야 한다. 반면에 온실에서는, 아마도 처음에는 온실을 세우기 위해 평방 야드 당 반나절의 노동을 해야 하긴 하겠지만, 나중에는 예전에 필요했던 1년 노동량보다 절반, 어쩌면 4 분의 3까지 절약할 수 있을 것이다. 지금까지 말한 것들은 사실이고, 누구나 직접 증명해볼 수 있는 결과들이다. 그리고 이 사실들은 사람이 땅을 합리적으로 다룬다면, 그로부터 얻을 수 있는 것이 무엇인지에 관한 암시가 되고 있다.

5

위에서 우리가 말한 모든 것은, 실제 실험을 이미 통과한 것을 근거로 한 논의들이다. 논밭에서의 집약농업, 물을 공급받는 목초지, 온실, 마지막으로 유리 덮개가 있는 가정용 텃밭은 모두 실제로 시행되고 있는 현실이다. 게다가 요즘 이 경작 방법들이 널리 퍼져가고 있고 보편화되는 추세이다. 이 방법들을 쓰면 더 적은 노동을 들여서 확실하게 더 많은 수확을 얻을 수 있기 때문이다.

사실, 건지 섬의 가장 단순한 유리 온실들을 연구하고 나서 우리는 다음과 같은 사실을 확실히 말할 수 있게 되었다. 즉, 4월에 유리 온실에서 감자를 기르는 데 드는 노동은 대체로 노지에서 같은 양의 감자를 기를 때 필요한 노동보다 훨씬 적게 든다는 사실이다. 노지에서 감자를 기르려면 4배나 넓은 땅을 파고, 물을 주고, 김을 매는 등의 노동을 해야 하기 때문이다. 마찬가지로 우수한 농기구나 기계를 이용해도 노동을 절약할 수 있다. 그런 농기구를 사느라고 처음에는 비용을 들여야 할지라도 말이다.

유리온실에서 보통의 채소들을 기르는 일과 관련된 종합적인 자료는 여전히 부족한 상태이다. 이 재배 방법은 최근에 시작되었고, 오로지 작은 지역들에서만 행해지고 있기 때문이다. 그렇지만 50여 년 동안 일찍 출하되는 포도를 재배해온 방법에 관련된 자료들은 이미 갖고 있으며, 이 자료들은 아주 결정적이다.

스코틀랜드와 국경을 맞대고 있는 영국 북부의 탄광 부근에서는 석탄 가격이 톤당 3실링밖에 안 하는데, 이곳 사람들은 오래 전부터 온실을 이용해서 포도 재배를 해왔다. 30년 전에 이 포도는 1월에 익어서 파운드 당 20실링에 팔렸고, 나폴레옹 3세의 식탁에 오를 때는 파운드 당 40실링에 다시 팔렸다. 오늘날에는 같은 재배가가 이 포도를 파운드 당 겨우 2실링 6펜스에 팔고 있다. 그는 원예학 잡지에서 이렇게 말하고 있다. 가격이 하락하는 이유는 엄청난 양의 포도가 1월에 런던과 파리에 도착하고 있기 때문이라고 말이다.

값싼 석탄 가격과 합리적인 영농법 덕분에, 지금은 북쪽에서 생산된 포도가 남쪽으로 이동하고 있다. 이것은 보통 과일들이 남쪽에서 생산되어 북쪽으로 이동하는 방향과 정반대이다. 5월에는 포도 재배에 비용이 거의 들지 않기 때문에 영국과 저지 섬에서 온 포도들은 파운드 당 8펜스에 팔린다. 그럼에도 30년 전에 팔리던 40실링과 마찬가지로 이 가격도 오로지 생산이 둔화되었을 때에만 유지된다.

3월에는 벨기에산 포도가 6펜스에서 8펜스의 가격으로 팔린다. 반면 10월에는 런던 근교의 온실에서 인공적인 난방을 아주 약간만 해서 기른 막대한 양의 포도가 스위스와 라인 강지역의 포도원에서 팔리는 것과 같은 가격으로 팔린다. 아주싼 가격으로 팔린다는 뜻이다. 그렇지만 아직도 포도 재배에는 실제 팔리는 가격에 3분의 2이상의 비용이 든다. 그 이유는 과도하게 높은 토지 임대료 때문이다. 그리고 제조업자들과 중간상인들이 떼어가는 만만치 않은 시설비용과 난방비용도 있다.

이런 점들을 이해한다면, 우리는 이렇게 말할 수도 있다. 가을에 안개가 많이 끼는 런던과 그보다 위도가 아래인 지역에서 달콤한 포도를 먹기까지는 "거의 돈이 들지 않는다"라고 말이다. 가령, 런던 근교의 우리가 살던 시골집에 잇대어서 만든 온실은, 유리와 회반죽으로 된 길이 9피트 10인치, 넓이 6

피트 50인치 크기의 볼품없는 오두막 같은 곳이었다. 이곳은 9년 동안 계속해서 10월에 약 50파운드의 아주 향기로운 포도를 우리에게 제공해주었고, 수확은 주로 6년생 함부르크 종 포도나무에서 나왔다.

이 오두막 같은 온실은 비가 새어 들어올 정도로 형편없는 곳이었다. 밤에는 기온이 항상 바깥 기온과 같았다. 난방을 하는 경우도 단연코 없었는데, 길거리에다 난방을 하는 것만큼이나 아무 소용없는 일이기 때문이다! 우리가 기울인 관심은 매년 30분의 시간을 들여서 포도 가지를 전지해주고, 손수레한 대분의 거름을 날라다가 온실 밖의 붉은 점토에 심어진 포도나무 밑동 위에 쏟아주는 것이 전부였다.

다른 한편으로, 만약 라인 강과 스위스 레만 호수가 만나는 지역에서 포도 재배에 기울여야 하는 노동의 양을 측정할 수 있다면, 그러니까 언덕들의 경사면에 수많은 돌들을 쌓아서 만든 계단식 밭, 퇴비를 운반해 와서 역시 300~400피트 높이에 있는 곳까지 나르는 일 등을 생각해본다면, 우리는 이런 결론을 내리게 된다. 스위스나 라인 강변에서 포도를 재배하는 데 들어가는 전체 노동 비용은, 런던 근교의 유리 덮개 아래서 기르는 비용보다 상당히 많이 든다고 말이다.

이 결론이 역설적으로 보일지도 모른다. 왜냐하면 포도나무는 남부 유럽에서 자라고, 그곳의 포도 재배 농부들의 노동에는 거의 비용이 안 든다는 것이 일반적인 믿음이기 때문이다. 하지만 정원사들과 원예가들은 우리의 주장을 반박하기는 커녕 더욱 분명하게 확증해주고 있다. 19세기에 '영국 원예학 잡지'의 편집자였고, 실제로 가드너였던 어떤 사람은 "영국에서 가장 유리한 재배는 포도 재배이다"라고 쓰고 있다. 알다시피 가격이 이 사실을 설득력 있게 말해주고 있다.

이런 사실들을 코뮌주의적인 언어로 옮겨보면, 우리는 확실히 다음과 같이 말할 수 있다. 어떤 남자나 여자가 1년 동안의 자기 여가시간에서 20시간을 포도 재배라는 대체로 꽤나 즐거운 몇 가지 사소한 돌봄을 해준다면, 즉 유럽의 어떤 기후든지 상관없이 간단한 유리 덮개를 해서 두세 그루의 포도나무를 보호해준다면, 그 사람은 가족과 친구들이 먹을 만큼 많은 포도를 딸 수 있을 것이라고 말이다. 그리고 이 사실은 포도나무뿐만이 아니라 다른 모든 과일나무들에도 마찬가지로 적용된다. 코뮌은 집약농법을 대규모로 실시할 것이다. 코뮌의 주민은 각자 일 년에 대략 10시간 이상을 일하지 않고도 토착종이든 외래종이든 온갖 가능한 채소들과 갖가지 탐스러운 과일들을 얻을 것이다.

사실, 위에서 이야기한 것들을 직접 실험해서 실제로 증명하는 것보다 더 쉬운 일은 없다. 경운하기 좋은 비옥한 토양 (영국 근교 워딩에서 보았던 토양)으로 이루어진 땅 100에이커가 수많은 마켓가든으로 전환되었다고 가정해보자. 각각의 밭들은 새싹들과 어린 묘목들을 기르기 위한 온실들을 갖추고 있다. 그리고 또 다른 50에이커의 땅에도 온실이 지어져 있으며, 전체 작업을 조직하는 일은 실제적이고 경험 많은 프랑스의 야채 재배가, 건지 섬 이나 워딩의 온실 원예가들이 맡고 있다고 가정해보자.

저지 섬에서 이 150에이커를 관리하는 일에는 에이커 당 평균 3명이 유리온실에서 일해야 한다. 즉, 1년에 약 8천 600시간의 노동이 들어간다. 이걸 기초로 하면, 150에이커에는 약 130만 시간이 필요하다. 50명의 유능한 원예가들이 하루 5시간씩 노동을 제공하고, 나머지 일은 전문 원예가가 아닌 사람들이 하게 된다. 이들도 곧 삽을 쓰는 법과 식물을 다루는 법을 배우게 될 것이다. 그러나 우리가 앞에서 살펴보았듯이, 이 작업으로 최소한 4~5만 명이 먹을 과일과 채소들을 생산해낼 수 있다. 꼭 필요한 채소와 과일들뿐만이 아니라 특별한 날에 먹는 약간 호사스런 것들도 생산해낼 수 있다. 이 사람들 중에 1만 3천 500명의 어른이 기꺼이 텃밭에서 일하려고 한다고 가정해보자. 그리고 각자는 100시간을 1년에 걸쳐서 일할 수 있다. 이 정도의 노동 시간은 아름다운 정원에서 친구들과 아이들과 함께 보내는 유쾌한 오락 시간이 될 것이다. 그리고 그 정원은 아마도 전설 속에 나오는 세미라미스[115] 여왕의 정원보다 더 아름다울 것이다.

이것이 바로 우리가 작성해야 할 균형 잡힌 노동의 대차대조표이다. 오늘날 우리에게 부족한 과일을 실컷 먹을 수 있도록 하기 위해서, 그리고 채소들을 풍성하게 먹기 위해서 말이다. 오늘날 주부들은 신중하게 이런 과일과 채소들을 가족들에게 나눠주고 반 페니까지 꼼꼼히 계산해야 하지만, 결국 그 돈은 자본가들과 지주들을 부유하게 해줄 뿐이다. 다만 인류가 그것을 '할 수 있다(CAN)'는 점을 자각하기만 한다면, 그리고 그 자각이 인류에게 '할 것이다(WILL)'는 힘을 부여해줄 수만 있다면 얼마나 좋을까! 더불어 인류가 정신적인 비겁이야말로 지금까지 모든 혁명을 난파시켜온 암초라는 사실을 알기만 한다면 얼마나 좋을까!

---

115   세미라미스(Semiramis): 바빌론을 처음 세웠다고 전해 내려오는 기원전 9세기 아시리아의 여왕. 미모와 지혜와 호색으로 유명하다.

6

우리는 사회 혁명이 일어나기 전에 새로운 지평이 열리는 것을 쉽게 감지할 수 있을 것이다. 우리가 혁명을 이야기할 때마다, 먹을 것이 부족한 자기 아이들을 바라보던 노동자의 얼굴은 어두워지고, 이렇게 묻는다.

"빵에 대해서는 어떻게 생각하시오? 모든 사람이 먹고 싶은 만큼 먹는 데도 빵이 충분하겠소? 만일 반동 세력의 무지한 도구가 될 농민들이 우리 도시를 굶주리게 만든다면, 마치 1793년 프랑스에서 블랙밴드[116]들이 그랬던 것처럼 우리를 굶주리게 만든다면, 어떻게 해야 합니까?"

그들이 맘대로 무슨 짓이든지 하라고 내버려두자. 대도시

116 　블랙밴드: 프랑스 대혁명 후 식량 등을 매점매석했던 투기자들 집단.

들은 그들 없이도 살아나갈 수 있어야 할 것이다. 그리고 오늘날 작은 작업장과 공장들에서 거의 질식 상태로 노동하고 있는 수많은 노동자들이 자유를 되찾게 되는 날에는 무슨 일을 하게 될까? 혁명 후에도 그들이 계속 공장에 갇혀 있을 것인가? 다른 것으로 대체할 방법도 없는 상태에서 비축해놓은 식량과 곡식들이 바닥을 드러내고, 고기가 부족해지고, 채소들도 구경하기 어려워지고 있음을 아는데, 그들이 수출용 사치품들이나 계속 만들고 있을까?

분명히 아닐 것이다. 그들은 도시를 떠나 논밭으로 갈 것이다! 우리 가운데 가장 연약한 사람도 기계의 도움을 받으면서 온 힘을 다해 일할 것이다. 그리고 그들은 우리의 제도와 사상에 혁명을 가져왔듯이 예전에 노예 상태였던 경작 방법에도 혁명을 가져올 것이다. 수백 에이커의 땅이 유리온실로 뒤덮일 것이고, 섬세한 손을 가진 남자와 여자들은 어린 식물들이 잘 자라도록 돌볼 것이다. 또 다른 수백 에이커는 증기 경운기로 땅을 갈 것이고, 거름을 넣어 땅을 개량하거나, 바위를 분쇄해서 인위적으로 만든 흙을 넣어서 땅을 비옥하게 만들 것이다.

이따금씩 노동을 하는 행복한 무리들은 실험을 하고 일을 하면서 이 땅을 농작물들로 뒤덮을 것이다. 그들은 농업을 잘 아는 사람들의 안내를 부분적으로 받겠지만, 무엇보다도 긴 잠에서 깨어나서 모든 사람의 행복이라는 밝은 횃불에 환히 빛나는 민중의 위대하고 실천적인 정신으로 그런 일들을 할 것이다.

그리고 2~3개월이 지나서 일찍 수확하는 것들은 가장 절실하게 필요한 사람들에게 주어질 것이고, 그 다음에는 민중에게 식량을 제공할 것이다. 그렇게나 오랜 세기 동안 기다려온 민중은 최소한의 배고픔을 달랠 수 있을 것이고, 나중에는 원하는 만큼 먹게 될 것이다. 그러는 동안 민중 속에 있는 재능 있는 사람들, 반란을 일으키고 부족한 것이 무엇인지 알고 있는 나라의 재능 있는 사람들은 새로운 경작 방법들을 실험하게 될 것이다. 이 방법들은 우리가 이미 흘깃 살펴본 것들이며, 이때 필요한 것은 오로지 그것을 보편화시킬 수 있는 경험이라는 세례뿐이다.

빛에 대한 실험이 이루어질 것이다. 이 빛은 시베리아 동북부 야쿠츠크 시의 위도보다 낮은 곳에서도 45일 만에 보리가 거의 익게 만드는 알려지지 않은 재배 요인이다. 집중시키거나 인공적으로 만든 빛은 식물의 성장을 촉진시키는 일에서 열과 경쟁하게 될 것이다. 미래에 무쇼[117] 같은 사람은 태양광선으로 움직이는 기계를 발병해서 활용할 것이다. 그래서 사람들은 지하 깊은 곳에 있는 석탄에 저장된 태양열을 더 이상 애써 구할 필요가 없을 것이다. 사람들은 미생물을 배양해서 흙을 촉촉하게 유지하는 실험을 할 것이다. 이것은 엊그제 막 생각해낸 합리적인 아이디어로, 이 작은 생명체들을 토양 속에 살게 해서, 실뿌리에 필요한 양분을 공급하고, 토양의 구성요소들을 분해하고 식물이 흡수하게 하려는 아이디어이다.

사람들은 실험을 할 것이다. 하지만 여기서 이야기를 멈추도록 하자. 그렇지 않으면 공상의 영역으로 들어갈지도 모르니까 말이다. 이미 사실로 인정된 현실세계에 머무르도록 하자. 지금까지 말한 경작 방법들은 이미 활용되고 있고, 대규모로 적용되고 있는 중이며, 산업경쟁에서 벌써 승리를 거두고 있다. 그러므로 이런 방법들을 이용해서 우리는 유쾌한 노동에 대한 보답으로 편안함과 취미생활을 즐길 수 있을 것이다. 최근의 과학적 발견들이 우리에게 힐끗 보여준 방법들 가운에 무엇이 실제로 쓰일 수 있을지는 가까운 미래에 알게 될 것이다. 지금은 새로운 길을 열어두는 것으로 그치도록 하자. 이 길은 사람의 필요와 그것을 충족시키는 방법들에 대한 연구이다.

---

117 무쇼(Mouchot 1825-1911): 프랑스의 물리학자로 태양열 실험을 했다.

혁명에 결여되어 있을지도 모르는 유일한 것은 대담한 진취 정신이다. 젊은 시절에 벌써 편협한 마음을 갖게 되고, 나이가 들어서는 예전 습관의 노예가 된 마음을 지닌 우리는 도무지 대담하게 생각할 줄을 모른다. 그래서 어떤 새로운 사상이 들려오면, 용감하게 자기 의견을 말하기 전에, 우리는 곰팡내 나는 책들을 뒤지면서, 옛 대가들이 그 주제에 대해 어떻게 생각했는지를 알아내려고 한다. 만약 대담한 생각과 진취적인 사고가 혁명에 부족하지만 않는다면, 식량 문제에서 실패하게 되는 일은 없을 것이다.

프랑스 대혁명의 모든 위대한 날들 중에서 가장 아름답고 가장 위대한 하루는, 프랑스 전역에서 파리로 온 대표자들이 '연맹 축제'를 준비하기 위해서, 샹드마르스 광장에 모여 삽으로 땅을 평평하게 고르던 날이었다. 그날 프랑스는 하나였다. 새로운 정신으로 활기를 얻게 된 프랑스는 땅에서 함께 모여 작업하면서 미래에 대한 비전을 보았다.

그리고 해방된 사회가 자신이 하나임을 발견하고, 지금까지 그들을 분열시켜온 증오와 억압을 없애버리게 되는 일도 다시금 땅에서 모두 함께 일하면서일 것이다. 그때부터는, 사람의 에너지와 창조력을 백배로 증진시키는 무한한 힘인 연대감을 자각할 수 있게 된 새로운 사회는 젊음의 모든 활기로 미래를 쟁취하기 위해 전진해나갈 것이다.

사회는 알지도 못하는 구매자들을 위해서 생산하는 것을 그만둘 것이고, 충족되어야 할 욕구들과 취미들을 사회 한가운데서 찾아낼 것이다. 이런 일들을 하는 사회는 모든 구성원들 각자에게 삶과 안락을 아낌없고 공평하게 보장할 것이다. 마찬가지로 사회는 자유롭게 선택하고 자유롭게 성취할 수 있는 일을 함으로써 얻는 도덕적인 만족감, 그리고 다른 사람들의 삶을 침해하지 않으면서 살아가는 기쁨 역시 보장할 것이다.

연대감에서 태어난 새롭고 대담한 정신에 영감을 받은 모든 사람들은, 지식과 예술적 창조라는 고상한 기쁨들을 쟁취하기 위해서 함께 전진해나갈 것이다. 이런 정신으로 고취된 사회는 내부의 불화나 외부의 적들을 두려워하지 않을 것이다. 이런 사회는 과거의 연합세력에 대해 새로운 조화로움으로 맞설 것이다.

즉, 각자의 진취정신과 민중의 재능에 대한 각성에서 생겨난 대담함으로 그들과 맞설 것이다. 저항할 수 없는 이런 힘 앞에서는 '음모를 꾸미는 왕들'도 무력하게 될 것이다. 이 힘 앞에 무릎을 꿇는 일 말고 그들에게 아무것도 남은 게 없을 것이다. 그리고 그들 스스로도 인류라는 마차에 매달려서 사회 혁명으로 새롭게 열린 지평선을 향해 달려갈 수밖에 없을 것이다.

옮긴이의 말

어떤 일을 하고자 할 때 "먼저 담장 너머로 모자를 던지라"는 말을 들은 적이 있다. 이것저것 따지지 말고 일단 모자를 던져 버려라, 그러면 그 모자를 줍기 위해서라도 담벼락을 기어 올라가게 된다는 말이다. 이 번역을 맡을지 말지 고민할 당시 내 심정이 딱 그랬다. 어디로 가게 될지는 몰라도 일단 모자를 던져 보자는 심정이었다. 그렇게 생전 처음으로 번역이란 것을 해보게 되었다. 처음부터 끝까지 어려움으로 가득한 여정이었다. 책도 어렵고, 아나키즘도 어렵고, 크로포트킨의 문장도 어려워서 모자를 던진 것을 후회한 적이 한두 번이 아니었다. 그래도 이를 악물고 끝까지 담장을 기어 올라가서 모자를 주어 올 수 있었던 것은 크로포트킨이라는 사람에 대한 존경심 덕분이었다.

크로포트킨은 귀족이었지만 아나키스트였고, 지리학자이면서도 사회 사상가였던 흥미로운 인물이다. 아나키즘과 관련된 이런저런 책들에서 조각조각 묘사되는 그의 모습과 한국에도 번역된 그 유명한 자서전, 그리고 《빵의 쟁취》에서 드러나는 면모들을 보면서 나는 그가 매우 고결한 인품을 지녔다는 인상을 받았다. 그는 무수한 변절자들 틈에서 결코 변절하지 않은 사람, 수많은 중산층 사회주의자 중에서 진심으로 민중의 편에 선 사람, 이론과 개념만 앞세우는 많은 사람 틈에서 자신의 사상을 현실과 연결시키려고 애썼던 사람이었다. 동시대를 살았던 어느 아나키스트의 묘사처럼, 크로포트킨은 지성과 진실함으로 빛나는 눈만 가지고도 타인에게 영감을 줄 수 있는 그런 사람이었던 듯하다.

그리고 이 책 《빵의 쟁취》는 그런 그가 구상하는 새로운 사회에 대한 밑그림이라고 할 수 있다. 크로포트킨은 어렸을 때부터 배운 프랑스어에 아주 능숙했기 때문에, 러시아를 떠나 서유럽에서 망명생활을 하던 중 프랑스어로 이 책을 썼다. 그래서인지 이 책에는 프랑스에서 일어난 혁명들과 프랑스와 관련된 예들이 많이 나온다. 크로포트킨은 이 책에서 정치, 경제, 사회, 의식주, 그리고 농업까지 광범위한 분야에 걸쳐 자신의 아나키스트 코뮌주의 사상을 전개해 나가고 있다. 또한 과학과 문학 등 다양한 분야의 연구와 당대의 수많은 통계를 인용하고 있다.

당시 사회에 대한 크로포트킨의 날카로운 분석은 지금 봐도 전혀 낡았다는 생각이 들지 않는다. 가령 그는 소수의 의원에게 권력을 집중시키는 19세기 의회정치의 무능함을 신랄하게 비판하고 있는데, 지금 시대의 형식적인 대의민주주의에 무력감을 느끼는 21세기의 청년인 내가 읽어도 무릎을 탁 칠 만큼 공감할 수 있었다.

하지만 《빵의 쟁취》는 지금으로부터 약 130여 년 전에 출판된 책이다. 그 이후로 전 세계의 정치와 사회와 경제, 그리고 무엇보다 인간의 삶은 크로포트킨이 상상도 하지 못했을 만큼 많이 달라졌다. 책을 번역하면서 크로포트킨의 시대와 지금 내가 살고 있는 시대 사이에 가로놓인 엄청난 격차를 느끼며 한숨을 내쉰 일도 많았다. 한숨을 쉬다 보니, 왜 나는 이 책을 번역하고 있는 것인지를 스스로에게 물어보지 않을 수 없었다. 지금 이 책이 한국어로 번역되어 나오는 것이 무슨 의미가 있을지 궁금했던 것이다. 다행히도 번역을 하는 동안 내 나름대로 그 답을 찾을 수 있었다. 그리고 그 과정에서 했던 고민들이 내게 진정한 공부가 되었으리라고 믿고 있다.

내가 내린 결론은, 이 책의 가장 원론적인 부분들이 주는 메시지는 지금도 여전히 생생하게 살아 있고 앞으로도 그러하리라는 것이다. 모든 사람에게는 단순히 '일할 권리'와 더불어 '좋은 삶을 살 권리'가 있다는 크로포트킨의 말은 우리에게 중요한 화두를 던진다. '좋은 삶을 살 권리'는 임금이나 다른 어떤 것의 노예로도 살지 않을 권리이다. 삶에 필요한 의식주를 필요한 만큼 보장받을 수 있는 권리이다. 자신이 좋아하는 분야에서 유쾌하고 유익한 육체노동과 정신노동을 함께할 수 있는 권리이다. 행복하게 살 수 있는 권리이다. 건강하게 살 수 있는 권리이다. 지금 내가 살아가는 세상에서는 소수의 '금수저'를 제외한 많은 사람에게 이 권리는 마치 꿈처럼 아득하게 여겨질지도 모른다. 하지만 《빵의 쟁취》는 지금과는 상관없는 지나간 시대를 이야기하는 책이 아니다. 오히려 모든 생명이 살아갈 토대가 상실되고 있다고 느끼는 내게는 실제로 가장 기본이 되는 것들을 묻는 책처럼 보인다.

지금 한국의 녹색당과 노동당에서는 사회적 부를 모든 사람에게 보편적으로 나누자는 취지로 기본소득 제도를 주장하고 있다. 그런데 '모든 것은 모두의 것이며, 모든 것은 모두를 위한 것'이라는 크로포트킨의 주장 속에 바로 이 기본소득 개념의 씨앗이 들어 있다.

금수저가 상징하는 재벌의 자손들이 가진 부는 결코 그들 자신이 만들어낸 것이 아니다. 심지어는 그들의 부모나 조상들이 만들어낸 것도 아니다. 크로포트킨의 주장에 따르면, 수 세대 동안 낮은 임금을 받고 건강을 위협받으며 공장과 논밭에서 일했던 수많은 가난한 사람이 그러한 부를 만들어냈다. 세계 곳곳에서 파괴되고 있는 야생동물의 서식지가 그러한 부를 만들어냈다. 누군가의 빈곤과 누군가의 억울한 죽음이, 어떤 농부가 평생 지켜온 땅 위를 무지막지하게 짓밟으며 건설되는 송전탑이 그런 부를 만들어냈다.

자본을 가진 자들은 지금도 얼마 남지 않은 공공재를 오염시키고 사유화시켜서 자신들의 부를 쌓아올리는 중이다. 그들은 땅에 빨대를 꽂아 지하수를 뽑아 올려서 상품으로 판매한다. 아름다운 해변에 호텔을 짓고는 돈 있는 사람들만이 들어갈 수 있게 만든다. 산과 들에 스키장, 캠핑장, 골프장을 짓고 울타리를 친다. 마지막 남은 공유재인 깨끗한 공기와 아름다운 풍경을 빼앗기 위해서 말이다. 하지만 그것들은 그들 개인의 것이 아니다. 모두의 것이다. 모두가 그 땅과 공기와 물에 대한 권리를 가지고 있다는 뜻이다. 우리 사회가 가진 부를 모든 사람들에게 배당하자는 '기본소득'은 바로 이런 생각에서 출발한다.

우리가 사는 시대는 너무나 안락하지만 동시에 잔혹하다.

크로포트킨이 책에서 말한 '시인의 아이'처럼 우리도 단순명료하고 윤리적인 질문을 던져야 하는 것은 아닐까. "왜 누군가는 너무 많이 먹으면서 다이어트를 고민할 때, 누군가는 먹을 것이 없어서 굶어 죽어야만 하나요?" "왜 도시에서 펑펑 쓰고 있는 전기를 나르기 위해서 어떤 농부는 평생 일구어온 땅을 억울하게 빼앗겨야 하나요?" "왜 행복과 고통을 느끼는 동물들이 악취를 풍기는 트럭에 욱여넣어져서 도살장으로 끌려가야 하나요?" "우리는 이런 비참하고 정의롭지 못한 사회체제의 공범이 될 수밖에 없는 걸까요?" "같은 시대를 산다는 이유로 어쩌면 공범일 수도 있는 우리 청년들에게 희망이란 단지 자기기만에 불과한 말일까요?"

만약 크로포트킨이었다면 그 움푹 들어간 눈을 지그시 감고서 한참 동안 사색한 다음, 희망은 돈과 권력으로 차별화되길 원하는 자들이 아니라 평등하게 서로 협력할 능력이 있는 민중에게 있다고 말했을 것 같다. 크로포트킨은 지식인이면서도 평생 민중의 편에, 일하는 사람들의 편에 선 사람이었다.

그는 이 책 전반에 걸쳐서 사람이 가진 선한 본성에 대한 자신의 믿음을 드러내고 있다. 그가 아이들의 교육에 대해서 짤막하게 묘사한 부분을 보면 알 수 있다. 모든 사람이 좋은 교육을 받고, 자신이 좋아하는 일을 할 때 발휘되는 진짜 능력에 대해서 그가 정말로 굳게 신뢰하고 있었다는 사실을 말이다.

때문에 그의 사상은 너무 낙관적이었다는 비판을 받았다. 그는 만물이 서로 돕는 상호부조에 대해서는 깊이 탐구했지만 인간의 뿌리 깊은 욕망과 경쟁심에 대해서는 별로 이야기하지 않았던 것 같다. 이 책 《빵의 쟁취》에서도 그린 부분은 그다지 중요하게 다뤄지지 않고 있다. 크로포트킨은 잘 구성된 사회 체제를 통해서 개인의 경쟁심을 충분히 다스릴 수 있다고 생각한 것 같다. 그리고 크로포트킨의 주장을 따라가다 보면 고개를 끄덕이게 되는 부분들이 분명히 있다. 가령, 누군가가 새치기를 하거나 개인의 이익만을 우선시하고 싶은 욕망을 느낄 때, 다른 이들이 어떻게 제어를 할 수 있겠느냐는 질문에 크로포트킨은 이렇게 대답한다. 같은 분야에 종사하는 사람들끼리 모여 만든 일종의 협동조합 등을 통해서 개인의 이기주의를 억제할 수 있을 것이라고 말이다.

그는 사회를 이끄는 것이 법과 질서가 아닌 사람과 사람 사이의 수평적이고 자유로운 합의와 협약이라고 믿었다. 나는 어떤 면에서 그 믿음을 믿는다. 내가 지금 살고 있는 지역에서 다양한 협동조합들이 활발하게 활동하는 모습을 목격하고 있기 때문이다. 크로포트킨이 이런 협동조합들을 봤으면 기뻐했을 것 같다.

이처럼 이 책은 여전히 우리에게 뜨거운 화두를 던지는 소중한 고전이다. 하지만 책을 번역하면서 크로포트킨이라는 인물이 가진 시대의 한계를 느껴서 안타깝기도 했다. 크로포트킨이 살던 시대는 증기 엔진이 점차 실용화되면서 기계가 할 수 있는 일들을 보고 크게 경이로워하던 시기였다. 당연히 생태사상은 싹트기 전이었다. 당시에는 자연이 이토록 심하게 망가지지 않았던 것이다. 그래서인지 그의 사상은 처음부터 끝까지 오직 사람만을 위한 것이다. 그는 계속해서 자연을 인간이 정복해야 하는 대상으로 묘사하고 있다. 땅은 갈아엎어서 농지로 만들어야 하고 나무는 베어 넘겨야 하는 대상이다. 그리고 인간에게는 자연을 정복하는 일에 쓸 수 있는 '기계'라는 강철 노예가 있다! 분명 그가 살았던 19세기에는 '정복' 할 수 있을 만한 광활하고 풍부한 자연이 남아있었기 때문에 그렇게 말할 수 있었을 것이다. 하지만 내가 사는 지금 시대에는 자연을 결코 정복의 대상으로 보아서는 안 된다고 생각한다. 이 책을 읽는 독자들이 이런 사실을 진지하게 생각하면서 읽어주었으면 싶다.

　크로포트킨은 특히 농업을 상세하게 다루고 있다. 하지만 그가 꿈꾸어 온 농업이 지나치리만큼 실현된 21세기에 살고 있는 나는 그의 구상의 어떤 부분에는 도저히 동의할 수가 없었다. 그가 찬사를 보내는 새로운 가축 사육법과 비윤리적인 공장식 축산이 겹쳐 보였다. 목초지를 농지로 바꿔서 옥수수와 비트를 심고, 더 적은 면적에서 많은 동물을 효율적으로 기르는 축산 말이다. 그리고 그가 말하는 미래 농업의 유리온실에서는 현재 도시 근교나 시골지역에 황량하게 난립해 있는 대규모 비닐하우스가 보였다.

크로포트킨이 굶고 있는 민중에 대한 안타까운 마음에서 그런 농업 형태를 구상했다는 점은 이해한다. 그러나 그가 말하는 '집약적' 영농에 땅을 황폐화시키는 대규모 산업적 영농이 겹쳐 보였다. 자연스러운 생태계에 대한 어떤 고민도 없이 땅과 모든 자연물을 철저하게 대상화시켜서 이용하고 버리는 지금의 농업, 오직 식량 생산의 기능밖에 없는 농업, 화석연료에 의존하는 희망 없는 농업이 떠올랐다.

그러나 농업에 대한 크로포트킨의 견해에는 날카롭고 시대를 앞선 부분도 있다. 시골지역뿐만이 아니라 대도시들에서도 모든 사람이 자기 몫의 농사를 지어야 한다는 이야기는 꼭 지금 시대를 겨냥한 것 같다. 또한 크로포트킨은 정신노동자 계급과 육체노동자 계급이 나누어지기를 원치 않았다. 그는 자유롭고 즐거운 적당량의 육체노동이 사람의 몸과 마음을 위해서 꼭 필요하다는 사실을 분명하게 알아차리고 있었던 듯하다.

그러고 보니 어느 책에서 크로포트킨이 지금 시대에 태어났더라면 생태사상가가 되었으리라는 말을 읽은 적이 있다. 크로포트킨 같은 진실한 사람이라면 분명히 그랬을 거라고 믿는다. 사람은 자신이 살아가는 시대의 목소리를 내기 마련이라는 사실을 그에게서 배운 셈이다.

지금 생각해보니 내게 있어서 이 번역은 대화였던 것 같다. 옮긴이의 말을 씀으로써 많은 것을 가르쳐 준 크로포트킨과의 대화가 드디어 끝이 났다. 오랜 망명생활 끝에 1921년 러시아에서 세상을 떠난 이 고결한 사람에게 진심으로 감사한다.

현실 세상에 막 발을 내디딘 초보자 청년에게 번역이라는 큰일을 맡겨 주신 행성비 출판사에 감사의 마음을 전한다. 또 시간을 내어서 기꺼이 원고를 검토해 주신 하승우 선생님과 장길섭 선생님에게 감사와 존경의 마음을 표현하고 싶다. 하승우 선생님은 이 책에 해설을 써주신 분이기도 하다. 무엇보다 나의 독립을 응원하면서 기꺼이 공역자로 나서고, 뒤에서 든든한 지원을 해준 엄마에게 크나큰 고마움과 사랑을 전한다.

여연

옮긴이

여연

초등학교 5학년 때 학교를 그만두고 집에서 공부하고 놀며 농사를 도왔다. 20대 초반에 충남 홍성에 있는 풀무 마을대학(풀무학교 전공부)에 들어가서 2년 동안 유기농업을 배웠으며 지금은 방송통신대학교 농학과에 적을 두고 비정규직 아르바이트와 공부를 병행하고 있다. 텃밭을 가꾸고, 음식을 만들고, 책을 읽고, 클래식기타를 친다. 아마존 원시림을 직접 보는 것이 꿈이며, 생물학과 스페인어를 공부하고 싶어 한다. '백수'의 뜻이 '무엇이든 할 수 있는 백 개의 손을 가진 사람'이라고 믿으면서 청년 백수임을 자랑스러워한다. 어떻게 하면 흐뭇하게 놀면서도 일상과 공부와 창조적 노동을 조화롭게 해나가며 살 수 있을까를 고민하고 있다. 가족과 함께 쓴 책으로 《없는 것이 많아서 자유로운》, 《꿈꾸는 씨앗이야기》가 있다.

강도은

산골에서 자급농사를 지으며 살고 있다. 쓴 책으로 《없는 것이 많아서 자유로운》, 《꿈꾸는 씨앗이야기》, 《농사짓는 철학자 불편한 책을 권하다》가 있으며, 옮긴 책으로는 《당신은 당신 아이의 첫 번째 선생님입니다》, 《그림책 읽어주는 엄마, 철학하는 아이》, 《무지개다리 너머》, 《도시에서 명상하기》 등이 있다.

빵의 쟁취

초판 1쇄 발행　2016년 5월 30일

지은이 표트르 알렉세예비치 크로포트킨
옮긴이 여연·강도은

펴낸곳 (주)행성비
펴낸이 임태주

책임편집 박정화　**디자인** 정혜미　**마케팅** 김솔
기획위원 유재연 이종욱 윤경식 김국현 고근영 이탁렬

출판등록번호 제313-2010-208호
주소 서울시 마포구 토정로 222 한국출판콘텐츠센터 318호
대표전화 02-326-5913　**팩스** 02-326-5917
이메일 hangseongb@naver.com　**홈페이지** www.planetb.co.kr

ISBN 978-89-97132-91-1 (03300)

《빵의 쟁취》 독자 북펀드에 참여해주신 분들(가나다 순)

강문숙 강부원 강석여 강영미 강영애 강은희 강재웅 강주한 고근영 김기남 김기태 김병희
김상우 김새누리 김성기 김솔 김수민 김수영 김정민 김정환 김주현 김중기 김진성 김태수 김현
김현철 김혜곤 나준영 남윤상 노진석 민문희 박근하 박나윤 박순배 박연옥 박재영
박재휘 박준겸 박지현 박진순 박진영 박진영 박혜미 방세영 서경희 설진철 송덕영 송화미
신민영 신정훈 심만석 안진경 안진영 양혜숙 우정순 원성운 원준 원혜령 유성환 유승안 유인환
윤경진 이경희 이만길 이성욱 이수진 이수한 이승빈 이춘화 이탁렬 이하나 임원경 임은정
임태호 장경훈 장영일 장원종 장윤경 전미혜 정담이 정민수 정솔이 정영미 정윤희 정율이
정해승 조미희 조승주 조정우 최경호 최영기 최현영 탁안나 한성구 한승훈 함기령 허민선
허지현 현동우

※ 값은 뒤표지에 있습니다. 잘못 만들어진 책은 구입하신 서점에서 교환해 드립니다.
※ 이 도서의 국립중앙도서관 출판예정도서목록(CIP)은 서지정보유통지원시스템 홈페이
지(http://seoji.nl.go.kr)와 국가자료공동목록시스템(http://www.nl.go.kr/kolisnet)
에서 이용하실 수 있습니다. (CIP제어번호 : CIP2016011726)

⬠ **행성B**잎새는 (주)행성비의 픽션·논픽션 브랜드입니다.